用于国家职业技能鉴定

国家职业资格培训教程

GUOJIA ZHIYE ZIGE PEIXUN JIAOCHENG

YONGYU GUOJIA ZHIYE JINENG JIANDING

客户服务管理师

(基础知识)

编审委员会

主　　任	刘　康
副主任	张亚男
委　　员	孙戈力　高鲁民　陈　蕾　张　伟

编审人员

主　　编	孙凤芝　丁文花			
副主编	邹晓燕　韩苗苗　潘华丽			
编　　者	王　燕　徐宗波　陈孝珍　田　磊　郭金金			
	孙芙蓉　冯召伟　孟宪华　辛立国　王晓露			
	薛美花　董　丽　胡　翔　李　华			
主　　审	梁文生			

中国劳动社会保障出版社

图书在版编目(CIP)数据

客户服务管理师. 基础知识/中国就业培训技术指导中心组织编写. —北京：中国劳动社会保障出版社，2011.8
国家职业资格培训教程
ISBN 978-7-5045-9205-7

Ⅰ.①客… Ⅱ.①中… Ⅲ.①企业管理：销售管理-商业服务-技术培训-教材 Ⅳ.①F274

中国版本图书馆 CIP 数据核字(2011)第 175208 号

中国劳动社会保障出版社出版发行
(北京市惠新东街1号 邮政编码：100029)
出版人：张梦欣
*
北京市艺辉印刷有限公司印刷装订 新华书店经销
787毫米×1092毫米 16开本 13.25印张 231千字
2011年8月第1版 2023年12月第18次印刷
定价：28.00元

营销中心电话：400-606-6496
出版社网址：http://www.class.com.cn

版权专有 侵权必究
如有印装差错，请与本社联系调换：(010) 81211666
我社将与版权执法机关配合，大力打击盗印、销售和使用盗版图书活动，敬请广大读者协助举报，经查实将给予举报者奖励。
举报电话：(010) 64954652

前 言

为推动客户服务管理师职业培训和职业技能鉴定工作的开展，在客户服务管理师从业人员中推行国家职业资格证书制度，中国就业培训技术指导中心在完成《国家职业标准·客户服务管理师》（试行）（以下简称《标准》）制定工作的基础上，组织参加《标准》编写和审定的专家及其他有关专家，编写了客户服务管理师国家职业资格培训系列教程。

客户服务管理师国家职业资格培训系列教程紧贴《标准》要求，内容上体现"以职业活动为导向、以职业能力为核心"的指导思想，突出职业资格培训特色；结构上针对客户服务管理师职业活动领域，按照职业功能模块分级别编写。

客户服务管理师国家职业资格培训系列教程共包括《客户服务管理师（基础知识）》《客户服务管理师（国家职业资格三级）》《客户服务管理师（国家职业资格二级）》《客户服务管理师（国家职业资格一级）》4本。《客户服务管理师（基础知识）》内容涵盖《标准》的"基本要求"，是各级别客户服务管理师均需掌握的基础知识；其他各级别教程的章对应于《标准》的"职业功能"，节对应于《标准》的"工作内容"，节中阐述的内容对应于《标准》的"能力要求"和"相关知识"。

本书是客户服务管理师国家职业资格培训系列教程中的一本，适用于对各级别客户服务管理师的职业资格培训，是国家职业技能鉴定推荐辅导用书，也是客户服务管理师职业技能鉴定国家题库命题的直接依据。

本书在编写过程中得到山东省旅游局、山东师范大学、艮华先创管理顾问有限公司等单位的大力支持与协助，在此一并表示衷心的感谢！

中国就业培训技术指导中心

目 录

CONTENTS 国家职业资格培训教程

第1章 客户服务管理师的职业道德规范 …………………………（1）
 第1节 职业道德的相关概念 ……………………………………（1）
 第2节 客户服务管理师应具备的职业道德 ……………………（7）

第2章 客户服务管理师职业基础 ………………………………（9）
 第1节 客户服务的基本概念 ……………………………………（9）
 第2节 客户服务的分类与内容 …………………………………（14）
 第3节 客户服务管理的原则和流程 ……………………………（23）
 第4节 客户服务管理师的职业规范与要求 ……………………（27）
 第5节 客户服务管理师的礼仪规范及要求 ……………………（34）

第3章 现代企业管理 ……………………………………………（42）
 第1节 现代企业概述 ……………………………………………（42）
 第2节 企业战略管理 ……………………………………………（59）
 第3节 企业生产管理 ……………………………………………（64）
 第4节 人力资源开发与管理 ……………………………………（72）

第4章 市场营销管理 ……………………………………………（80）
 第1节 市场营销的本质 …………………………………………（80）
 第2节 市场营销管理过程 ………………………………………（91）
 第3节 市场营销策略组合 ………………………………………（95）

第5章 管理沟通 (110)
第1节 管理沟通概论 (110)
第2节 人际沟通 (114)
第3节 组织沟通 (120)
第4节 管理过程沟通 (126)

第6章 服务心理学 (132)
第1节 客户服务心理学概述 (132)
第2节 客户服务过程中的心理现象及其规律 (134)
第3节 客户服务心理策略 (154)

第7章 计算机应用与电子商务 (171)
第1节 计算机应用 (171)
第2节 电子商务 (178)

第8章 客户服务管理相关法律知识 (194)
第1节 中华人民共和国合同法 (194)
第2节 消费者权益保护法 (200)

参考文献 (205)

第1章 客户服务管理师的职业道德规范

第1节 职业道德的相关概念

一、道德

道德是一个庞大的体系，职业道德是这个庞大体系中的一个重要组成部分，也是劳动者素质结构中的重要组成部分，与劳动者素质之间关系紧密。加强职业道德建设，有利于促进良好社会风气的形成，增强人们的社会公德意识。同样，人们社会公德意识的增强，又能进一步促进职业道德建设，引导从业人员的思想和行为朝着正确的方向前进，促进社会文明水平的全面提高。

马克思主义伦理学认为，道德是人类社会所特有的，是由社会经济关系决定的，并依靠内心信念、社会舆论和风俗习惯等方式来调整人与人、人与社会及人与自然之间关系的特殊行为规范的总和。它包含了以下三层含义：

第一，一个社会的道德的性质、内容，是由社会生产方式、经济关系（即物质利益关系）决定的。也就是说，有什么样的生产方式、经济关系，就有什么样的道德体系。第二，道德是以善与恶、好与坏、公正与偏私等作为衡量标准来调整人与人之间的行为。一方面，道德作为标准，影响着人们的价值取向和行为模式；另一方面，道德也是人们对行为选择、关系调整做出善与恶判断的评价标准。第三，道德不是由专门的机构来制定和强制执行的，而是依靠社会舆论和人们的内心信念、传统思想和教育的力量来调节的。根据马克思主义理论，道德属于社会上层建筑领域，是一种特殊的社会现象。

根据道德的表现形式，通常把道德分成家庭美德、社会公德和职业道德三大领域。作为从事社会某一特定职业的从业者，要结合自身实际，加强职业道德修养，承担职业道德责任。同时，作为社会和家庭的重要成员，从业人员也要加强社会公德、家庭美德修养，承担起自己应尽的社会责任和家庭责任。

二、职业道德的概念与内涵

1. 职业道德的概念

职业道德是指从事一定职业的人们在职业活动中应该遵循的，依靠社会舆论、传统习惯和内心信念来维持的行为规范的总和。它调节从业人员与服务对象、从业人员之间、从业人员与职业之间的关系。它是职业或行业范围内的特殊要求，是社会道德在职业领域的具体体现。

2. 职业道德的内涵

职业道德是一种职业规范，形成的时间较长，受到社会的普遍认可，没有确定的形式，通常表现为观念、习惯等；主要通过自律，依靠文化、内心信念和习惯等来实现，通常没有实质性的约束力；其主要内容是对人们履行义务的要求，通常承载着宣传企业文化的使命。职业道德的标准多种多样，代表了不同企业的不同价值观。

每个从业人员，不论是从事哪种职业，在职业活动中都要遵守道德。职业道德的含义可以从以下四个方面来理解。

（1）在内容方面，职业道德鲜明地表达了职业义务、职业责任及职业行为上的道德准则，反映了职业、行业及产业特殊利益的要求，是在特定的职业实践的基础上形成的，因而它往往表现为某一职业特有的道德传统和道德习惯，表现为从事某一职业的人们所特有的道德心理和道德品质，而不是一般地在社会实践基础上形成的，反映社会道德和阶级道德的要求，如人们常说的某人有"军人作风""工人性格""农民意识""干部派头""学生味""商人习气"等。

（2）在表现形式方面，职业道德往往表现得比较具体、灵活、多样。它总是从本职业交流活动的实际出发，采用制度、守则、公约、承诺、誓言、条例及标语口号之类的形式表述出来。这些灵活的形式既易于为从业人员所接受和实行，又易于形成一种职业道德习惯。

（3）在调节的范围方面，职业道德一方面是用来调节从业人员内部的关系，加强职业、行业内部人员的凝聚力；另一方面，它是用来调节从业人员与其服务对象之间的关系，用来塑造本职业从业人员的形象。

（4）在产生的效果方面，职业道德既能使一定的社会或阶级的道德原则和规范"职业化"，又使个人道德品质"成熟化"。职业道德虽然是在特定的职业生活中形成的，但它绝不是离开阶级道德或社会道德而独立存在的道德类型。职业道德与各种职业要求和职业生活相结合，具有较强的稳定性和连续性，形成比较稳定的职业心理和职业习惯，以至在很大程度上改变人们在学校生活阶段和少年生活阶段所形成的品行，影响道德主体的道德风貌。

 相关链接

　　国外相关调查结果显示：学历和资格已不是公司招聘首先考虑的条件，大多数雇主认为，正确的工作态度是公司在雇佣员工时最优先考虑的，其次才是职业技能，接着是工作经验。毫无疑问，工作态度已被视为组织遴选人才时的重要标准。

　　分析以下案例，如果你是老板，你希望雇佣哪种心态的员工呢？你希望你的员工应具备一种什么样的职业道德呢？

　　一个中国留学生在日本东京一家餐馆打工，老板要求刷盘子时要刷6遍。一开始这名中国留学生还能按照要求去做，但刷着刷着就发现少刷一遍也很干净，于是就只刷5遍；后来，发现再少刷一遍还是挺干净，于是又少刷了一遍，只刷4遍，并暗中留意另一个打工的日本人，发现他还是老老实实地刷6遍，速度自然要比自己慢许多。便出于"好心"悄悄地告诉那个日本人，少刷一遍也看不出来的。谁知那个日本人一听，竟惊讶地说："规定要刷6遍，就该刷6遍，怎么能少刷1遍呢？"

3. 职业道德的特点

（1）适用范围的有限性

由于各种职业的责任和义务不同，每种职业都担负着一种特定的职业责任和职业义务，从而形成各自特定的职业道德的具体规范。在某一特定行业和具体的岗位上，必须有与该行业、该岗位相适应的具体的职业道德规范。这些特定的规范只在特定的职业范围内起作用，只能对从事该行业和该岗位的从业人员具有指导和规范作用，而不能对其他行业和岗位的从业人员起作用。例如，律师的职业道德要求他们对其当事人必须努力进行辩护，而警察则要尽力去搜寻犯罪嫌疑人及其犯罪证据。可见，职业道德的适用范围不是普遍的，而是特定的、有限的。

(2) 发展的历史继承性

由于职业具有不断发展和世代延续的特征，不仅其技术世代延续，而且管理员工的方法、与服务对象打交道的方法也具有一定的历史继承性。例如，"有教无类""学而不厌，诲人不倦"从古至今始终是教师的职业道德；商业行业"童叟无欺"的职业道德；医务行业"救死扶伤、治病救人"的职业道德等，千百年来为从事相关行业的人们所传承和遵守。

(3) 表达形式的多样性

职业领域的多样性决定了职业道德表现形式的多样性。随着社会经济的高速发展，社会分工将越来越细、越来越专，职业道德的内容也必然千差万别；各行各业为适应本行业的行业公约、规章制度、员工守则、岗位职责等要求，都会将职业道德的基本要求规范化、具体化，使职业道德的具体规范和要求呈现出多样性。

(4) 强烈的纪律性

职业道德除了通过社会舆论和从业人员的内心信念来对其职业行为进行调节外，它与职业责任和职业纪律也紧密相连。纪律也是一种行为规范，但它是介于法律和道德之间的一种特殊的规范。它既要求人们能自觉遵守，又带有一定的强制性。就前者而言，它具有道德色彩；就后者而言，它又带有一定的法律色彩。也就是说，一方面，遵守纪律是一种美德；另一方面，遵守纪律又带有强制性，具有法令的效力。例如，工人必须执行操作规程和安全规定；军人要有严明的纪律等。因此，职业道德有时又以制度、章程、条例的形式表达出来，让从业人员认识到职业道德也具有纪律的规范性。

(5) 利益相关性

职业道德与物质利益具有一定的关联性。利益是道德的基础，各种职业道德规范及表现状况关系到从业人员的利益。对于爱岗敬业的员工，单位不仅应该给予精神方面的鼓励，而且应该给予物质方面的褒奖；相反，违背职业道德、漠视工作的员工则会受到批评，严重者还会受到一定的处罚。一般情况下，当企业将职业道德规范，如爱岗敬业、诚实守信、团结互助、勤劳节俭等纳入企业管理规章制度时，都要将它与自身的行业特点、要求紧密结合在一起，形成更加具体、明确、严格的岗位责任或岗位要求，并制定出相应的奖励和处罚制度，与从业人员的物质利益挂钩，强调责、权、利的有机统一，便于监督、检查、评估，以促进从业人员更好地履行自己的职业责任和义务。

4. 职业道德的社会作用

【案例1—1】

2002年2月,A注册会计师在为某企业办理验资的过程中,在企业仅提供1 000万元实物发票(后被证实为虚假发票)的情况下,没有对投资实物进行实地核查便予以认可;同时又违规发函给企业验资账户所在的银行,证明会计师事务所已经收回出具给企业的验资报告,致使企业在设立过程中就将缴入银行的500万元抽走。另外,验资报告在个人签署后未经会计师事务所的三级复核便出具给客户,导致该企业骗取了注册资本为1 500万元的公司注册登记。同年10月底,该企业因涉嫌合同诈骗、虚报注册资本而被立案侦查,案发时尚欠银行贷款16万元及拖欠其他应付款227万元,造成恶劣影响。经法院审理,A注册会计师因严重不负责任,已构成出具证明文件重大失实罪,被依法判处有期徒刑一年六个月,缓刑二年,并处罚金人民币5万元。

【案例分析】 从以上案例中可以看出,实际上A注册会计师在验资的过程中已不仅仅是出具证明文件重大失实的问题,而是实实在在地与客户串通共同作弊,故意提供虚假证明文件。对这样的行为,审计技术再完美也是无济于事的。

因此,职业道德显得尤为重要。它是社会道德体系的重要组成部分,一方面具有社会道德的一般作用,另一方面又具有自身的特殊作用,具体表现在以下几个方面:

(1) 调节职业交往中从业人员内部以及从业人员与服务对象之间的关系

职业道德的基本职能是调节职能。一方面,它可以调节从业人员内部的关系,即运用职业道德规范约束职业内部人员的行为,促进职业内部人员的团结与合作。例如,职业道德规范要求各行各业的从业人员都要团结、互助、爱岗、敬业,齐心协力地为发展本行业、本职业服务。另一方面,职业道德又可以调节从业人员和服务对象之间的关系。例如,职业道德规定了制造产品的工人要怎样对用户负责;营销人员怎样对客户负责;医生怎样对病人负责;教师怎样对学生负责等。

(2) 有助于维护和提高本行业的信誉

一个行业、一个企业的信誉,也就是它们的形象、信用和声誉,是指企业及其产品与服务在社会公众中的信任程度,提高企业的信誉主要靠产品质量和服务质量,而从业人员职业道德水平高是产品质量和服务质量的有效保证。若从业人员职业道德水平不高,很难生产出优质的产品和提供优质的服务。

(3) 促进本行业的发展

行业、企业的发展依赖于高的经济效益,而高的经济效益源于高的员工素质。

员工素质主要包含知识、能力、责任心三个方面,其中责任心是最重要的。而职业道德水平高的从业人员其责任心往往是极强的,因此,职业道德能促进本行业的发展。

(4) 有助于提高全社会的道德水平

职业道德是整个社会道德的主要内容。一方面,职业道德涉及每个从业者如何对待职业、如何对待工作,同时也是一个从业人员的生活态度、价值观念的表现;是一个人的道德意识、道德行为发展的成熟阶段,具有较强的稳定性和连续性。另一方面,职业道德也是一个职业集体,甚至一个行业全体人员的行为表现,如果每个行业、每个职业集体都具备优良的职业道德水准,则对整个社会道德水平的提高肯定会发挥重要作用。

5. 职业道德的基本要素

(1) 职业理想

职业理想是人们对职业活动目标的追求和向往,是人们的世界观、人生观、价值观在职业活动中的集中体现。它是形成职业态度的基础,是实现职业目标的精神动力。

(2) 职业态度

职业态度是人们在一定社会环境的影响下,通过职业活动和自身体验所形成的、对岗位工作的一种相对稳定的劳动态度和心理倾向。它是从业者精神境界、职业道德素质和劳动态度的重要体现。

(3) 职业义务

职业义务是人们在职业活动中自觉地履行对他人、对社会应尽的职业责任。我国的每一个从业者都有维护国家、集体利益,为人民服务的职业义务。

(4) 职业纪律

职业纪律是从业者在岗位工作中必须遵守的规章、制度、条例等职业行为规范。例如,国家公务员必须廉洁奉公、甘当公仆,公安、司法人员必须秉公执法、铁面无私等。这些规定和纪律要求,都是从业者做好本职工作的必要条件。

(5) 职业良心

职业良心是从业者在履行职业义务中所形成的对职业责任的自觉意识和自我评价活动。人们所从事的职业和岗位不同,其职业良心的表现形式也往往不同。例如,商业人员的职业良心是"诚实无欺",医生的职业良心是"治病救人"。从业人员能做到这些,心里就会得到安宁;反之,内心则会产生不安和愧疚感。

(6) 职业荣誉

职业荣誉是社会对从业者职业道德活动的价值所做出的褒奖和肯定评价，以及从业者在主观认识上对自己职业道德活动的一种自尊、自爱的荣辱意向。当一个从业者职业行为的社会价值赢得社会公认时，他就会由此产生荣誉感；反之，他就会产生耻辱感。

（7）职业作风

职业作风是从业者在职业活动中表现出来的相对稳定的工作态度和职业风范。从业者在职业岗位中表现出来的尽职尽责、诚实守信、奋力拼搏、艰苦奋斗的作风等，都属于职业作风。职业作风是一种无形的精神力量，对其所从事事业的成功具有重要作用。

第2节 客户服务管理师应具备的职业道德

一、客户服务管理师职业道德的概念

客户服务管理师的职业道德，是指其在对客户服务活动实施管理的过程中应遵循的道德准则、道德情操与道德品质的总和。

二、客户服务管理师应具备的职业道德

美国著名的《哈佛商业评论》杂志评出了职业人士应该遵守的职业道德是：诚实、正直、守信、忠诚、公平、关心他人、尊重他人、追求卓越和承担责任。

结合职业道德的内涵，客户服务管理师须具备的职业道德表现为以下四个方面：

1. 敬业爱岗，精通工作内容

作为一种职业情感，热爱本职工作是职业道德的基本要求，同时也是实现个人理想的基本要求。一个人素质的提高需要多方面的锻炼，通常需要经历一个长期而缓慢的过程，对工作缺乏耐心，只想投机取巧，只会影响正常心态，最终导致心态失衡，怨天尤人。所以，对于渴望成功的人，热爱本职工作，精通工作内容，培养一种踏实、勤奋的工作作风，才是个人理想得以实现的基石。

2. 文明礼貌待客，热情周到服务

文明礼貌待客，热情周到服务，这是客户服务的基本要求，也是最高境界。凡是在客户那里有口皆碑的企业和个人都是文明服务的典范。文明服务让客户感受到了企业的真诚，企业也会因此赢得客户的忠诚。

3. 遵守规章制度，维护企业声誉

规章制度是在经过科学的论证和不断完善的基础上制定的，因此，有其合理性，作为企业员工，应该自觉遵守公司的各项规章制度。另外，看一个企业是否规范，通常也会看该企业的员工对公司规章制度的遵守程度。在许多知名的公司里，常常是从上到下的人员都绝对遵守公司的规章制度。所以，遵守规章制度，起到了维护企业荣誉的作用。

4. 发扬团队精神，创造最大效益

公司经营不是个人行为，一个人的能力毕竟有限，只有大家拧成一股绳，才能事半功倍。所以，要充分发挥团队精神。那么，如何充分发挥团队精神，创造最大效益呢？这就需要发掘团队成员的才能和技巧、给予员工被尊重和被重视感、鼓励坦诚、避免恶性竞争、鼓励大家为了一个统一的目标愿意承担应该承担的责任或风险。

第2章 客户服务管理师职业基础

英国的经济学家约翰·杜宁曾经说过:"从17世纪到19世纪,是以土地为基础的农业经济;从19世纪到20世纪末,是以金融为基础的工业或制造业经济;从20世纪末开始,则要过渡到以金融或知识为基础的服务经济时代。"良好的服务是客户所期望的,能否为客户提供优质的服务对于企业的商业运作影响重大。优质的服务能提升客户的满意度,而客户服务方面的怠慢或失误,容易导致客户的流失,甚至损害企业的声誉。那么,如何才能确保为客户提供最优质的服务?客户服务的内涵及要求是怎样的?客户服务团队需要具备哪些基本的职业素养呢?本章将为读者介绍:客户服务的基础概念;客户服务的分类与内容;客户服务管理的原则和流程;客户服务管理师的职业规范和要求。

第1节 客户服务的基本概念

一、服务的含义

在现代市场经济条件下,人们越来越重视服务的质量,客户在购买产品时除了对产品质量有更高的要求外,对其附加值也越来越关注。比如购买一辆汽车,如果缺少了运输功能,那它只能成为一种摆设。再如,人们不仅需要电视机这一实体商品,也需要电视节目这一服务。在现实生活中,几乎所有商品的购置都是在服务推进下完成的。同样，每一项服务的提供，都伴随着商品的支撑。服务是与生产性的商品相随相生的，商品和服务并不总是泾渭分明的，商品和服务是不可分割的统一体。对企业来说，服务成了突出重围的重要途径；对客户来说，服务成了衡量一个企业是否值得追随的重要标准。企业若想长久生存下去，必须围绕客户转。在这样的商业环境下，服务的价值鲜明地凸显出来。

服务是提供时间、空间、方式或是心理效用的经济活动，具有四个明显的特征。

1. 无形性

大多数服务都可以借助实物或在实物中得以实现，但它们自身是无形的。对于大多数服务来说，购买服务并不等于拥有其所有权，因为它是看不见摸不着的。例如，客人入住酒店的客房，借助于客房的设备设施，享受酒店服务员提供的管家式的贴心服务，这是客人所要求的。当他离开酒店时，并没有带走客房中的任何东西，而是带走了一次心情愉悦的经历。

2. 不可分割性

不可分割性，首先表现在服务的提供与消费是同时进行、不可分割的；其次，客户不能脱离服务过程，客户一般需要当场享受服务；不可分割性的第三种形式是对某些服务的共同消费，即大量客户同时分享某种服务。

3. 不可保存性

大多数服务都是与消费同时进行的，因为服务是无形的，没有及时消费的服务不能被储存，所以服务是不可储存的商品。例如，在淡季，没有被销售的火车、轮船、飞机等交通工具的座位、铺位不能保存起来留到春节"黄金周"时供客户使用。

4. 多变性

多变性表现为服务的提供者和客户都是互动的。服务的质量如何，取决于互动的结果及客户的感受。由于是供、需双方的相互作用，因而服务效果难以预测。

例如，年轻人迈克到住所旁边的冰激凌店里购买奶油巧克力冰激凌——这家店里的奶油巧克力冰激凌味道好极了！可是服务员却向他道歉，并且告诉他，很遗憾，奶油巧克力冰激凌已经售完了。迈克很失望，只好准备扫兴而归。但是，服务员却邀请迈克品尝一下新口味的可可饮料。迈克品尝了一口，差点高兴得晕过去——太美味了！于是迈克买了可可饮料，高兴而归。这就是考虑到客户的感受而提供的服务，进而也促进了销售。

二、客户的内涵

在西方的论著中,"顾客(customer)"和"客户(client)"是两个不同的概念。顾客可以由任何人或机构来提供服务,客户则主要由专门人员来提供服务,而且客户的资料很详尽地收录在企业的信息库之中。供应商与客户之间的关系比一般意义上的顾客更为亲近和密切,供应商对于客户的追随度更高。在客户管理营销时代,一个非常重要的管理理念就是要将顾客视为"客户"。要正确理解客户的内涵,需要掌握以下三个要点:

(1) 客户不一定是用户。处于供应链下游的批发商、零售商是制造商的客户,但他们一般不直接消费这些产品或服务,因而他们不一定是生产商的用户。

(2) 客户不一定是产品或服务的最终接受者。对处于供应链下游的企业来说,如一级批发商、二级批发商、零售商或物流商,他们并不是产品或服务的最终接受者,很多都是作为中转站,但是对上游企业来说,他们却是非常重要的客户。

(3) 客户不一定只在公司之外,内部的客户也日益被企业所重视。因为人们习惯于为企业之外的客户服务,而把企业内的工作人员和供应链中的上、下游企业看做是同事或合作伙伴,从而淡化了服务意识,造成服务的内外脱节和落实困难。而在现代客户管理营销理念中,内部客户和外部客户、个体的客户和组织的客户都统称为客户。客户是相对于产品或服务提供者而言的,他们是所有接受产品或服务的组织和个人的统称。

三、客户的分类

从不同的角度,可将客户群划分为不同的类型。

1. 从市场营销的角度分类

(1) 经济型客户

经济型客户希望投入较少的时间和金钱而得到最大的价值,因此,他们往往只关心价格,非常热衷于"促销"和"让利"等优惠活动,只要价格便宜,他们一般不忠实于某一品牌,他们是"便宜"的忠诚客户。

(2) 道德型客户

道德型客户社会责任感和正义感较强,觉得在道义上有义务光顾社会责任感强的企业,那些在社区服务方面具有良好声誉的企业能够拥有这类忠诚的客户。

(3) 个性化客户

个性化客户需要人际间的满足感,诸如认可和交谈及个性化的需求。作为一个企业，要使自己的产品体现客户个性化，必须知道客户的"个性"。一位法国化妆业的巨头为每一位女客户建立一份详细的个人诊断报告，专家们为她们诊断完后四周，诊断书就以私人信件的形式寄到客户手中，其中包括对女客户在美容方面所遇到问题的全部处方，并根据客户标明的个人收入情况，开列出使用产品的品名。此项举措的实施，使该公司的美容业务在三个月内增加了75%。

(4) 方便型客户

方便是吸引这类客户的重要因素。他们常常愿意为个性化的服务额外付费。例如，有送货上门服务的商场、快餐店常常吸引方便型客户。

2. 从管理的角度分类

(1) 常规客户

常规客户又称为一般客户。他们是经济型客户，消费具有随机性，讲究实惠，看重价格优惠。这类客户是企业与客户关系的最主要部分，可以直接决定企业短期的现实收益。

(2) 潜力客户

潜力客户又称合适客户。他们希望从与企业的关系中增加价值，从而获得附加的财务利益和社会利益。这类客户通常会与企业建立起一种伙伴关系或者"战略联盟"，他们是企业与客户关系的核心。

(3) 关键客户

关键客户又称头顶客户。他们除了希望从企业那里获得直接的客户价值外，还希望从企业那里得到社会利益，如成为客户俱乐部的成员等，从而体现一定的精神满足。他们是企业比较稳定的客户，虽然人数不占多数，但对企业的贡献却高达80%。

(4) 临时客户

临时客户又称一次性客户。他们是从常规客户中分化出来的。这些客户可能一年中会向企业订购一两次货，并不能为企业带来大量收入。

3. 按客户的性质分类

(1) 政府机构及非营利机构

政府机构及非营利机构主要指各级政府、学校、医院等事业单位和各种非营利的协会等。

(2) 特殊公司

特殊公司是指与本企业有特殊业务的企业、供应商等。

(3) 普通公司

普通公司是指交易伙伴及客户个人。

4. 按客户的分布分类

（1）外部客户

外部客户是指组织之外的组织或个人。在一般情况下，客户满意就是指让外部客户满意。

（2）内部客户

内部客户是指在一个组织中，人与人之间、部门与部门之间、过程与过程之间形成的供应方与客户的关系中接受产品的一方。

5. 按客户在服务链中所处的位置分类

（1）中间商客户

中间商客户是处于产品或服务流通链中间的客户，是为了转卖或出售产品并牟取利润的个人或组织购买者。其主要包括批发商、零售商、租赁公司和代理商等。

（2）最终客户

最终客户是指产品或服务的最终使用者。在现代市场营销中，产品往往要经过相当多的流通环节才能到达最终客户手中。例如，按一般商品的流通形式划分，可以分为生产商、批发商、零售商和客户。作为产品或服务使用者的最终客户，对产品或服务质量最有发言权，他们的判定、取舍和选择具有权威性。一旦失去了他们的支持，不论其他客户的满意程度如何，也是没有意义的。因此，所谓客户满意，本质上是指最终客户的满意。

四、客户服务的含义

管理专家认为，客户服务是一种活动、绩效水平和管理观念。把客户服务看做是一种活动，意味着客户服务是企业与客户之间的一种互动，在这种互动中，企业要有管理控制能力；把客户服务看做是绩效水平，意味着客户服务可以精确衡量并作为评价企业的一个标准；把客户服务看做是管理理念，则是强调营销以客户为核心的重要性和客户服务的战略性，其运行的基础就是供应链一体化。因此，将客户服务定义为：客户服务是一个过程，它以费用低廉的方法给供应链提供重大的增值利益。

通俗地讲，客户服务就是所有与客户接触或相互作用的活动，其接触方式可能是面对面，也可能是电话、通信或传真等方式，而其活动包括对客户介绍及说明产品或服务、提供相关的信息、接受客户的询问、接受订单或预订、运送商品给客户、商品的安装及使用说明、接受并处理客户抱怨及改进意见、商品的退货或修理、服务的补救、客户资料的建档及追踪服务、客户的满意度调查及分析等。做好客户服务不仅可以提高企业的生产力水平及客户的满意度，而且可以增加商品或服务的价值。

因此，客户服务就是为客户提供服务；是以客户为对象，以产品或服务为依托的行为；以挖掘和开发客户的潜在价值为客户服务的目标；以具体行为、信息支持或者价值导向为客户服务的方式。

第2节 客户服务的分类与内容

一、客户服务的分类

客户服务的方式多种多样，内容也十分丰富，依照不同的划分标准可以对客户服务进行不同的分类。

1. 按服务的时序分类

（1）售前服务

售前服务一般是指在向客户销售之前，通过进行广泛的市场调查来研究、分析客户的需求和购买心理，采用多种方法来吸引客户的注意力，引起他们的兴趣，激发客户的购买欲望而提供的一系列服务。

（2）售中服务

售中服务是指在销售过程中所提供的服务，这些服务能够促使客户更顺利地完成购买行为，也能在服务中强化企业形象。

（3）售后服务

售后服务是企业对客户在购买产品后提供多种形式的服务的总称，其目的在于提高客户满意度，建立客户忠诚度。

【案例2—1】

某一高新技术企业在售前、售中和售后服务方面是这样做的。

售前服务：销售部门及时向用户提供投标、报价等资料，并就公司合同评审意见与用户进行充分协商，明确合同条款要求，以便更好地履行合同。

售中服务：销售、生产、质检部门组织各有关部门配合用户代表，进行生产过程质量见证工作。对用户代表提出的任何意见，及时进行妥善解决。

售后服务：用户服务部门派遣代表并根据产品技术文件和质量文件，为用户进行产品安装技术交底和技术服务，并监督产品安装质量；设计和控制部门负责编制提供产品运行、维护的说明书；用户服务部门负责组织，及时、有效地处理、纠正用户提出的质量问题，并将有关质量信息反馈至总工程师；总工程师根据用户反馈信息组织各有关部门制定并实施纠正措施，避免类似问题的再次发生。

2. 按服务的性质分类

（1）技术性服务

技术性服务是指提供与产品的技术和效用有关的服务，一般由专门的技术人员提供。服务内容主要包括产品的安装、调试、维修，以及技术咨询、技术指导、技术培训等。

（2）非技术性服务

非技术性服务是指提供与产品的技术和效用无直接关系的服务。它包含的内容比较广泛，如广告宣传、送货上门、提供信息及分期付款等。

3. 按服务的地点分类

（1）定点服务

定点服务是指通过在固定地点建立或委托其他部门设立服务点来提供服务，如生产企业在全国各地设立维修服务网点。

（2）巡回服务

巡回服务是指没有固定地点，由销售人员或专门派出的维修人员定期或不定期地按客户分布的区域巡回提供服务，如流动货车、上门销售、巡回检修等。

4. 按服务的费用分类

（1）免费服务

免费服务是指在为客户提供服务的过程中不收取任何费用。

（2）收费服务

收费服务是指在为客户提供服务的过程中收取部分费用或收取全部费用。

5. 按服务的次数分类

（1）一次性服务

一次性服务是指一次提供完毕的服务，如送货上门、产品安装等。

（2）经常性服务

经常性服务是指需多次提供的服务，如产品的检修服务等。

二、客户服务的主要内容

客户服务的内容多种多样，企业不同、产品不同，为客户提供服务的方式和具体内容也会存在很大的差别。在这里主要从售前服务、售中服务、售后服务三个方面来分析。

1. 售前服务的主要内容

各企业依据具体情况选择售前服务的内容和方式。最常见的售前服务主要有以下几种。

(1) 广告宣传

广告已成为人们生活中的一个重要组成部分，它通过向客户传送有关产品的功能、用途特点等信息，使客户了解产品并能诱发客户的购买欲望，还有利于扩大企业的知名度，树立企业的良好形象。因此，企业都高度重视广告宣传，广告宣传成为售前服务的重要方式。

(2) 销售环境布置

客户在购买商品时不仅重视产品本身和销售人员的服务，对销售环境的要求也不断提高，希望能在舒适、卫生的环境中购买商品。销售场所的环境卫生、通道设计、铺面风格、招牌设计、内部装饰、标志设置等因素综合构成的购物环境会给客户留下不同的印象，由此引发客户不同的情绪感受，这种情绪将在很大程度上决定客户的购买决策。因此，销售环境布置作为售前服务的一种方式，应该获得企业的充分重视。

(3) 提供多种方便

由于产品的同质化和产品种类的多样化，使得客户在购买商品时，更多的是看重服务，希望能由此享受便利和舒适。作为企业来说，为客户考虑得越周到，客户便越有可能购买企业的商品，并且增加客户的忠诚度。为此，销售企业应尽可能地为客户提供方便，如银行设立大堂经理为客户提供业务咨询，提供饮水机、等候椅等，商店设立问询处、试衣室、休息室等。一方面，让客户为这些贴心的服务感到舒适方便；另一方面，也节约了客户的购买时间，提高了购买效率。

(4) 开设培训班

随着新技术的出现及其在产品中的广泛运用，出现了许多技术含量高的新产品。这些产品结构复杂，操作方法相对较难掌握，对使用者的知识水平等方面要求较高。企业应为客户开设各种培训班，提供技术咨询和指导。通过参加培训班，客户掌握了有关技术，可能会对产品产生兴趣，有助于激发客户的购买欲望，促进产品的销售。若开设培训班，还能吸引较多客户，从而扩大企业的知名度，树立企业的良好形象。

(5) 开通业务电话

开通业务电话，提供电话订货、咨询等服务，可以使企业的触角伸到原本未进入或难以进入的市场，挖掘潜在客户，扩大企业占据的市场份额，并增加产品的销量，企业能抓住更多的销售机会。

(6) 社会公关服务

企业可以通过举行记者招待会、产品展销会等活动来销售、介绍产品，也可以扩大企业的影响力。售前服务的方式可以说不拘一格、层出不穷，且发展和创新的空间无限。企业应开拓创造性思维，不断创新，以适应整个市场的变化和客户的需求。

2. 售中服务的主要内容

(1) 向客户传授知识

销售人员在向客户销售产品的同时，必须向客户介绍有关产品的性能、质量、用途、造型、品种、规格等方面的知识。一方面，这是客户做出购买决策的客观要求，即客户在决定是否购买时，必须了解有关知识，以此作为权衡和考虑的依据；另一方面，销售人员详细地向客户介绍产品，有利于营造良好的销售氛围，形成和谐的人际关系，同时也有促进销售的作用。

(2) 帮助客户挑选商品，当好参谋

当客户向销售人员询问商品的价格、质量、性能、用途及商品的优点和缺点时，销售人员如能根据客户的需求心理进行介绍，正确地引导客户选择，当好参谋，就能使客户按理想的方式来权衡利弊，从而有利于促成交易的最终实现。

(3) 满足客户的合理要求

在销售过程中，客户必然会提出各种各样的要求，其中大多数是比较合理的。销售人员应尽最大努力满足客户的这些合理要求，提高客户的满意度，增强客户对销售人员的信任，从而促成交易。同时，还会增加客户的重复购买率，并提高企业的声誉。

(4) 提供代办业务

售中服务不仅对普通客户非常重要，而且也受到批发零售商、生产企业这类客户的重视。向这类客户提供的售中服务主要包括代办托运、代购零配件、代办包装及代办邮寄等。这些服务为客户带来了更大的便利，不仅可以吸引更多的客户促成交易，密切产需关系，而且还能增强客户对企业的信任感，提高企业的竞争力，甚至还能与客户达成长期的合作伙伴关系。

(5) 操作示范表演

操作示范表演能让商品现身说法，真实地体现出商品在质量、性能、用途等方面的特点，引发客户的兴趣，并激起客户的购买欲望。这种方式还能使销售人员的说法进一步得到证实，更有说服力，增加客户的信任感。

3. 售后服务的主要内容、问题与技巧

售后服务不限于行业，也不拘泥于一种形式，它有着广泛的内容和未被开拓的领域。企业之间的竞争越来越多地转向了售后服务的竞争，售后服务的好坏直接关系到客户的下次购买欲望及企业的信誉。

（1）售后服务的内容

1）送货上门。对购买较笨重、体积庞大、不易搬运的商品或一次性购买量过多、自行车携带不便或有特殊困难的客户，有必要提供送货上门服务，从而提高客户的重复购买率。

2）安装服务。随着科学技术的发展，商品中的技术含量越来越高，一些商品的使用和安装也极其复杂，客户依靠自己的力量很难完成，因此，就要求企业提供上门安装、调试的服务，以保证出售商品的质量，使客户一旦购买就可以安心使用。这种方式消除了客户的后顾之忧，大大方便了客户。

3）包装服务。商品包装也是客户服务中不可缺少的项目。商品包装不但使商品看起来美观，而且还便于客户携带。许多大中型和有声望的企业在包装物上印刷本企业的名称、地址、标志，起到了广告宣传的作用。

4）维修和检修服务。企业若能为客户提供良好的售后维修和检修服务，就可以使客户安心地购买和使用商品，从而减轻客户的购买压力。有能力的企业应通过在各地设立维修网点或采取随叫随到的上门维修方式为客户提供维修服务。企业也可抽样巡回检修，及时发现隐患，并予以排除，让客户感到放心、满意。

5）电话回访和人员回访。客户购买商品以后，企业应按一定频率以打电话或派专人上门服务的形式进行回访服务，以便及时了解客户使用产品的情况，并解答客户提出的问题。

6）提供咨询和指导服务。客户在购买产品后，还不熟悉产品的操作方法，或不了解产品一旦出现故障应如何予以排除。因此，企业应为客户提供指导和咨询，帮助客户掌握使用方法和简单的维修方法。

7）建立客户档案。建立客户档案的目的是为了与客户保持长期的联系。通过这种方式，一方面可以跟踪客户所购买商品的使用和维修状况，及时主动地给予相应的指导，以确保商品的使用寿命；另一方面还可以了解到客户的喜好，在出现新产品后，及时地向可能感兴趣的客户推荐。除此之外，销售人员还可以利用客户档案，以上门拜访、打电话、寄贺年卡等形式，与客户保持长期的联络，提高客户的重复购买率。

8) 妥善处理客户的投诉。无论企业和销售人员的售后服务做得如何尽善尽美，有时总难免会招致一些客户投诉。企业和销售人员应尽可能地减少客户的投诉，但在遇到投诉时，要善于运用技巧，妥善处理投诉，使客户由不满意转变为满意。

(2) 售后服务中的问题

售后服务中的许多问题都是针对某一具体公司的，公司不同则采取的售后服务策略也就不同。但在实践中仍然存在一些一般性的问题，具体包含如下内容：

1) 价格变动。如果价格变动，尤其是提价，若处理不当很可能产生问题。发生的任何价格变动，应该立即记录在公司的价格表上。产品或服务的初始价格没有准确陈述的情况会让客户产生不信任感和愤怒感。每当价格变动，尤其是提价，销售人员应及时通知客户，以便他们能采取合适的行动。

2) 交货延迟。因为一些不可抗拒的因素或者是一些人为因素，发生延迟交货现象是在所难免的，但延迟交货却是易使客户产生不满的售后问题。延迟交货可能影响客户的计划，且若延迟导致缺货，则在一段时间里可能减少对客户的销量。一旦出现销售人员无法控制的延迟交货，销售人员就应该使客户对按合同精确交货的预期最小化，并及时让客户了解延迟交货的原因。销售人员可以借助核实订单是否准确、是否包含了所有必要的信息、手续是否齐全等，帮助制止某些延迟交货情况的发生。

3) 安装粗劣。一些产品是需要企业来帮助客户安装的。通常，产品安装不是销售人员的责任，但尽其所能保证安装恰当地完成是良好服务的准则。至少每个销售人员应该与客户及时联系，确认在安装期间没有任何问题发生。

4) 促销信息缺乏。销售人员必须确保每一位客户清楚地了解任何可能得到的促销资金或津贴。大部分公司按照金额和产品给予客户促销津贴，这些津贴可以是合作广告、产品购买数量、促销展示或新产品试用等形式。无论何种形式，销售人员都应该使每一位客户清楚津贴及其利用方式。

5) 付款信誉不佳。直接影响客户良好感受的一个问题是付款信誉不佳或受到限制。销售人员需要与其公司信贷部门的人员熟识，并确保负责他们账户的人与他们的客户维持良好的业务关系。销售人员在信贷方面如发现有什么问题，应做好仔细的沟通和解释，以避免发生任何问题和使客户受到感情伤害。

6) 培训不足。对于某些特殊的产品，由于没有接受过良好的产品使用培训，销售人员不能很好地使用产品，更无法指导客户恰当地使用产品，从而使客户产生不满。

(3) 售后服务的技巧

售后服务除解决问题外,更重要的是主动出击,建立起良好的客户关系。其技巧主要表现在以下几个方面:

1) 发出诚挚的感谢信。良好的售后服务从交易成功之后,发出一封表达诚挚谢意的感谢信开始。大约在交易达成的两天后,无论是写在公司信纸上的正式信函、一张非正式的便条还是一张明信片,都能用来表达对客户的谢意。

2) 要不断地检查送货情况。在送货的那一天,销售人员应电告客户,这不仅是为了确定货物是否已送出,更是为了表明销售人员对客户应该得到的服务的重视。一旦发生了送货不能执行或收到时货物损失等问题,销售人员可以采取恰当、及时的行动。问题发生了,应该由销售人员而不是其他人告诉客户有关消息。

3) 及时拜访、告知买方产品的功能和用途。销售人员应该确保买方公司的雇员了解所购产品的功能和用途。买方对卖方及其产品有恰当的认识,进行应有的培训常常能够使投诉防患于未然。如果要求安装产品,销售人员应该在送货后立即拜访买方,以确保产品恰当地安装和不发生任何问题,即使没有发生问题,这一拜访也能向买方公司表明销售人员对建立长期业务关系的态度。这一拜访,也许比其他行动更能显示销售人员及其公司的诚意和可信度。

因此,良好的售后服务,一方面能够保证使他们的客户满意,这对未来的销售非常重要,因为向满意的客户销售相同的或新的产品比寻找和出售给潜在的新客户要容易得多;另一方面,良好的售后服务也能提供潜在的销售机会,因为满意的客户通常是潜在客户最好的信息源。

三、客户服务工作的项目及分配

由于客户服务工作项目繁多复杂,且企业之间差异较大,因此,对于客户服务的要求及权责分配也不尽相同。表2—1简单列出了一些客户服务的项目及相关的权责部门。

从以上客户服务项目的简单分析中可以了解到客户服务、营销及生产部门之间要密切配合,才能把客户服务工作做好。此外,这些客户服务工作的进行也有其先后顺序。当然,首先是客户需求的提出,然后是针对客户的需求进行分析与了解以及货品的制作或服务的提供,最后才是客户满意度调查,客户资料的建档及跟踪服务等。

表2—1　　　　　客户服务工作项目及相关权责部门

序号	客户服务项目	相关权责部门
1	客户需求调查，客户的需求分析，以及相关的市场调查	业务部门、营销部门、客户服务部门
2	为客户提供有关商品与服务的信息，以及相关的营销活动信息	业务部门、营销部门、客户服务部门
3	接受客户的订货、下订单或服务的预约，以及与客户进行沟通，了解他们需求的内容	业务部门、营销部门、客户服务部门
4	与客户充分沟通，使客户熟悉商品或服务的项目、提供方式、送货时间	业务部门、客户服务部门
5	货品的生产、运送，所订服务的提供	生产部门、业务部门、服务提供部门
6	从商品或服务的订购到商品的运送及服务提供期间内的双方沟通，尤其是有关货品的生产、服务的进行状况与进度的了解	业务部门、客户服务部门
7	货品的运送、安装及使用说明，服务提供过程中对客户的配合方式的说明	业务部门、技术部门、服务提供部门
8	为客户提供有关产品的使用说明及相关技术的教育培训	客户服务部门、技术部门
9	相关的售后服务，如修理、维护保养，更换或退还，服务内容的变更	业务部门、技术部门、客户服务部门
10	收款、收据或发票的处理，错误账目的更正	业务部门、财务部门、客户服务部门
11	客户投诉的接受、判断与处理	客户服务部门、业务部门
12	分析客户意见，进行客户满意度的调查与统计分析，以及相关信息回馈	客户服务部门、业务部门
13	客户信息的建档、管理及跟踪服务	客户服务部门
14	为客户提供咨询服务，提供信息与资料，以及更多相关的服务	客户服务部门、业务部门

四、客户服务的核心要素

客户服务的实施成功与否，与企业能否抓住客户服务的核心有很重要的关系，客户服务中的核心要素包括以下九个方面。

1. 热诚服务的员工

在提供服务的过程中，由于客户的需求越来越多，甚至有些时候还会提出一些不合理的要求，因此，客户服务人员除了要有耐心和具备良好的沟通能力外，还要有一颗热诚的心，才能愉悦地做好客户服务工作。

2. 全面的教育培训

服务人员的礼仪、态度，提供服务的作业流程、服务方式以及相关的专业知识、服务技能等，均需要通过教育培训来强化。

3. 品质与时效

提供服务的时效性，如准时地把快递送达、班机能准点起飞等，都是客户很重视的需求，提供服务者一定要努力满足客户对时效性的需求，但同时也不可忽视提供服务的品质，即时效与品质要兼顾，当品质维持得很好时，则有助于时效性的达成，因此，需要做到品质与时效并重。

4. 处处为客户考虑

客户服务有许多不同的方式，要改变以往很多企业仅仅从自己的角度去考虑，而忽略了客户的不便的弊端，应把客户需求作为重要考量因素来设立服务方式。

5. 标准化与富有弹性的服务流程

服务流程与作业方式的标准化有助于品质的维持及员工教育培训。然而，如果太执著于标准化的作业流程，可能将无法满足某些客户的特殊需求。因此，在服务提供过程中一定要保持一定的弹性，才能满足多样化的需求。

6. 完美的解说与高效的培训

在提供服务的过程中，客户可能会实际参与。此时，企业希望客户在参与的过程中能够相互配合，因而有必要对客户详加解释，有时甚至需要对客户进行培训，如机器设备使用方法的讲解与培训等。

7. 有效的绩效评估

由于服务人员的服务态度、服务方式及专业能力等会影响到服务品质，因此，服务人员及管理者的绩效就很重要。企业一定要慎选绩效评估的人员及工具，制定完善的制度，并有效地执行。

8. 和谐的合作气氛

服务品质的好坏并非只靠客户服务部门就能够做好，必须依靠各个部门通力合作，发挥团队协作精神，彼此相互配合与帮助。因此，企业内部一定要营造出和谐的气氛，大家才会热爱服务，热爱工作，彼此之间愉快地合作。

9. 持续不断的改善

客户服务工作流程中的服务系统、服务流程、服务方式及服务人员的态度等，有时会给客户带来不便，或无法满足客户需求，此时一定要深入分析原因，找出症结所在，然后加以改进。而改进是永无止境的，一定要持续做下去，才能不断提升客户的满意度。

第3节 客户服务管理的原则和流程

一、客户服务管理应遵循的原则

客户服务的运作，必须遵循以下五项原则。

1. 明确团队中各岗位的职能

在客户服务工作中必须明确各个岗位的职能，职能应具体到每个人的工作目标和范畴，杜绝工作的盲目性和无序性。

2. 制定工作流程

工作流程的制定可为员工的工作指明一条具体的行进路线，让员工了解每个环节与本人之间的关联性，在很大程度上既减少了无序的工作所带来的混乱，也提高了工作效率。

3. 加强信息沟通与合作

加强信息在各部门之间的相互流动可以更好地为客户服务。加强信息沟通要做到：各部门人员之间协调配合；理解和信任他人；互相帮助；当竞争对手出现时做出快速反应。

4. 构建客户服务管理体系

客户服务管理体系是确保整个服务工作规范化的基础保障系统。没有这个体系的存在或者这个体系存在太多的问题，即便是强大的营销团队，也不会取得太好的营销业绩。

5. 得到核心管理层的支持

做好客户服务工作应该得到高层管理者的支持与指导。高层管理者可以通过自上而下的管理，运用行政计划、命令等加强职能控制。

二、客户服务管理流程

1. 客户服务管理流程的含义

客户服务管理流程是指客户享受到的，由企业在每个服务环节上所提供的一系列服务的总和。客户服务管理流程分为客户服务业务流程和客户服务信息流程。客户服务业务流程是对服务作业步骤的描述，以说明各个服务步骤之间的前后顺序及运作关系。客户服务信息流程主要包括信息的流动、处理和存储。它抽象地舍去了具体的组织结构、物资和材料等，单从信息流动的角度来考察客户服务实际发生的情况。

2. 客户服务管理流程图设计的意义

【案例 2—2】

吴先生入住某酒店，上午 10 点左右在酒店客房里打电话跟客户商量工作，边讲边写工作笔记。打完电话后就退房了。下午在拜访客户时，忽然想起工作笔记遗忘在客房里了。他急得脸色发青，赶紧联络酒店，但酒店已打扫完房间，垃圾也清理完了。酒店方面称，打扫房间的服务人员没有发现工作笔记。

事后得知，原来吴先生的工作笔记是写在客房床头柜上的便笺纸上的，由于一时疏忽，被服务人员当做废纸扔了。

吴先生自知不慎，所以就没抱怨，只是急得满头大汗，心中还是在怪服务人员："为什么不在扔之前，问一下有没有用呢？"

【案例分析】酒店应把客人留下的物品（包括无法确认的垃圾）装入袋里保管 1 天。因为经常有客人把首饰包在面巾纸里，遗忘在烟灰缸边、洗脸台上。或许，一张纸、一条手帕不值钱，但因人而异，说不定那偏偏是客人不可缺少的。

因此，酒店应有相应的工作流程，不能随意判断客人用过的任何物品为垃圾。

客户服务管理流程图是为了有助于服务系统的建立而设立的，它们可以指出，为了完成服务任务，什么地方需要控制、什么地方需要服务标准。这些流程图能够说明瓶颈位于何处，同时能够指出哪里需要增加人员、设备，或者哪里的流程需要改动以及如何改动等。客户服务管理流程图分为客户服务业务流程图和客户服务信息流程图，可以帮助企业从客户的角度来看问题。企业越是能够从客户的角度来观察、理解或者体验服务，就越容易找到自身需要改进的地方。

3. 客户服务管理流程图设计应遵循的标准

【案例 2—3】

优质客户服务的标准是需要客户来评判的。炎炎夏日，即使是在凉爽的雅安，张先生还是感到了一丝闷热。刚刚在前台登记下榻酒店的他步入客房时，就见服务员手捧一杯热茶，微笑着说："先生您好，欢迎您入住我们酒店。这是我们酒店向您赠送的精致藏茶。它不仅可以舒乏解渴，还有一定的保健作用。"张先生不禁有些惊喜，自己本就有些疲倦，正愁没有茶水解渴，难得酒店想得如此周到。当他得知这是每一位刚入住酒店的客人都能享受的服务时，更佩服酒店服务的无微不至了。

晚上，张先生有客人来访。正在聊天的时候，服务员送来了一壶熬制好的藏茶送给两位。面对朋友惊奇的神情，服务员微笑着说明这都是酒店赠送的服务，客人不由得伸出了大拇指。

张先生送走了客人，回到房间就寝时，酒店员工亲手制作的藏茶、中国结放在枕边，散发着茶香，伴他进入了梦乡……

【案例分析】酒店服务的精髓，是用心去做事，把情感贯注在服务流程中，将客户的需求放在首位，造就这样合理的服务管理流程，是酒店管理者应研究的课题。

要设计科学有效的客户服务管理流程图，必须坚持四个标准：

（1）与客户同行

在设计客户服务管理流程时，必须以客户的身份去经历整个服务流程，记录下最重要的内容，并考虑客户在与企业开展业务活动之前最先做的事情是什么。

（2）来自一线员工帮助、建议和有关反馈信息

一线服务人员能够直接和大量客户接触，解决客户问题，满足客户需求，并不断提高客户的期望值，他们比企业中的其他人更了解客户的需求，更懂得如何为客户提供满意的服务。

（3）创建服务流程步骤

从简单的服务管理流程图开始，创建几个步骤，并留下空白处，便于随时补充、调整和更正。

（4）修改服务流程

由于客户的需求是不断变化的，所以设计的服务管理流程也应当是动态的，随着客户的期望和需求不断改变而改变，这样才能把服务质量保持在一定水准上。

在客户服务管理流程的实施中要坚持以客户满意为前提；谋求流程的高效能，而不是个别职能的高效能；排除因分工产生的分歧；缩短流程执行周期，迅速完成服务，增强应变能力；超越企业界限，将企业内外部改革纳入企业流程，运用计算机网络，减少协调成本。

图2—1所示是某电器公司客户服务业务流程，通过对客户服务业务流程的详细设计，对客户服务中的每一个应具备的环节、每一个环节的进展情况等都能一目了然，企业在服务过程中能明确服务目的，准确分析问题出现的原因，选择合适的解决方法，达到对客户优质服务的效果。

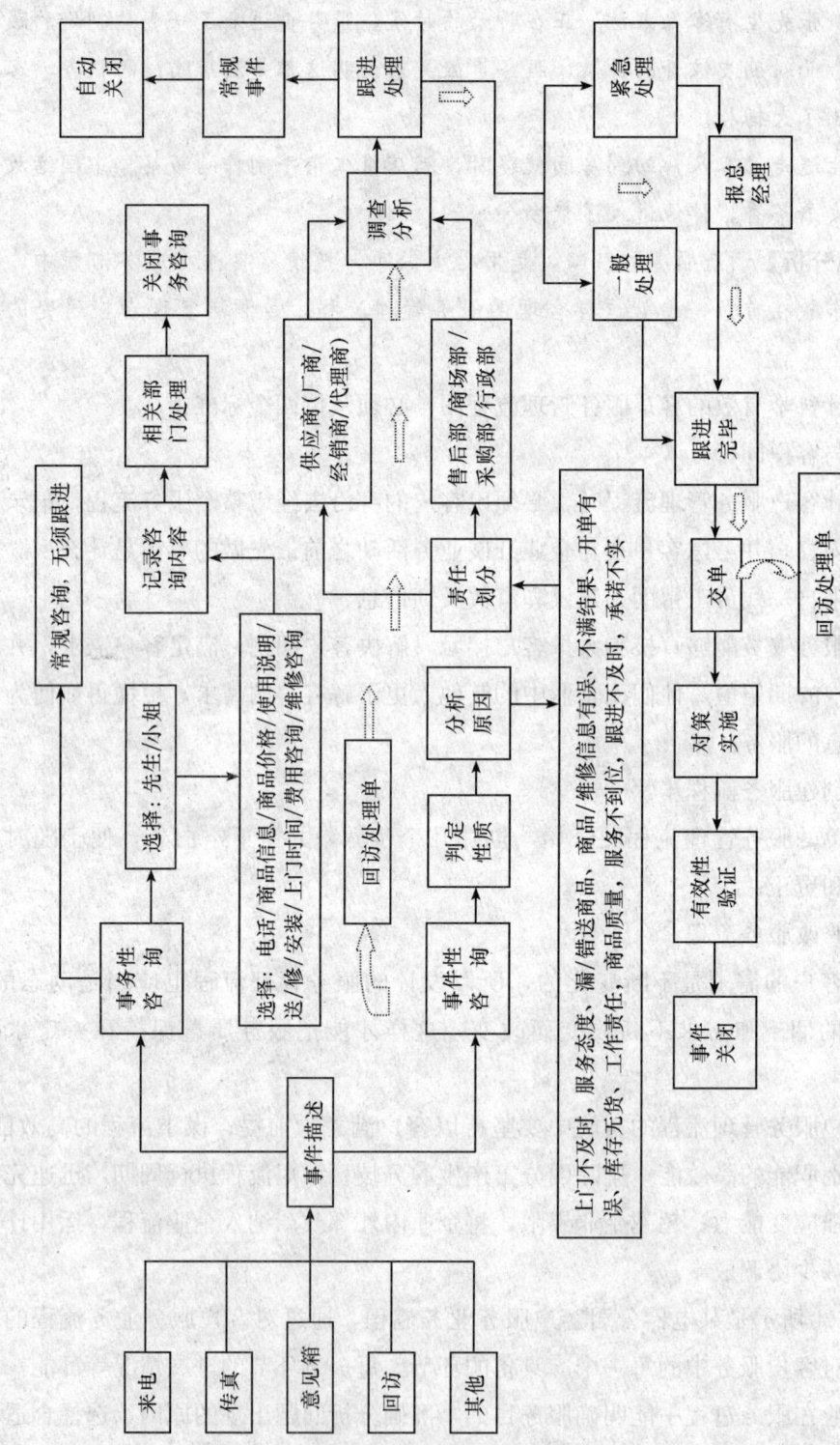

图2-1 某电器公司客户服务业务流程图

第4节 客户服务管理师的职业规范与要求

一、客户服务质量的构成要素

【案例2—4】

凯丽小姐是纽约一家知名百货公司的超级销售人员，每个月在公司的销售排行榜上都可以看见她的名字。凯丽小姐成功的秘诀在于能为客户提供"非常服务"。她总能看透客户的心理，并为客户提供卓越的服务。譬如，一位客户需要一套正式礼服，凯丽小姐不但为她找到了十套非常合适的晚礼服供她选择，还为她挑选了数套可供搭配的鞋子、皮包、披肩。结果是：客户不但购买了她原来所需要的晚礼服，又另外买了两套衣服、一堆配件，并对凯丽小姐心存感激，感激她为自己量身定做了高效率、贴心的服务。

当公司的同事询问凯丽小姐是怎样看出客户需要哪些商品时，凯丽小姐的回答是："不要指望客户能清楚地告诉你他们需要什么，你要懂得用心去看、去听、去感知。如果不具备察言观色的本领，你就永远不可能为客户提供卓越的服务，提升服务质量……"

客户服务质量是指在为客户提供服务的过程中能够满足客户潜在需求和相关规定的特征和特性的总和，是服务工作能够满足被服务者需求的程度。客户服务质量既是服务本身特性的总和，也是客户感知的反映，客户服务质量的要素由客户服务的形象质量、职能质量和真实瞬间构成。

1. 客户服务形象质量

客户服务形象质量是指客户服务人员在客户心目中形成的总体印象。企业形象在很大程度上取决于服务人员的外在形象，如果客户服务人员的外表看起来很职业化，客户就会觉得这家公司有一定的实力，陡增信任感。反之，如果客户服务人员的外表看起来不规范，那么留给客户的感觉则是这家企业也不规范。因为客户如果不了解站在他面前的客户服务人员具备什么素质，通常会通过客户服务人员的外在形象来判断这个客户服务人员是不是很职业化。因此，客户服务人员的形象质量对企业形象的塑造具有直接的作用。

2. 客户服务职能质量

客户服务职能质量是指在服务推广的过程中客户所感受到的客户服务人员在履行职责时的态度、行为、穿着、仪表等给客户带来的利益和享受。客户服务的职能质量完全取决于客户的主观感受，但是每个客户对于质量的要求和感知都不尽相同，因而对于职能质量的高低难以进行客观的评价。

3. 客户服务的真实瞬间

客户服务的真实瞬间是指在服务过程中客户与企业客户服务人员进行服务接触的短暂过程。这个过程是一个特定的时间和地点，这是企业向客户展示自己服务质量的最佳时机。时机一旦逝去，服务交易便结束，企业也就无法改变客户对服务质量的感知；如果在这一瞬间服务质量出了问题也就无法补救。真实瞬间是服务质量构成的特殊因素，这是有形产品质量所不包含的因素。

在客户服务质量的这三个构成要素中，职能质量起着举足轻重的作用，职能质量是服务质量的核心内容，职能质量的好坏将直接影响服务质量的高低。

二、优质客户服务的标准

【案例2—5】

常言道："在家千日好，出门一时难。"出门在外确实让人感到有诸多不便，但第一次入住酒店的王先生却因得到了服务员体贴的服务感到了像家一样的温馨与舒适，体会到了优质服务的超值。

晚上23时，王先生回到自己的房间，看看自己身上的衣服，拨通了服务中心的电话，要求洗衣服。服务中心员工小石立刻上门收取衣服。王先生告诉小石，这件衣服要求明天早晨7点半洗好送回，小石迟疑了片刻，还没有等小石向客人说明酒店洗衣服务的时间和要求，王先生接着说："我知道现在已过了时间，可我明天一早要参加一个重要的会面，而我又没带别的衣服，麻烦你想想办法。"看到客人疲惫而又充满期望的脸，小石心想一定要帮助客人，于是她微笑着说："请问您这件衣服可以湿洗吗？"得到肯定的答复后小石对客人说："您休息吧，我会想办法的。"小石从服务中心拿出备用的洗衣粉对客人的衣服进行了浸泡、搓洗，对局部做了特别的清洗，然后过水、拧干，接着用吹风机吹到半干，又用熨斗熨平，挂在窗口通风处晾干。这期间小石还要负责其他的服务和巡楼等工作。早上7点，当小石看着洗好且已晾干的衣服时几分成就感不禁油然而生，感到自己一个晚上的辛苦也值了。7点半小石准时把衣服交到王先生手中，王先生满意地笑了，退房前亲自来到大堂副理处表示感谢，而现在王先生已成为酒店的长住客了。

当然，企业性质不同，服务对象不同，对于优质客户服务的标准也就不同，一般包含以下七个方面的内容和要求。

1. **对客户热情、尊重和关注**

优质客户服务首先是态度问题，每个企业都要求其客户服务人员对所服务的客户表现出热情、尊重和关注。这个要求虽然相对比较简单，但对企业来说却至关重要，不仅关系到企业的形象，也关系到企业的进一步发展，是几乎所有企业都需要改进的问题，迄今为止，客户对于企业服务投诉最多的问题依然是服务态度问题。因此，优质客户服务首先要求客户服务人员能够持续地、始终如一地对客户表示热情、尊重和关注。

2. **帮助客户解决问题**

客户服务人员解决问题的能力是客户服务的根本，要做到优质服务，企业就必须能够帮助客户解决问题，因为作为客户，当然希望服务人员能够有很好的服务态度，但是同时他更希望问题能得到解决。所以客户服务人员必须牢记：在客户服务中，帮助客户解决问题永远是第一位的。

3. **迅速响应客户需求**

客户的问题一般都会得到解决，但解决问题的效率给客户带来的感受却有天壤之别。作为客户，在享受服务的时候，一般更加关注服务的效率。他们希望得到高效快捷的服务。因此，在客户服务中，服务的响应速度是考评服务质量的重要指标。

4. **始终以客户为中心**

当客户利益与企业利益发生冲突，或者客户提出一些看似不太合理的要求时，这是考验企业和服务人员的服务观念的时候——是不是能够始终以客户为中心，这一点是非常重要的。始终以客户为中心不能只挂在嘴上，而应该是一种行动，应该是带给客户的一种感受。比如，为客户倒上一杯水，真诚地向客户表示歉意，主动帮助客户解决问题，在客户等候时为客户准备书刊杂志以消磨时间等，都是以客户为中心，为客户着想。

5. **持续地提供优质服务**

提供一时的客户服务并不难，而始终保持稳定的服务质量则非常困难。让客户感受到一名客户服务人员的良好服务并不难，而要让客户在整个服务过程中都能够感受到每一位客户服务人员的热情服务就变得很难，特别是在客户需求发生波动的时候，客户服务人员在超负荷的压力下很难持续保持高昂的工作情绪和热情的笑容。让客户每一次都能感受到同样好的服务，正是优质客户服务所追求的目标。持续提供优质的服务,这是整个优质客户服务过程中最难获得的一种能力,而服务的标准化、一致性,是持续提供优质服务的根本保证。

6. 设身处地为客户着想

设身处地为客户着想是做到始终以客户为中心的前提。作为一名客户服务人员,能够经常进行换位思考是非常重要的,设身处地为客户着想意味着你必须能够站在客户的角度去思考问题,理解客户的想法,知道客户最需要的是什么,最不想要的是什么,只有这样才能为客户提供优质的服务。

7. 提供个性化服务

大多数情况下,客户服务人员所提供的服务是一种标准化的服务,这时就会出现这样的回答:"对不起,这是我们的规定"、"对不起,我们要按照程序办理"……作为客户,他们有着各自不同的观点和期望值,对于服务的要求也是不同的。当所有客户服务人员都在努力提供优质服务的时候,客户服务人员的服务如何脱颖而出?如果客户服务人员针对不同的客户提供相同的服务,客户就不会满意——现在客户需要的是一种个性化的服务,客户总是希望自己得到特殊的对待。因此,只有提供不同凡响的个性化、快速响应和超值的服务,才能令客户欣喜并留下深刻的印象。

三、客户服务管理师概述

1. 客户服务管理师的定义

在市场经济的环境中,客户营销管理的理念越来越深入人心,客户服务管理对于企业的生存与发展也日益重要,因而客户服务管理师应运而生。

客户服务管理师是指在向客户提供产品和服务的交易过程中对客户服务活动实施管理的人。

2. 客户服务管理师的工作内容

客户服务管理师所从事的主要工作包括以下内容:

(1) 从事客户服务管理体系的策划、组建和实施监督。

(2) 从事现场客户服务活动的设计、组织和实施管理。

(3) 组织对本企业涉及客户服务的部门、岗位和人员进行客户服务管理知识和技能的培训。

3. 客户服务管理师涉及的领域

目前需要客户服务人员的企业涉及制造业、金融业、咨询业、零售业、餐饮娱乐休闲业、医疗业、物业服务等行业,对求职者的要求普遍是诚恳、热情、亲和力较强，善于表达和沟通，心理承受能力较强，有团队精神等；语言能力、计算机水平和数据统计分析更是企业要求高级客户服务人员必备的硬性技能。因此，心理学、应用心理学、统计学等专业的学员适合从事这方面的工作。这一职业的创立，对于提高企业的市场能力和竞争力水平，有着重大意义。一方面，可以为企业直接带来经济效益；另一方面，有利于其拓展国际市场能力的提高，这对于企业乃至国家经济的发展，都有着积极和深远的历史意义。

4. 客户服务管理师的等级

在我国，客户服务管理师这一职业共设三个等级，分别为三级客户服务管理师（国家职业资格三级）、二级客户服务管理师（国家职业资格二级）和一级客户服务管理师（国家职业资格一级）。

四、客户服务管理师的基本素质

要想提高服务质量，做到优质服务，客户服务人员素质的高低起到了决定性的作用。客户服务人员具备的基本素质主要包括两个方面：一是外在的职业化塑造，是客户服务人员呈现出来的职业形象；二是客户服务人员内在的品格素质，是客户服务人员内在的品格素养。

1. **卓越的职业形象**

一个企业的形象在很大程度上来自客户服务人员的外在形象。作为客户，如果一开始不了解站在他面前的客户服务人员究竟具备什么能力，他通常会通过客户服务人员的外在形象来进行判断，通过其外表来判断客户服务人员职业化程度的高低。

【案例2—6】

酒店的大门入口处，一般都有一位或几位礼宾，他们穿着金鼓花缎和金纽扣装饰的高级燕尾服，扎着蝴蝶领结，十分潇洒地为客人护顶、开车门，再将他们迎接进酒店，或打开车门，让客人坐上车，离开酒店。他们是最早接待客人的服务人员，又是最后送走客人的服务人员。所以，他们是酒店的脸面，是酒店的形象。

为什么酒店需要他们呢？酒店需要的是他们的仪表风度、服装以及周到的态度。对服务人员而言，服装越高雅，作为酒店门面的礼宾，也就越自觉有精神。作为客人，服务人员像绅士一样为个人提供服务，内心也会得到了极大的满足。

因此，作为客户服务人员，要想让客户对自己良好的印象跃升为卓越的形象，就要具有优雅大方的外在形象，美妙悦耳的声音，加上专业、标准的服务用语，标准的礼仪形态，一定会让客户倍感亲切而温馨，卓越的服务能为企业赢得良好的职业形象，赢得客户，赢得价值。

2. 优良的品格素质

作为客户服务管理师，外在呈现出来的东西，必须要有一种内在的精神做支持，而这种内在的精神就是品格素质。客户服务人员应从以下六个方面加强对品质素养的锻炼。

（1）注重承诺

例如，在商场里，服务员是这样为客户介绍产品的："这个电饭煲采用最先进的金属材料制成，能焖、蒸、炒，还可以烧烤。更重要的是质量非常好，用上十年都不会坏。"客户拿回家才发现根本就没有烧烤功能，更倒霉的是，电饭煲用了一周就坏了。这样客户以后还会买你的产品吗？所以，诺言就是责任，说到就要做到。没有人愿意和不讲信用的人打交道。日常交往中都是如此，对待客户更是如此。

（2）宽容为美

有时，在为客户服务过程中可能会面对一些"不讲理"或脾气暴躁的客户，这时要能够理解他，学会做到换位思考：因为他很生气，如果我是他的话，可能也会很着急；把问题解决了就好。

（3）谦虚诚实

对待客户要谦虚、诚实，这是很容易理解的。相对而言，诚实更重要。一个人的谎言可能侥幸维持数天，但谎言迟早会被戳穿，这样只会激怒客户。要实事求是，在解决问题的过程中与客户真诚交流，更能为公司留住客户。

（4）富有同理心

同理心就是要站在客户的角度去思考问题，这样才能真正地理解客户的想法和处境，这就是同理心。在服务过程中，不仅要具有同情心，更需要有同理心。

（5）积极热情

积极热情的态度会传递给周围每一个人，会营造出一种温馨融洽的氛围，客户也会对你顿生好感。谁也不愿意和每天板着脸的人交往，客户服务人员必须牢记：客户永远喜欢与能够给他带来快乐的人交往。

（6）服务导向

服务导向是一种乐于为别人提供帮助的意愿。在客户服务人员的品格素质当中，服务导向的素质是最为重要的。如果一个人没有乐于助人的意愿，那么可以想象，他根本就谈不上注重承诺，也谈不上宽容，更谈不上谦虚、积极热情。

3. 扎实的专业知识

作为客户服务管理师，必须拥有扎实的专业知识，只有对专业了解，才能正确地解答客户提出的问题，满足他们的要求。因此，作为一名客户服务管理师，必须具备的专业知识，包括以下两个方面。

（1）对企业的产品和服务项目有深入的了解和认识

产品知识：包括硬件部分、软件部分、使用知识、交易条件、周边知识、价格价值、客户利益等。服务项目：客户服务人员要熟知企业能够提供给客户的售前、售中、售后服务项目。只有客户服务人员掌握产品知识和服务项目，才能赢得客户，才能给企业带来效益。例如，客户到商店买衣服时会问："这是什么料子做的？"服务人员有礼貌地说："您看一下说明吧，说明书上写着呢！"客户对商品缺乏了解，想通过服务人员的介绍让自己更清楚，谁知一问三不知，这样的服务怎能让人满意？

（2）熟知业务规则及业内流行事件

对行业和业务上的问题及其解决方案要有深入的了解，并了解客户的业务特点，学会使用他们的术语。对外部世界表现出兴趣，对行业现状、发展和趋势保持开阔的视野，这样才能更好地为客户提供服务。

4. 严谨的工作素质

每个行业都有其从业人员需要遵守的制度和原则，对于客户服务管理师来说，需要坚守的工作素质要求有以下几条：

首先，严格遵守企业和部门的各项规章制度。严格执行企业的相关规定，依据有关规章制度，对客户提出的疑问做好细致、明确的回答。

其次，建立完整的客户资料库，及时反馈客户意见及市场信息，为销售部门开展业务做好辅助工作。定期向客户提供本企业新的业务项目和服务项目，与客户保持良好的合作关系。根据当天的工作情况，把与客户接触的各种情况以工作报表的形式详细登记，并向部门经理汇报。

最后，正确对待客户投诉。应知悉客户投诉的真正原因及想要得到的解决结果，不得与客户争辩，不得对用户做出夸大其词的承诺，或运用某些权威机构的名义对客户施压等。

5. 娴熟的专业技能

作为客户服务管理师，应当具备多种技能，灵活运用多种技巧，能够巧妙地处理工作中遇到的各种棘手问题及其导致的冲突。这些技能和技巧需要在不断的学习和实践中总结和积累。总的说来，客户服务管理师需要掌握的技能表现为：使客户信服的实用技巧;把握客户心理与性格的技巧;与客户进行有效沟通;把握异议处理技巧;提高客户满意度;掌握为客户提供优质服务的技巧。

第5节 客户服务管理师的礼仪规范及要求

礼仪是交往的规矩,是用来维护企业形象、对他人表示友好的惯例与形式。在客户服务活动中,如果客户服务人员具有较高的礼仪素养,对于营造气氛、沟通感情、达成交易、留住客户将会有很大帮助。

一、客户服务礼仪的基本要求

礼仪是一种社交技巧,也是一个人素质和品德的具体表现,所以任何礼仪的表现都要以高尚的情操为基础,特别是对于客户服务人员来说,更应当注重修身养性,以良好的形象来服务客户,对客户服务人员的基本要求如下。

1. 要充满爱心

礼仪的要求和程序原本没有固定的框架,只有通过人的实践才能传达出尊重他人、讲究礼仪、热爱客户的意志。因此,要求企业的客户服务人员要有一颗爱心,为人真诚,以期得到更多客户的信赖。

2. 要相互谅解

了解、掌握各种礼仪知识固然重要,但更重要的是对别人的谅解。相互谅解、和睦相处是礼仪的真谛,也就是说,不使他人难堪,这比提防自己不出错更为重要。

3. 要品德高尚

企业的客户服务工作必须讲究礼仪,首先要求客户服务人员要有高尚的品德。品德即品质和道德。道德是调整人与人之间及人与社会之间各种关系的行为规范的总和,它是依靠舆论、信念、习惯、传统、宗教等来发挥作用的一种精神力量。很多礼节是大家应该自觉遵守的,是一种共同生活的准则,它不是法律,没有强制性,但却反映客户服务人员的修养和道德水准。

4. 要善于总结经验

经验包括直接经验和间接经验。客户服务工作是和各种类型的客户打交道的工作,这些客户可能来自不同的国家、地区、民族,有着不同的性格、信仰、职业和知识水平。因此,在开展客户服务工作时,客户服务人员应该广泛地学习各方面的知识,了解各种各样的礼仪习俗,不断总结服务经验。

二、仪表礼仪规范

社会越来越进步,时代节奏越来越快,人和人之间的距离却越来越远,在与客户短暂的接触过程中,客户没有时间也没有必要去研究你是一个什么样的人。客户对你的唯一印象就是你的外在形象对他的影响,因而良好的仪表礼仪在商务交往中能起到事半功倍的效果。

1. 服饰的要求

目前国际上公认的着装原则是 TOP 原则。

T——Time,表示穿衣的时间,穿衣要根据年代季节,以及一天的早、中、晚等时间的不同而有所区别。O——Object,表示穿衣的目的。P——Place,表示穿衣的场合,穿衣要适宜于不同的场所、环境、地点。

遵循 TOP 原则着装,合乎礼仪规范,能显示人的教养和风度。当然,把握着装的基本准则之后,衣着穿戴还应符合个人的特点,要考虑个人的审美观、体形、年龄、职业、性格、文化素养及经济条件等,不管穿什么样的服装,均要得体、和谐、令人赏心悦目,感觉自然。客户服务人员着装应以整洁、美观、大方、得体为宜,不要过分追新求奇,在款式造型及色彩搭配上要注意遵循协调性原则。

2. 化妆的要求

化妆的基本要求是:化妆的浓淡要视时间、场合而定;不要在公共场所化妆;不要在男士面前化妆;不要非议他人的化妆;不要借用他人的化妆品;男士不要过分化妆。要选择适当的化妆品和与自己气质、脸形、年龄等特点相符的化妆方法,选择适当的发型来增添自己的魅力。

三、举止礼仪规范

要塑造良好的交际形象,必须讲究礼貌,注意自己的行为举止,做到彬彬有礼、落落大方,遵守一般的进退礼节,尽量避免各种不文明、不礼貌的言辞和行为。

到客户办公室或家中访问,进门之前先按门铃或轻轻敲门,然后站在门口等候。按门铃或敲门的时间不宜过长,无人或未经主人允许,不要擅自进入室内。当看见客户时,应该点头微笑致礼,如无事先预约,应先向客户表示歉意,然后再说明来意。同时要主动向所有在场的人表示问候或点头示意。在客户家中,未经邀请,不能参观卧室,即使是较为熟悉的客户,也不要任意抚摸或玩弄客户桌上的东西,更不能把玩客户名片,不要触动室内的书籍、花草及其他陈设物品。在主人未坐定之前,不要先坐下。坐姿要端正,身体微向前倾,不要跷"二郎腿"。要用积极的态度和温和的语气与客户谈话。客户讲话时要认真倾听,回答时以"是"为先。眼睛看着对方,不断注意对方的神情。站立时,上身要稳定,双手放于两侧,不要手背后,也不要双手抱在胸前,身子不要侧歪在一边。当主人起身或离席时,应同时起立示意,当与客户初次见面或告辞时,要不卑不亢,不慌不忙,举止得体,有礼有节。要养成良好的习惯,克服各种不雅举止。不要当着客户的面擤鼻涕、掏耳朵、剔牙齿、修指甲、打哈欠、咳嗽、打喷嚏,实在忍不住,要用手帕捂住口鼻,面朝一旁,尽量不要发出声音,不要乱丢果皮纸屑等。

四、言谈礼仪规范

在社交场合,语言是最便捷的信息传递手段。它在现代社会交际中的重要性已越来越明显,作为客户服务人员,更要注意言谈的基本技巧和礼仪要求。

1. 要注意语境

语境是指言语交谈时的个体环境,既包括时代、社会、地域、文化等宏观层面,也包括沟通双方当时的地位、处境等微观层面。语境对言语交流起着制约和强化的作用。与人交谈时,第一要看对象,了解对方身份、地位、社会背景、文化传统及经历、性格等因素,说话要讲究符合对方的特点,才能营造出一种和谐的交谈氛围。第二要看场合,不同场合有不同的说话方式,同样的话在不同的场合下说会产生不同的效果。第三要注意气氛调节,尽量谈一些双方都感兴趣的话题,多使用一些幽默语言,创造出愉快而轻松的交谈气氛。

2. 要注意谈话内容

谈话内容要合乎礼仪要求。不要探寻他人隐私问题;不谈论荒诞离奇等事情;不谈论双方国家内政和民族宗教信仰问题;不说三道四谈论别人私事;要言而有信,注意说话分寸;不要一言堂,尊重交谈现场的每一个人;不要轻易打断和打探别人的谈话;涉及对方反感的内容要善于立即转移话题。总之,善于发掘和调节谈话内容是营造良好谈话氛围的技巧和礼仪要求。

3. 要注意谈话形态

在与人交谈时,应有礼貌的坐姿或站姿,目光和表情也要热情和专注,不要心不在焉、左顾右盼、漫不经心,或伸懒腰、看手表、玩东西等,显出不耐烦的样子,这是很不礼貌的。注意以目光或表情来回应对方的谈话,显示出你的兴趣,使对方感到你的诚意和尊重。

4. 要注意谈话艺术

第一要掌握语调。客户服务人员要注意声音的控制,通过对声音的高低、强弱、快慢、音色、续顿等的调节,努力使自己的语调真切、朴实、自然、稳缓、轻柔,以富有魅力、悦耳动听的声音来吸引谈话对象,并努力获得良好的印象。第二用语要文雅。客户服务人员对外交往中要多用礼貌用语,词语要文雅。杜绝使用蔑视语、否定语、烦躁语、斗气语。注意不要用无称呼的招呼语,不说粗鄙的贬称。对自己强调谦词,对别人要突出敬词。

5. 要正确运用体语艺术

在交际活动中,恳切、坦然、友好、坚定、宽容的眼神,会给人亲近、信任、受尊敬的感觉,而轻佻、游离、茫然、阴沉、轻蔑的眼神会使人感到失望,有不受重视的感觉。在交际中善于运用空间距离:亲密空间应保持在 15~46 cm,这是最亲的人,如父母、恋人、爱人;亲朋好友之间保持在 46 cm~1.2 m,社交场合的距离保持在 1.2~3.6 m,上、下级之间应保持一定的距离,以产生威严感、庄重感;公众空间 3.6 m 以上,这是任何人都可进入的空间,是个人所能注视的范围。

五、电话服务的礼仪规范

电话是客户与企业的客户服务人员之间相互沟通的主要方式之一,客户服务人员应当会正确接打电话,以良好的个体形象赢得客户,促进双方的友谊和合作。接打电话的要领是礼貌、准确、高效。

1. 打电话的礼仪规范

(1) 要选择适当的时间

一般的公务电话最好避开临近下班的时间,因为这时打电话,对方往往急于下班,很可能得不到满意的答复。

(2) 要把握好重要的第一声

当打电话给客户时,若一接通就能让对方听到自己亲切的招呼声,客户心里一定会很愉快,便于双方对话能顺利展开。在电话中只要稍微注意一下自己的行为,就会给对方留下完全不同的印象。首先通报自己的姓名、身份,必要时,应询问对方是否方便,在对方方便的情况下再开始交谈。电话用语应文明、礼貌,声音清晰、悦耳、吐字清脆,电话内容要简明、扼要。通话完毕时应道"再见",然后轻轻放下电话。

(3) 要有良好的心情

打电话时要保持良好的心情，这样即使对方看不见你，也能被你欢快的语调所感染，给对方留下极佳的印象。由于面部表情会影响声音的变化，所以即使在电话中，也要抱着"对方在看着我"的心态去面对。

(4) 通话中要保持清晰明朗的声音

利用电话沟通时，人们对声音的敏感程度要远远大于面谈。在打电话的过程中，绝对不能吸烟、喝茶、吃零食，电话能将抽烟、喝茶等行为准确地传达给沟通的另一方，这容易使对方产生没有受到尊重的感觉。实际上，即便是看不见的懒散的姿态，对方也能够充分地通过电话"听"得出来，这是因为姿势影响了说话气流的通畅。随意而不庄重的态度都会在电话中露出痕迹，电话会不可思议地将你的一举一动都传达到对方耳中。因此打电话时，即使看不见对方，也要当做对方就在眼前，尽可能注意自己的姿势。

(5) 如果不小心切断了电话，应主动地立即回拨电话

在通话中，由于信号不好或其他原因，电话常常会被切断，通话突然中断时，尽管理应是不小心切断的一方责任大，但主动地立即回拨是一种礼貌。主动地立即回拨不仅能让客户产生好感，而且能更有效地抓住客户的心。

(6) 如果对方不在，请留下易于理解的信息

通话中可以告诉接电话的人自己找人的目的，或告诉对方什么时候回电话最方便。这样，需要回电话的人就容易联络到你。通过以下例子，可以找到答案。

【案例2—7】

甲："您好，我是阳光旅行社的王永，我想找刘国栋先生。"

乙："抱歉，刘先生现在不在。"

甲："请问，他等一下会回来吗？"

乙："是的，他大约四点钟回来。"

甲："那我会在四点零五分再打过来，如果刘先生想要联络我，欢迎他随时打45678859这个电话，谢谢！"

乙："好的。"

电话交谈时应注意不做夸大不实的介绍，避免涉及隐私问题，杜绝主观性问题，切忌用攻击性的语言。少用或尽最大可能不用专业术语，如服务员："看看这款电视机吧，它的显示器具有8倍扫描，1250像素，是一个精显。"客户（子对母）："妈妈，她在说什么？我怎么一句也听不懂？"

2. 接电话的礼仪规范

（1）要迅速、准确地接听

电话铃声一响，应尽快去接，最好不要让铃声响过三遍。如果电话铃响了三声才拿起话筒，应该先向对方道歉，拿起电话应先自报家门："您好，我是××。"一定不能用很生硬的口气说"他不在""打错了""没这人""不知道"等语言。询问时应注意在适当的时候，根据对方的反应再委婉询问。电话用语应文明、礼貌，态度应热情、谦和、诚恳，语调应平和，音量要适中。例如，对方打来电话是找您的同事，可以通过下述方式来解决。

【案例2—8】

甲："您好，我是旅游公司的张新，请问黄先生在吗？"

乙："张小姐，抱歉，他有事走开了，请问您需要留口信吗？"

甲："是的。"

乙："您稍等，我拿笔记一下。好了，您请讲。"

甲："我想跟他确认一下他去美国旅游的事宜。"

乙："好的，请问怎么样联系您？"

甲："我的联系电话号码是23456789。"

乙："好的，等他回来，我就会转达给他。"

甲："谢谢，再见。"

乙："不客气，再见。"

（2）让客户知道你在干什么

电话沟通的局限在于不能面对面地看到彼此。由于不确定对方在或者不在，以及他是否在听电话，这样首先会造成沟通上的心理障碍。因此，在接听客户电话时，应尽可能地通过有效的手段让对方确定双方沟通良好。经常性地使用一些提示性语言，表示正在认真地听对方说话，比如"是的""我理解""不错"等。也可以直接告诉对方目前所做的事情，如"您稍等，我需要先把电脑打开"。这样，才能充分促进双方更好地了解，从而成功地进行有效的交流。

（3）认真清楚地记录

接电话时要做好电话记录，电话记录既要简洁又要完备，尽可能问清事由，避免误事。如果对方的来电自己无法处理，也应认真记录下来，来电者的信息一般包含来电者姓名、公司或机构名称、地址、电话、传真、联系人、公司（网络）情况、来电目的、期望得到的答复、来电的时间等各方面有用的信息。在传达一些数字信息时，比如电话号码、日期、时间等，一定要向对方再次进行确认。

3. 电话等待的礼仪规范

如果需要进行相关查询，客户必须等待时，客户服务人员需要告诉客户"为什么"，使用"询问"语句征得客户同意，并给客户一个等待时限。例如，"××先生/小姐，就您所提到的这个问题，我要查询相关具体资料，请您稍等一分钟好吗？"客户在等待的过程中，客户服务人员一定要牢记"他们在听"，时刻记住对方在等待并与客户适当地谈论相关话题。

4. 电话转接的礼仪规范

转接电话时，客户服务人员需要向客户解释电话为什么需要转接，询问客户是否介意电话被转接。转接电话挂断之前需确定被转接电话处是否有人接听。被转接电话接听后需告知被转接电话人的姓名，询问来电者姓名及来电目的。被转接人接听电话后应感谢客户的等待。

5. 结束电话的礼仪规范

在与客户结束电话时，除向对方表示感谢，说声"再见"后，不可只管自己讲完就挂断电话。在挂断电话时，还要注意一个细节，应等对方放下话筒后再轻轻地放下电话，以示尊重。这不仅是礼貌的表现，还有别的作用：这样做既可以防止客户有些话还没有说完，同时还会让对方有一种控制通话的感觉。让自己而不是让客户听到最后生硬的断线声，客户的心理体验是不一样的。

6. 电话服务的注意事项

无论接听的是哪一类电话，在整个接听电话的过程中，下面几点是应该引起重视的。

服务人员要以一种平和及欢迎的心态接听电话，若在电话铃声响起时服务人员正处在以下几种情况之下，最好不要接听电话，以免给客户留下不好的印象。这时可请别的同事代为接听。

（1）嘴里正在吃东西。

（2）正在和同事为某个问题讨论得兴高采烈。

（3）刚刚接了一个投诉电话，正在气头上。

（4）刚赶回来，还上气不接下气呢。

在接听电话的过程中，要做到以下几点。

（1）接电话时的问候语要有精神。

（2）以方便客户为目的，不要把电话推来推去。

（3）说话时要配合肢体动作如微笑、点头。

（4）通电话的声音不要太大，话筒离口的距离不要过近或过远。

（5）若是转接电话，要迅速把电话转给被找者。当被找的人不在时，要向来电者解释清楚，主动问对方是否需要留言。如果需要，则一定要记得把对方的名字、口信和通信方式留下。

（6）让来电人久等的电话，要向其致歉。

（7）若电话打来时客户服务人员正和其他客户交谈，应告诉对方有客人在，待会儿给他回电话。

（8）若工作时朋友来电话，要简明扼要、迅速地结束通话。

（9）接到投诉电话千万不能与对方争吵。

（10）若是对方来电话，要等对方挂电话后才能挂电话。

六、名片使用礼仪规范

初次相识，往往要互呈名片。呈名片可在交流前或交流结束、临别之际，视具体情况而定。初次见到客户，首先要以亲切的态度打招呼，并报上自己的公司名称，然后将名片递给对方，名片夹应放在西装上衣内侧的口袋里，不应从裤子口袋里掏出。递、接名片时最好用右手，名片的正面应向着对方，让客户易于接受。如果是事先约好才去的，客户已对你有一定了解，或有人介绍，就可以在打招呼后直接面谈，在面谈过程中或临别时，再拿出名片递给对方，以加深印象，并表示保持联络的诚意。如果是异地推销，应当在名片上留下所住旅馆名称、电话。接过后要点头致谢，不要立即收起来，也不应随意玩弄和摆放，而是认真读一遍，要注意对方的姓名、职务、职称，并轻读不出声，以示尊重。对没有把握念对的姓名，可以请教一下对方，然后将名片放入自己口袋或手提包、名片夹中。

名片除在面谈时使用外，还有其他一些妙用。如去拜访客户时，对方不在，可将名片留下，客户回来后看到名片，就知道你来过了。把注有时间、地点的名片装入信封发出，可以代替正规请柬，比口头或电话邀请显得正式。向客户赠送小礼物时，如让人转交，则随带名片一张，附几句恭贺之词，无形中关系又加深了一层。熟悉的客户家中发生了大事，不便当面致意，寄出一张名片，省时省事，又不失礼节。

第3章 现代企业管理

客户服务人员除了要掌握对客户服务过程中的基本职业知识和技能外,还应该全面了解现代企业的运作和管理模式,因为倘若关键时刻疏于管理,服务质量就会退化至平庸。只有充分了解企业所提供的产品或服务的特性,完全明确客户想从企业得到什么,才能够为企业客户提供高品质的服务,以实现企业发展战略。因此,了解现代企业的基本含义、类型、制度,准确理解企业的经营战略及质量控制的要求和标准,是客户服务人员知己知彼工作的另一个重要方面。本章主要从企业的角度,介绍现代企业的基本知识,使客户服务人员掌握现代企业的相关内容。

第1节 现代企业概述

一、企业的含义

1. 企业的定义

企业是以营利为目的,运用各种生产要素(土地、劳动力、资本和技术),向市场输出产品和服务的合法的社会经济组织。它包含以下四方面的含义:

(1) 企业是以营利为目的的经济组织。
(2) 企业是依法成立的,独立享有民事权利,承担民事义务的组织。
(3) 企业应独立核算,自负盈亏。
(4) 企业是从事生产经营活动的社会经济单位。

2. 企业的特点

（1）企业是以市场为导向、以营利为主要目的、从事商品生产和经营活动的经济组织。

（2）企业是实行自主经营、自负盈亏、独立核算的经济组织；以自己的名义进行生产经营活动，独立享有民事权利、承担民事责任。

（3）企业是依法设立、依法经营的经济实体。

二、企业的类型

1. 按现代产业概念划分

（1）农业企业

农业企业是指从事农、林、牧、副、渔业等生产经营活动，具有较高的商品率，实行自主经营、独立经济核算，具有法人资格的营利性的经济组织；是农业生产力水平和商品经济有了较大发展，资本主义生产关系进入农村以后的产物，比如农作物种植企业、林业企业、畜牧业企业、副业企业、渔业企业以及生产、加工、销售紧密结合的联合企业等。

（2）工业企业

工业企业是为满足社会需要并获得营利，从事工业性生产经营活动或工业性劳务活动，自主经营、自负盈亏、独立核算并且有法人资格的经济组织，比如钢铁企业、纺织企业等。

（3）服务企业

一般认为服务企业即生产和销售服务产品的生产部门和企业的集合。服务产品与其他产业产品相比，具有非实物性、不可储存性和生产与消费同时性等特征。在我国国民经济核算实际工作中，将服务业视同为第三产业，即将服务业定义为除农业、工业、建筑业之外的其他所有产业部门。服务企业是指为人民的生产和生活提供服务的企业。

2. 按企业使用的主要经营资源分类

（1）劳动密集型企业

劳动密集型企业又称为劳动集约型企业，是指技术装备程度低，需要使用大量劳动力从事生产经营活动的企业。也就是说，产品成本中活劳动量消耗所占比例较大的企业，比如纺织业、食品企业、日用百货等轻工企业及服务性企业等。

（2）资源密集型企业

资源密集型企业是指在生产要素的投入中需要使用较多的土地、能源等自然资源才能进行生产的企业。土地资源作为一种生产要素,泛指各种自然资源,包括土地、原始森林、江河湖海和各种矿产资源,比如农矿业,包括种植业、林牧渔业、采掘业等。

(3) 技术密集型企业

技术密集型企业是指需用复杂、先进而又尖端的科学技术才能进行工作的生产部门和服务部门。它的技术密集程度往往同各行业、部门或企业的机械化、自动化程度成正比,而与各行业、部门或企业所用手工操作人数成反比,比如IT行业等。

(4) 知识密集型企业

知识密集型企业是指以现代科学技术为基础,集中大量科技人员,科研设备先进,生产高、尖、精产品的企业。知识密集型企业技术设备复杂,科技人员比例高,操作人员的素质比较高,使用劳动力和消耗原材料较少。科学知识、科研成果、技术开发将转化为现实的生产力。一般包括研究开发型、高度装备型、高级消费工业、知识产业四个类型。知识密集型企业的发展程度,往往标志着一个国家现代科学技术发展水平和经济实力强弱的状况。

3. 按企业财产组织形式分类

(1) 个人业主制企业

个人业主制企业又称"独资企业",是由个人出资经营的企业。出资者就是企业主,掌握企业的全部业务经营权力,独享企业的全部利润和独自承担所有的风险,并对企业的债务负无限责任。它不是法人,全凭企业主的个人信誉对外进行业务往来。

优点是:企业建立与歇业的程序简单易行,企业产权能够较为自由地转让;经营者与所有者合一;所有者的利益与经营者的利益是完全重合的;经营者与产权关系密切、直接,利润独享,风险自担,经营的保密性强。缺点是:①无限的责任。在业主制企业中,企业主以其个人财产对企业的营运和发生的债务负有完全责任,责任较大。②有限的规模。由于投资主体的单一性,个人业主企业通常与合伙制和公司制企业相比,较难于经营需要大量投资的事业。③企业的寿命有限。企业的存在完全取决于企业主,一旦企业主终止经营,如市场竞争失败或自然死亡(除非有子女继承),企业生命也会由此终止。

(2) 合伙制企业

合伙制企业是指由两人以上按照协议投资,共同经营、共负盈亏的企业。合伙制企业财产由全体合伙人共有,共同经营,合伙人对企业债务承担连带无限清偿责任。合伙企业占全部企业的比例小,适合于资本规模较小、管理不复杂、经营者对经营影响较大、个人信誉因素相当重要的企业。为了吸收更多的资金投入合伙企业，减轻部分合伙人的责任，世界上许多国家已将有限合伙概念引入合伙企业，我国 2006 年 8 月 27 日修订通过、2007 年 6 月 1 日起施行的《中华人民共和国合伙企业法》首次规定有限合伙的形式和相关规定。

有限合伙是由普通合伙发展而来的一种合伙形式，由两种合伙人组成，一是普通合伙人，负责合伙的经营管理，并对合伙债务承担无限连带责任；二是有限合伙人，通常不负责合伙的经营管理，仅以其出资额为限对合伙债务承担有限责任。有限合伙制度源于英美法系，在经济活动中发挥着灵活高效的作用。中国在高新科技企业、风险投资领域的发展急需引入类似制度。有限合伙集有限责任与无限责任于一身，具有普通合伙与公司法人所不能同时具有的特殊优势。有限合伙是如今现有的所有企业组织形式中最有利于高风险投资的组织形式。

合伙制企业的优点是：扩大了资本来源和信用能力，提高了决策能力，增加了企业发展的可能性。其缺点是：①容易由于多头领导导致重大决策上的延误。②倘若合伙人有一人退出或加入，都会引起企业的解散和重组，企业存续相对不稳定。③与公司制企业相比，企业规模仍存在局限。

（3）公司制企业

公司制企业又叫股份制企业，是指由两个以上投资人（自然人或法人）依法出资组建，有独立法人财产，自主经营、自负盈亏的法人企业。公司是法人，在法律上具有独立人格，这是公司企业与属于自然人的个人业主制企业和合伙制企业的重要区别。

优点：首先，由于公司以其财产对债务等只负有限责任，所以出资者最大的风险是投入公司的资本额，故出资者的风险要比个人业主、合伙人小得多。

其次，筹集资金的范围广，可以满足企业扩大经营规模的需要，有利于增强企业竞争实力。

再次，出资者一经投资，就不能抽回资本，只能转让股份和出卖股票，使企业有稳定的法人财产数量。

最后，所有权与经营权易于分离，使得公司的经营管理职能可由各方面专家担任，企业的经营能力不受出资者的素质影响，有利于企业的发展和出资者的利益。

公司制企业制度极大地促进了社会投资和经济的增长，但也正是它这些独特的优点，同时也可能会给国家和大众的经济和财产造成大的损害，因此，政府对于公司制企业有很多约束。这从另一个角度体现了公司的缺点。例如，创办手续复杂，所需费用较多；政府对公司企业有许多限制措施，税务负担较重，一般都存在缴纳双重所得税的情况；要向全体股东或社会公众定期公布财务报表和经营状况，因而保密性较差。

尽管公司制企业存在许多缺点，但从现代经济发展来看，公司制企业表现出来的优点是其他形式所无法比拟的，因此，它是最适合于现代大企业的一种企业制度，也是现代企业制度的核心和主要的企业组织形式。

三、现代企业制度的含义及其基本特征

1. 现代企业制度的含义

现代企业制度，是指适应社会化大生产和社会主义市场经济要求的，以完善的法人制度为基础，以公司制为主要形式，以有限责任制为保证，以产权清晰、权责明确、政企分开、管理科学为标志的一种新型的企业制度。

现代企业制度是以社会化大生产和市场经济发展的要求为依据，以规范和完善的企业法人制度为主体，以有限责任制为核心的新型企业制度。

2. 现代企业制度的特征

现代企业制度是社会化大生产和市场经济发展到一定阶段的法制完善的产物。它以公司制企业作为主要的企业组织形式，强调产权为核心和有限责任。它的基本特征有以下几个。

（1）企业是独立的法人，拥有法人财产权。
（2）企业资产所有权明晰，出资者权责明确，负有有限责任。
（3）政企明确分开。
（4）企业领导体制管理制度科学化。

四、公司制企业的形式

公司制是现代企业制度最主要的形式。各国都相继颁布公司法加以规范，以此规定公司的设立、组织、经营、解散、清算及其他对内对外关系。在法律上从股东的责任角度，将公司分为有限责任公司、股份有限公司和无限责任公司三种主要形式。我国的公司法目前只规定了"有限责任公司"和"股份有限公司"两种主要形式。另外，根据我国社会主义市场经济的特点，作为有限责任公司中的一种重要特殊形式，法律还规范了"国有独资公司"的设立、组织、经营以及与国家授权投资机构的关系。以下分别介绍公司的主要组织形式，即有限责任公司和股份有限公司。

1. 有限责任公司

（1）定义

有限责任公司是指由一个以上股东出资，每个股东以其认缴的出资额对公司行为承担有限责任，公司以其全部资产对其债务承担责任的企业法人。

（2）特点

1) 有限责任公司是资金合作公司（但与股份有限公司相比，也具有一定的人合性质），股东对公司债务承担有限责任，股东以其认缴的出资额对公司承诺有限责任，公司以其全部资产对其债务承担责任。

2) 有限责任公司实行资本金制度，但公司股份不划分为等额股份，股东仅就其出资额为限对公司负责。

3) 公司的股东人数有严格的数量限制。我国公司法规定，普通有限责任公司必须由两个以上 50 个以下的股东方能成立。但 2005 年修改后的《中华人民共和国公司法》规定也可成立一人有限责任公司，但设立条件和行为监督将比普通有限责任公司更加严格。表现在资本制度更严格，注册资本最低为 10 万元且必须一次性缴清，而普通有限公司的注册资本最低仅为 3 万元，且可分次缴清；第一次所缴的资本不得低于总注册资本的 20%，其他的资本必须在两年内缴清，其中投资公司可以在五年内缴清。另外也禁止滥设，即如果一个自然人已经成立了一个一人公司就不允许再创设一个一人公司，开始设立的一人公司作为法人也不能再设立一人有限公司。其他的严格条件还有如信息要比普通有限公司公开；法人治理结构和决策应程序化，必须备案。最重要的是股东在某些情况下要对公司财产的独立性负举证责任，如果败诉则可能不能享受有限责任。

4) 有限责任公司不能公开募股，不能公开发行股票。

5) 股东的权益凭证不同于股票，不能自由流通，只有在其他股东同意的条件下才可以转让或出卖，并优先让给公司原有股东。

6) 财务不必公开，但应当按公司章程规定的期限，将财务会计报告送交各股东查阅。

2. 股份有限公司

（1）定义

股份有限公司是指把全部资本分为等额股份，股东以其所持股份为限对公司承担责任，公司以其全部资产对公司的债务承担责任。

（2）特点

1) 公司的资本总额均分为每股金额相等的股份。

2) 通过发行股票筹集资本。在交易所上市的股份有限公司,其股票可在社会上公开发行,并可以自由转让,但不能退股,以保持公司资本的稳定。

3) 公司股东人数不限,但我国公司法规定了最低限额,设立股份有限公司,应当由 5 人以上为发起人。

4) 股份有限公司的账目必须公开。由于股份有限公司是公开向社会发股筹资,股东人数多,所以各国法律要求股份有限公司公开财务。我国规定股份有限公司编制的年度资产负债表等会计报表,应在股东大会年会召开 20 日前置于公司住所供股东查阅,以达到保护债权人和股东利益的目的。

(3) 优点

股份有限公司作为现代市场经济中最适合大、中型企业的组织形式,使其较有限责任公司有许多优点。

1) 股份有限公司是一种筹集大规模资本的有效形式,为企业提供筹集资本渠道,也为个人提供了简便、灵活的投资场所。

2) 有利于提高企业的经营管理水平。有一套科学的管理组织系统,建立起有利于大规模企业经营的,使所有者、经营者和生产者之间建立起互相激励、互相制约的机制。

3) 有利于降低投资风险。股份有限公司的股东不仅只就自己的出资额对公司的债务承担有限责任,而且股份有限公司的股份一般都比较分散,这有利于股东分散风险。

4) 把企业的经营置于社会的监督下,有利于资本产权的社会化和公众化。当股东认为公司经营不善时,会抛售手中的股票,把资本转向其他公司。

(4) 缺点

1) 开设和歇业的法律程序复杂,花费时间多,费用高。

2) 所有权与经营权分离程度大,会产生复杂的授权和控制关系。

3) 公司营业情况和财务状况必须定期向社会公开,难以保守经营秘密。

五、企业管理的职能

1. 计划

【案例 3—1】

为什么东方电力公司的工作成效不大

美国东部经营电力的最大企业之一——东方电力公司的总裁玛格丽特·奎茵一

直确信，有效的计划工作对企业成功是至关重要的。十多年来，她一直试图寻求一种公司能够采用的计划工作方案，但成果不大。这段时间她连续指定三位副总裁负责计划工作，尽管看来每一位副总裁都对此项工作十分努力，但她注意到个别部门领导仍然自行其是。他们在问题出现时才制定决策，并且自诩他们做的是有效的"消防灭火"工作。

公司看起来有些松垮，个别部门的负责人在决策上时常互不一致。负责规章事务的副总裁总想迫使州委员会许可提高电费，但没有取得多大效果，因为委员会认为尽管成本增加，但却不合情理。公共关系部副总裁不断恳请公众理解电力事业所面临的困境，而各种团体电力用户则认为公司已赚到足够多的钱，可以不必通过提高电价来解决自己的问题。负责经营的副总裁在许多团体关于增设供电线路的强烈要求下，将所有电缆都铺在地下，以消除那些不美观的架空电线，并给予客户更好的服务。这位副总裁认为与顾客背弃他比起来，成本是其次的。一位顾问在奎茵女士的邀请下调查了这些情况以后，发现该公司的计划工作并不真正完善，那位负责计划工作的副总裁与他的下属一起努力进行了研究与预测，并将它们呈交给总裁，仅此而已。对于其他部门的领导来说，他们有各自的分工与部门目标，认为总的计划对他们日常业务没有多大的重要性，因此，计划问题一直没有得到妥善解决。

【案例分析】以上案例启示：编制计划的关键是要明确计划的期限，首先确定是长期的还是短期的，明确短期计划与长期计划的关系与目标协调。有些短期计划，可能一周就能搞定；而某些长期计划，则需若干年才能见成效。因此，即使是同一企业里，也同时需要不同期限的若干计划。

在企业管理的各项职能中，计划是首要职能，是其他各项管理职能的依据和出发点。计划的本质在未来，计划工作的内容都是安排未来的行动，没有计划，企业就会陷入一片混乱。因此，计划是任何一个组织成功的关键，且存在于组织的各个层次的管理活动中。计划工作有广义和狭义之分。广义的计划工作是指制订计划、执行计划和检查计划三个阶段的工作过程。狭义的计划工作是指制订计划，即根据组织内外部的实际情况，权衡客观的需要和主观的可能，通过科学的调查预测，提出在未来一段时期内组织所需达到的具体目标及实现目标的方法。

（1）计划工作的基本特征

法国管理学家法约尔认为，好的计划对企业的经营管理非常有利，一个好的计划有以下特点：

1）统一性。每个活动不仅要有总体的计划，还要有具体的计划；不仅要有前面的计划，还要有后续的计划。

2）连续性。不仅要有长期计划，还要有短期计划。

3）灵活性。能应付意外事件的发生。

4）精确性。尽量使计划具有客观性，不具有主观随意性。

管理人员在制订计划时，要对企业的经营状况有个整体的了解，要有积极参与的观念，并且对企业每天、每月、每五年、每十年等的经营状况进行预测，企业的各个部门的负责人都要对自己的部门进行总结和预测，对自己部门的计划负责，根据实践的推移和情况的变化适当地改变以前的计划。高层的管理人员主要负责制订计划，而底层的管理人员主要负责执行计划。一个领导人员如果没有时间来制订计划或者认为这项工作只会给他带来批评的话，他就不会热衷于制订计划，也就是说，他就不是一个称职的领导人。

（2）计划的主要内容

1）对企业内部条件和外部环境的现状及未来的变化趋势进行分析和预测（分析、预测企业的内外部环境）。

2）制定企业中长期和近期目标。

3）决策。

4）编制企业综合计划和各项专业计划，落实决策方案。

5）检查监督。检查监督是计划职能与控制职能相互交叉的一项工作。

【案例 3—2】

某公司 2006 年度内部培训计划

为了更好地促进公司各部门之间的交流与合作，并为员工提供相互学习和共同进步的平台，更好地为客户提供高品质的服务，人力资源部制订了 2006 年培训计划。

具体 2006 年度培训计划如下：

一、内部培训的时间周期：分春、夏、秋、冬四个阶段，每两周的星期五举行一次。

二、培训地点：公司培训室。

三、培训主讲人：内部培训讲师，外部聘请培训讲师。

四、培训参与成员：全体员工。

五、培训形式和方法：讲授法、操作示范法、讨论法。

六、培训结束后工作

员工在培训后上交《培训意见反馈表》。人力资源部将培训的情况进行总结，并将员工参与培训情况存入员工人事档案,作为以后提拔任用的部分依据。

七、其他事项安排

1. 教材:公司项目资料、技术规范、内部自己准备的材料等;外部培训资料。

2. 培训经费:参加培训的员工的晚餐、培训主讲人的奖金。

3. 培训分节与休息时间:每晚培训分三节进行,第一节:18:30~19:15,45分钟;第二节:19:20~20:05,45分钟;第三节:8:10~8:40,30分钟;每节中途休息5分钟。

4. 学员应自行携带的物品:笔记本、笔等。

5. 所需要的器材:投影仪、笔记本计算机、麦克风、扬声器。

八、培训注意事项

1. 要使用灵活的培训方法,激发员工参与的兴趣,进行现场讨论、现场回答问题等。

2. 与学员进行有效的沟通,焦点应该是与培训有关的内容。

3. 对学员的学习情况进行反馈,告诉学员他们做得如何并纠正不足。

4. 对学员在培训过程中表现出来的错误,首先请学员进行评定,征求学员的看法和意见,培训主讲人在最后提出自己的意见。

九、培训内容安排

培训主要内容包括以下几项:

1. 以各部门业务范围、主攻方向为主题,大概一个主题进行一次培训。

2. 就目前公司已建成各项目的监理经验、技术模块,在监理过程中如何解决技术难题进行介绍和培训,借鉴前者的经验和总结。

3. 对在建项目的进展、优势、不足以及所采用的技术路线、项目进展过程中有争议的问题和最后的结论等内容进行介绍。

4. 技术方面的相关专题讲座。

5. 各部门之间及与用户之间的技术、管理、规范、心得的交流。

6. 与外部公司的技术交流。

7. 监理方面相关法律法规的培训。

具体分时段培训计划(略)。

2. 组织工作

计划职能为组织职能规定了方向,组织职能为计划任务的完成提供组织上的保证;是管理的第二职能,它是为实现自身目标而结合在一起的具有正式关系的一个人员集合体;是人们有意形成的职务和职位结构,同时也是人们为了达到目标而创

造的组织结构,是为适应环境变化而维持和变革的组织结构,并使之发挥作用的过程。组织的主要内容包括以下几种:

(1) 设计组织结构,进行部门划分

组织结构(organizational structure)是指对于工作任务如何进行分工、分组和协调合作。常见的组织形式如下:

1) 直线式

特点:一切管理工作,均由管理者直接指挥和管理,不设专门的职能机构。

优点:管理机构简单;管理费用低;命令统一、决策迅速;指挥灵活;上、下级关系清楚;维护纪律和秩序比较容易。

缺点:管理者精力有限,难以深入细致考虑问题;管理工作简单粗放;成员之间和组织之间横向联系差;管理者的经验、能力无法立即传给继任者,继任者无法立即开展工作。

2) 职能式

特点:专业分工的管理者代替直线式的全能管理者;设立职能部门,直接指挥组织的各项活动;下级服从上级行政部门和职能部门的指挥。

优点:具有专业分工优势,能发挥专家的作用;专业管理工作做得较细致,对下级工作指导具体;可以弥补各级行政领导人管理能力的不足;主管易于控制和规划;简化培训。

缺点:容易形成多头指挥,削弱统一指挥;相互沟通不灵活,对环境适应能力较差;员工长期呆在一个部门,易眼光狭窄,只看重本部门目标,降低总体目标;过度专业化,不利于培养全面的管理人才;利润的责任在最高层。

3) 直线职能式

特点:在直线式的基础上,设置相应的职能部门;只有各级行政负责人才具有指挥和命令的权力;职能部门只有经过授权才有一定的指挥权力。

优点:综合了直线式和职能式的优点。

缺点:各职能部门自成体系,不重视信息的横向沟通;工作容易重复,增加费用;职能单位之间可能出现矛盾和不协调,造成效率不高;职能部门缺乏弹性,对环境反应迟钝;利润的责任在最高层。

4) 矩阵式

特点:在直线职能式垂直形态基础上,再增加横向的领导系统;临时性、非长期固定性组织。

优点:加强了横向联系,克服了职能部门相互脱节、各自为政的现象;专业人员和专用设备得到充分的利用;具有较大的机动性,资源利用率高;各专业人员互相帮助,相得益彰。

缺点:成员有临时观念,责任心不够强;双重领导,有问题时难分清责任;需要有善于调解人事关系的管理人员。

5) 事业部制

特点:总公司下面按产品或地区划分事业部或分公司;事业部是独立核算、自负盈亏的利润中心;总公司只保留部分决策权,部分权力下放;事业部充分发挥主观能动性,自行处理日常经营活动。

优点:统一管理、多种经营和专业分工的良好结合;责、权、利分明,易调动员工的积极性;能保证公司获得稳定的利润;能培养全面的高级管理人才。

缺点:需要许多高素质的专业人员;管理机构和人员较多,管理费用高;对事业部经理要求高;分权易产生架空公司领导的现象;各事业部争夺资源,易发生内耗,协调艰难。

(2) 决定管理幅度

所谓管理幅度,就是一个上级直接指挥的下级数目。由于受个人精力、知识、经验条件等的限制,一个上级主管人员所管辖的人数是有限的,但究竟多少比较合适,很难有一个确切的数量标准。总的来说,应该根据人员素质、工作复杂程度、授权情况等合理地决定管理跨度,相应地也就决定了管理层次和职权、职责的范围。同时,从管理效率的角度出发,每一个企业不同的管理层次的主管其管理幅度也不同。管理幅度的大小同管理层次的多少成反比的关系,因此,在确定企业的管理层次时,也必须考虑到有效管理幅度的制约。

(3) 集权分权管理

在进行组织设计或调整时,既要有必要的权力集中,又要有必要的权力分散,两者不可偏废。集权是大生产的客观要求,它有利于保证企业的统一领导和指挥,有利于人力、物力、财力的合理分配和使用;而分权则是调动下级积极性、主动性的必要组织条件。合理分权有利于基层根据实际情况迅速而准确地做出决策,也有利于上层领导摆脱日常事务,集中精力抓大问题。

【案例 3—3】

集权分权管理

摩托罗拉公司是一个由两个产品体系所构成的企业集团,一个是通信器材,一个是半导体产品,集团下面又分成很多部门。这样一个庞大的企业集团组织,从高层主管到生产线，权力全部分散，公司整体只有一个不足30人组成的公司总部统率。出乎意料的是公司运转井然有序，效率非常之高，公司发展迅速惊人。而摩托罗拉公司发展到如此境界，是半个多世纪苦心经营的结果。

公司前任董事长劳勃·盖尔文于1964年担任公司的董事长，之后很长时间内，事实上公司权力集中在他一个人的手上。1968年，该公司的半导体产品集团主管李斯特·何根跳槽到加利福尼亚州一家对立公司出任总裁。当时，李斯特·何根带走了8名重要职员。大约一个月以后，前前后后摩托罗拉公司一共走了20个人。两年之后，摩托罗拉公司竟然有80名员工跑去投效何根，主要原因是摩托罗拉公司权力过于集中，自主权太小，因而缺少对员工的有效激励。尽管盖尔文矢口否认这是一次惨痛的教训，但他也不得不承认，何根的叛变已经严重地伤害到整个公司。这次背叛事件发生后，他意识到经营管理方针上必须要做一些改变，也就是把权力及责任分散。1970年盖尔文让位于威廉·卫斯兹，但他仍留在董事会。

威廉·卫斯兹出任公司董事长兼营业部经理，上任后进行大幅度管理改革。他说："通常，我们都只保留公司的大目标及原则，至于一般权力与责任，我们都尽量把它们分散到各个阶层。"从此，摩托罗拉公司致力于把权力分散到各营利单位，现在公司内的各单位对资源分派及预算编列方面都已经有相当可观的财务控制权，同时他们也有权力决定加入或退出哪些营业项目。

摩托罗拉公司之所以有逐渐把权力分散的趋势，一个主要原因是公司有不少服务多年的老经理，同时由于它仍然保留家族经营形态，受家族的影响很深，因此，公司里面有不少家长主宰式的暗流存在。公司越大，员工越渴望变成股东。在比较大一点的公司，每一个人显然都希望能感觉到自己就是老板。基本上，公司现在所做的，正是要把整个公司分成很多智囊团，因为只有这样，才能使大部分的人都分享到当年盖尔文家族各分子所拥有的权力与责任。改革后，统率公司整体发展方向的上层组织采用三驾马车制，公司内所有的部门主管如果有事情，可以直接向他们三大巨头组成的三驾马车报告。不过，再后来，他们之间第一次有了改变，每一个巨头开始专门负责四到五种业务，在这些事务方面，他将拥有较大的决定权。不过，尽管每一巨头都有自己的专责，但对于公司的所有决策，他们每一个人仍然有全部的决定权力及责任。卫斯兹说："通常，我不会越权去管波比及约翰在他们的专责方面的什么事，但如果碰到情况十分紧迫时，我也常常毫不犹豫地越俎代庖。我义不容辞地处理这种事情，是因为我知道他们一定会同意我的办法。"事实上，只有在他们三大巨头对同一问题意见相左的时候，才会产生"谁来决定"的问题，不过这种决定只限于几种情形。这几种情形通常都是关系到全体利益的敏感问题，像管理发展、人事管理、组织规划、年度预算的拟定以及对员工及工作成效的考核等。

董事会每个星期一主持一次例会，先花两个小时与公司的高级职员接触，然后再花两个小时来单独讨论问题。除此之外，每隔4周一次的工作会议上，他们也花几个小时来讨论一些有关公司长期发展的战略。公司总部人员精简，主要负责与海外分公司高级主管联络，代表公司与外国政府或海外机构建立业务关系，包括人事部门及法律会计部门只有30人。

这样，公司内各部门间的目标及方针大致上都很协调，正因为如此，总公司在营运方面长期不加干涉也不致造成问题。公司职员大部分的工作只是要确保每一个关系集团及部门都能够彻底了解公司五年计划的基本规定，同时及时地把它们付诸行动。任何计划在提到董事长办公室之前都必须经过三人核心审查，五年计划的第一年实绩将作为第二年预算实施的主要参考。如果某一个关系集团在自己的预算内想推动一项工程计划，那么他大可以放手去做而不必把详细情形报告总公司或向上级请示。通常，只有在计划进行到最后阶段而突然重大修正时，总公司才会发生警觉而加以过问。

【案例分析】威廉·卫斯兹的分权措施，使下级部门获得了更多的权利，而上级部门则只掌握关键的权利。通常，一个企业的成长初始阶段，为了有效管理和控制组织的运行，组织应集权。随着企业的发展和规模不断扩大，当一个组织面临的环境复杂多变时，组织应及时分权，以激励下属的工作热情和创新精神。员工的数量和基本素质也是影响是否分权的因素，员工能胜任组织任务的完成，则应分权，否则不应分权。摩托罗拉重视员工培训，员工素质高，分权是正确的。总的说来，分权与集权，应具体看管理者和被管理者的工作能力、工作内容、工作条件等方面。不同的组织、不同的时期有不同的特点，应具体问题具体分析，正确分权与集权。

3. 指挥职能

指挥职能是由企业各级领导人员形成的一种职能，为实现有效指挥，必须建立以管理者为首的集中统一的、高效的生产经营指挥系统。在高效的指挥系统中，领导者起到至关重要的作用。他利用权力施展影响，指导各类人员努力达到企业目标，因此，指挥者必须懂得如何激励和调动人员的积极性，要了解个体和群体的行为规律和沟通方式、领导模式和领导理论，具备良好的政治素质、业务素质、能力素质和心理素质，只有以优秀的领导者为首领导集团才能实施有效的指挥职能。

【案例 3—4】

指 挥 职 能

由于经济衰退和日本进口产品的竞争,使得帕尔默机器公司已经处于艰难的时刻。劳资双方都认识到他们的前景黯淡。公司认为当整个公司处于困境时,劳方应让步和削减工资。工会召开会员大会讨论了公司的情况,尽管有一名装配工安·斯图尔特认为她的工资高,赞成降低工资,但大多数工人却不同意,也不想做出任何让步。事实上,工人对于管理部门的意图很不赞成,觉得如果做出了让步,就会促使公司提出一些额外要求。长时间的讨论之后最后结果是:有些工人认为如果管理部门也能作出一些类似牺牲的话,他们同意削减工资。其后几周,工会同意实行一些削减,但附带有一个条件,在公司情况好转后,员工可以某种方式分享公司的利润。

一个月之后,在一家全国性杂志上发表的一些大公司行政主管的薪水调查表中透露出这家公司的行政主管拿到的报酬大幅递减。一名工人评论说:"我希望我们像日本的公司那样,在艰难时刻,首先削减红利,然后削减高层管理人员的薪水,稍后再减少中层主管人员的薪水,至于工人的工资,则是在最后削减的。"

【案例分析】领导者的作风和领导者所营造的组织气氛对激励工人有很大影响,只有一流的领导和员工才有一流的客户。主管人员的首要任务就是设计和保持一个有利于实现企业目标和价值的工作环境,依靠和重用那些擅长帮助别人、满足客户需要的员工,提高每个员工的满意度,从而使企业更有效益。领导的基本原则是:由于人们往往追随那些他们认为有助于实现个人目标的人,所以主管人员应该了解什么因素激励其下属和这些激励因素怎样发挥作用,并如何将这些思想体现在管理活动之中,只有这样,他们才有可能成为更有效的领导者。

4. 控制职能

【案例 3—5】

控 制 职 能

格雷格刚刚担任某厂的厂长,刚看过该工厂有关今年实现目标情况的统计资料,他上任后第一件事是亲自制订工厂一系列工作的计划目标。具体地说,他要降低购买原材料费用,要解决工厂的原材料浪费问题,要解决职工超时工作的问题,要降低废料运输费用。他做出具体规定:在一年内,要把购买原材料的费用降低 10%~15%;减少原材料的浪费,浪费率要控制在总额的 5% 以内;把用于支付工人超时工作的费用从原来的11万美元减少到6万美元,要把废料运输费用降低3%。他把这些具体的目标告诉了下属有关方面的负责人。

然而一年后的统计资料却让他无法接受:购买原材料费用同比还稍有增长;原材料的浪费比去年更加严重,浪费率竟占总额的16%。职工超时工作费用也只降到9万美元,远没有达到既定的目标;废料运输费用根本就没有降低。

他为出现此种结果严肃地批评具体负责人时,原材料采购部门的负责人说:"原材料成本增加,不可能降低购买原材料费用。"生产部门的负责人则争辩说:"我曾对工人强调过要注意浪费的问题,我原以为工人会照我的要求去做的。"人事部门的负责人也附和着说:"我们已经为削减超时工作费用尽了最大的努力,只对那些必须支付的款项才支付。"而负责运输方面的负责人则说:"我对未能把运输费用降下来并不感到意外,我已经想尽了一切办法。我预测,明年的运输费用可能还要上升3%~4%。"

格雷格在分别与有关方面的负责人交谈之后,又把他们召集起来布置新的工作:"采购部门一定要把购买原材料的费用降低10%;生产部门必须注意原材料的浪费现象,努力把浪费率控制在总额的5%以内;人事部门要把职工超时工作费用降到7万美元;至于运输部门,即使运输费用要提高,但也绝不能超过今年的标准。这就是我们明年的目标。我到明年再看你们的工作结果。"

【案例分析】这种现象在很多公司都或多或少地存在。比如说,公司领导层在召开下一年度工作会议上,会把下一年度的工作目标以或明确或模糊的指标文件或其他形式下发到各部门,接下来也就没有什么跟进及控制措施了。到了第二年的时候,能否完成任务就可想而知了。完成不了,则继续开会,下一年的任务又该下发了。就这样周而复始地恶性循环。问题是,没有相应的绩效考核和与之相适应的激励措施,肯定难以保证目标的完成。

控制是指依据预定的目标和标准,检查实际的执行情况,发现偏差,找出原因,采取有效措施加以纠正的过程。人们在执行计划的过程中,由于受到各种因素的干扰,常常使实践活动偏离原来的计划。为了保证目标及为此而制订的计划得以实现,就需要对管理过程进行控制。即要按既定的目标、计划,对企业生产经营活动过程中各方面的实际情况进行检查和考察,找出差距、分析原因,并采取措施予以纠正,使工作能按原计划进行,或根据客观情况的变化,对计划作适当的调整,使其更符合实际。

在企业经营中,控制职能是指用计划目标和评判标准来管制、监视和调整企业的全部经营活动,从而使其不偏离目标。由于外部环境的多变及市场的不稳定,企业战略所面临的问题在于，一方面，要满足现时的市场需求和实现内部运行的目标，另一方面，又要着眼未来的投入满足市场未来的需求和保证企业长期稳定的发展。因而控制职能要建立有效的控制系统，重点控制对企业有战略性影响的因素，及容易出偏差而会造成极大危害的关键性活动，采用科学的控制方法和手段，保证将企业的战略任务和目标转化为现实。

六、企业管理的内容

企业管理的内容非常广泛，下面从不同层次、不同专业领域来阐述。

1. 不同层次的管理者管理的内容

（1）高层管理的核心内容是制定和组织实施企业经营战略、决策与计划，这是关系企业前途与命运的头等大事。

（2）中层管理一方面对高层管理发挥参谋与助手作用，另一方面对基层管理进行指导、服务与监督。其内容是以生产经营管理全过程的不同阶段和构成要素为对象，即开发、供应、生产、销售及人、财、物、信息。

（3）基层管理的对象是作业层，内容包括工序管理、物流管理、环境管理、规范化管理、职工自主管理及基层组织管理。

2. 各项专业管理的内容

（1）技术开发管理

技术开发管理的内容包括产品开发、工业开发、设备开发、材料开发及能源开发。

（2）生产管理

生产管理的内容包括工厂布置、生产过程组织、劳动组织、生产计划、生产作业计划、生产控制、质量管理、设备管理及环境管理。

（3）物资供应管理

物资供应管理的内容包括采购、储备、保管、发放及合理使用。

（4）市场营销管理

市场营销管理的内容包括市场研究、订货合同、销售渠道、广告宣传、产品定价及为用户服务。

（5）财务管理

财务管理的内容包括资金筹措、固定资产管理、流动资产管理、成本费用管理及利润管理。

（6）人事管理

人事管理的内容包括招收、录用、调配、考核、培训及升迁。

第2节 企业战略管理

一、企业战略概述

1. 企业战略的含义

英文中战略一词"strategy"来源于希腊语，其含义是"将军"。到中世纪这个词演变为军事术语，意指在敌对状态下将军指挥军队克敌制胜的艺术和方法。战略是对战争全局的筹划和谋略。鉴于战略在军事上的重要影响和作用，1965年美国著名管理学家安索夫出版了《企业战略论》一书，后来"企业战略"一词便被广泛用于社会经济生活的各个领域。

企业战略是根据企业的外部环境及内部资源和能力的状况，为求得企业生存和长期稳定的发展，为不断获得新的竞争优势，对企业发展目标的确立、达到目标的途径和手段的总体谋划。

企业战略的构成要素包括：企业的外部环境；企业内部资源及能力的现状；企业战略目标；为达到战略目标企业所选择的发展途径；为达到战略目标，企业在科技创新、市场经营、财务管理、组织机构、人力资源等企业管理的各个方面应采取的支持策略。

企业战略具有全局性、未来性、系统性、竞争性与合作性并存，稳定性和动态性并存等特点。

2. 企业战略的层次

任何企业的发展都有全局规划，客户管理战略也是如此。企业客户管理的全局战略就是要将企业对于客户的价值承诺落实为品牌建设、产品研发、系统支撑、流程优化和服务标准等一系列的具体战略规划。这些具体的战略规划构成了一个个子系统，这些子系统之间相互协调配合，才能产生最大的客户价值，最大限度地满足客户的需求。

（1）总体战略

总体战略包括发展战略、稳定战略和紧缩战略。总体战略主要是决定企业应该选择哪类经营业务、进入哪些领域及总体的服务方针。

(2) 基本战略

基本战略包括基本竞争战略、投资战略及不同行业中的经营战略。基本战略主要涉及如何在所选定的领域内与对手展开有效的竞争，因此，它所研究的内容是开发哪些产品或服务，更好地在市场中赢得客户。

(3) 职能战略

职能战略包括研究开发战略、营销战略、生产战略、人力资源战略等。主要研究如何更好地为各级战略服务，以提高组织效率。

企业战略的层次可以用图3—1来表示。

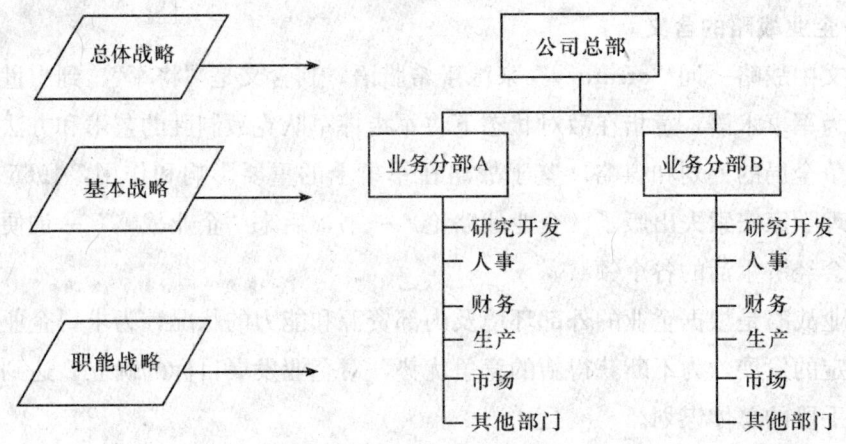

图3—1 企业战略的层次

二、企业制订客户服务战略的过程

高层管理者需要建立客户服务战略，比如关注客户服务的过程、如何满足客户的要求等。企业一般采用的制定客户服务战略的方法概括如下。

1. 审视客户服务战略与使命、价值观及公司目标的联系

在一个组织中，把客户服务作为组织的关键目标是至关重要的。比如在美国的低成本航空公司——西南航空公司中，客户服务被列为业务的核心。从一开始它就建立起有别于其他竞争者的轻松愉快的文化环境。它特别雇佣了一些有趣的员工，并让它的员工具有创造轻松愉快环境的自由。

2. 评估企业现在的处境

为了改进服务质量，高层管理者需要使现有组织去适应环境。这就需要去分析企业所处的外部环境和内部环境。

(1) 外部环境

为了测定组织未来的潜力，可以综合地评估组织过去的业绩和现在的情况。在评估现在的服务业绩中，高层管理者需要同时注意组织运行中的一般环境和具体环境。

1) 一般环境。一般环境是组织几乎没有任何直接控制力的，但它是影响着组织业务的重要因素。通常包括社会因素、经济因素、技术因素和政治因素。假如要评估一家希望能制定服务战略的长途客车公司所面临的现有外部环境，就要分析以下因素。

①社会因素。更多的人从事全日制或部分时间的工作；更多的人拥有了小轿车；人们普遍希望运输有效和快捷；越来越关心环境问题，如污染问题和城市内的交通拥挤问题；普遍期望具有较高水平的舒适设施；社会老龄化问题。

②经济因素。客户的成本意识越来越强；随着就业机会选择范围的不断扩大，员工留住率逐渐下降；燃油成本上升。

③技术因素。运输制造业的改进；自动化；道路网的改进；更多地使用互联网和电子商务。

④政治因素。为了节能减排和降低碳排放量，政府鼓励市民公交出行，减少小轿车的上路行驶时间；其他政府的相关规则。

如果分析长途客车公司的社会因素，那么服务战略中需要把客户对运输服务的速度、频率和舒适的需要看得如他们对竞争价格和效率的需要同样重要。

2) 具体环境。具体环境直接影响着企业经营效果和业绩。具体环境主要是企业所在行业规模和结构对业务的影响、竞争环境的影响和供给方及客户方的谈判优势的影响。

为了指导对具体环境中的客户服务项目审查，需要对行业和其中的潜在竞争者进入障碍，现有客户、供货商的讨价还价能力，市场竞争程度等力量等进行研究。迈克尔·波特在其《竞争战略》一书中将决定组织竞争地位的五种力量归纳为具体环境，具体结构如图3—2所示。

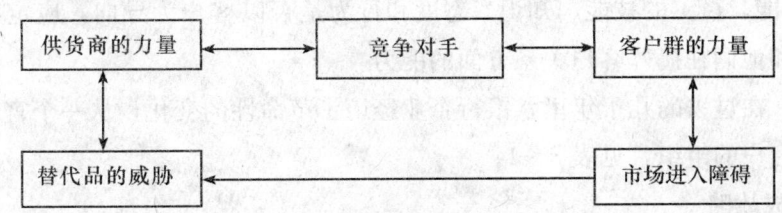

图3—2 波特行业竞争结构的五种力量

在以上长途客车公司的例子中，使用这一模型来评估企业具体环境时可以看到，客户群的力量是很大的，因为客运运输有很多种替代方式，如轿车运输、铁路运输、公共汽车运输甚至可通过召开可视电话会议而根本不需要客车运输。本行业潜在的进入者方面，因为投资的高成本使得市场进入障碍很高；供货商的谈判能力则因为目前汽车生产产量较大也低；相反客车运输公司当前来自现有竞争对手的竞争很激烈。因此，客车公司在此行业具体环境中的关键要素是乘客和同行业竞争者，这时候的服务战略需要致力于重视竞争对手和相关行业是怎样来满足客户不断增长的期望和客户增加的新附加值的。

(2) 内部环境

为了真正关心客户，高层管理者必须重视整个组织和品牌，而不只是重视生产、包装和销售。美国运通公司的研究表明，当信用卡持卡人在因超额支付情况打电话给公司时，对待他或她的态度，是影响客户满意度的关键因素，这比他们在申请办卡是否被拒绝更重要。客户通过员工的讲话、行为和对待他们的方式感受公司的服务。因此，在实施客户服务战略中，基本的方面是改善组织的内部环境。一般包括以下几个方面。

1) 结构。通常需要关注的是组织的规模和结构是否能满足客户的需要，组织的层次是否阻碍了高层了解客户的意见。

2) 共享的价值。组织的价值主要体现在能否保持客户的热情，表明公司重视团队交流与合作。

3) 战略。过去的组织战略是什么，它成功了还是失败了，为什么，战略有没有转变成行动，执行力如何。

4) 系统。公司有没有以客户为中心的、满足客户需要的、有效的运转系统。

5) 管理方式。确认现有的管理方式是否符合以客户需求为中心的服务战略的需要。

6) 员工。员工在以客户为中心方面做得怎么样？组织需要评估员工在人力资源管理方面的表现，如招聘、培训和培养、晋级、报酬和业绩等。

7) 技能。员工的技能、知识、态度和行为是否以客户为导向，应定期检查员工的技能和他们在搞好客户关系方面的能力。

例如，在过去的几十年里，银行企业经历了革命性的变化，从一个官僚机构转变为服务客户的组织，见表3—1。

3. 形成战略

在检查了企业一般环境、具体环境和内部环境以后，高层管理者就可着手建立持续为客户服务，不断提高服务质量的战略。

表 3—1　　　　　　　　　　　　银行企业经历的变化

过去	现在和未来
组织以自我为中心	组织以客户为中心
满足检查的需要	满足客户的需要
质量控制	预防出错
科层结构	平面结构
有限的责任	员工授权和责任
个人负责	以团队为基础的负责
封闭式交流	开放式交流

下面简要介绍一个企业成功地建立服务战略的例子。

【案例 3—6】

建立服务战略

当彼得·伯恩菲尔特被任命为 ICL 公司的主席和首席执行官时,他面临的是一个正要被行业所淘汰的企业。伯恩菲尔特和他的高层管理团队分析了情况,认为公司过于以自我为中心,没有清晰地认识未来前景,缺乏一个能持之以恒的合适的文化背景,过于重视技术而忽视了客户的感受,总的管理技能不足。

在完成分析以后,建立了一个名为"ICL 方式"的重要战略文件,它设计了公司蓝图,确定了所有员工的七项义务,特别是业绩和客户服务方面。文件也规定了经理人员对员工和他们的发展的十项关键作用。在全公司范围内引进了一系列的业务创新,运用比较方法,进行客观的外部比较;建立一项公司内部发展计划;在员工队伍中实现了一专多能;达到一些适合的标准,如 ISO9001 标准认证;通过考评,执行业绩和收入挂钩,员工调查和每年或每个季度的评审,以及以标准为基础的选择,激励员工。

这一以关注客户满意度和业绩为目的的战略,使公司经营状况发生了戏剧性的变化,公司实现了战略性恢复,还重新取得了很大的成功。

第3节 企业生产管理

企业经营活动就是策划、开发和制造出产品，并将其提供给客户而获得利润。开发部门为了开发出客户满意的产品，需要了解客户的需求，并要调查了解客户的潜在需求。在产品开发的过程中，必须认真把握客户的需求，运用一系列的产品开发技术和设计手段，进行产品设计和试制，并反复地验证其是否满足了客户的需求，然后再由生产部门进行批量或个性化生产，最后由销售部门销售给客户并提供售前、售中和售后服务。因此，企业的生产管理是为客户提供高品质产品的有力保障。作为客户服务管理师，要了解生产管理的相关知识。

一、企业生产管理概述

1. 企业生产管理的概念

生产是人类社会中人们从事的最基本的活动。社会的一切财富都是通过生产活动创造出来的。不进行生产，人类就无法生存，社会的发展也就无从谈起。生产是指将人力、物力、设备、技术、信息等生产要素的投入转化为产品或服务等输出的过程。典型的转化过程有：物理过程—制造；位置移动过程—运输；交易过程—零售；生理过程—医疗；信息过程—电信。

生产管理有广义和狭义之分。广义的生产管理，是指对企业生产活动的全过程进行综合性、系统性的管理。其研究对象是企业的整个生产系统，包括输入、生产制造、输出和反馈四个环节。狭义的生产管理，即一般所说的制造管理，是指按照预定的数量、质量、期限，运用科学的方法，周密的计划和布置，经过一定的生产流程，完成一定标准的产品。其研究对象是产品的生产过程。

企业生产管理的本质是在生产过程中增值。"增值"这一术语是用来描述投入的成本和产出的价格或价值之间的差异。在非营利性组织中，如公路建设部门、警察和消防部门，产出的价值是它们对社会的价值。

2. 生产运作管理的组成

（1）产品与服务

产品是具有一定使用价值的成品或半成品；服务主要指无形产品。

（2）生产要素

生产要素是指人、财、物（土地、建筑物、机器设备、工艺设备）信息等。在企业生产活动中，生产要素在质量、数量、时间上必须符合生产过程的要求；同时将这些要素在生产过程中有效地结合起来，形成一个有机的整体。生产要素是从事生产活动的前提条件和保证。

（3）生产过程

生产过程指产品或服务的产生和形成过程。

（4）反馈过程

反馈过程指把生产过程输出信息返回到输入端，及时对生产过程进行控制和调整。

3. 企业生产分类

（1）按输出物性质分类

按输出物性质，企业生产可分为制造型生产与服务型生产。制造型生产指通过物理或化学作用将有形输入转化为有形输出的过程，如汽车制造、冶炼钢铁、石化生产等。

（2）按生产工艺分类

制造业生产依据生产工艺又可细分为流程性生产、离散性生产、加工装配性生产。

1）流程性生产。流程性生产是指物料均匀、连续地按一定工艺顺序移动，并在运动中不断改变形态和性能，最后形成产品的生产，如炼油、化工、冶金、食品、造纸等。

流程性生产设施集中，生产过程自动化程度高，生产过程中协作与协调服务任务少，对安全性与可靠性要求高。

2）离散性生产。离散性生产也称加工装配生产，指物料离散地按一定工艺顺序移动，在移动中不断改变形态和性能，最后形成产品的生产，如机床、汽车、柴油机、锅炉、家具、计算机、服装等生产。

3）加工装配性生产。加工装配性生产协作十分复杂，计划、组织、协调任务重，生产管理复杂。这是生产运作管理研究的重点。

（3）按企业组织生产的特点分类

根据企业组织生产的特点，可分为备货型生产与订货型生产。

1）备货型生产。按已有的标准产品或产品系列进行的生产，生产的直接目的是补充成品库存，通过维持一定量的成品库存来满足用户需求。

2）订货型生产。按用户订单进行生产，生产的是客户所要求的产品，如锅炉、船舶等。

(4) 单件生产、成批生产和大量生产

1) 单件生产：根据用户的特定要求组织生产或服务。

2) 成批生产：产品品种较多，产量较大，若干种产品成批轮换生产。

3) 大量生产：大批量生产一种或少数几种标准化产品。

(5) 服务型生产的分类

服务型生产也称为非制造型（non-manufacturing）生产，其基本特征是不制造有形产品（有时为实现服务而必须提供有形产品）。按是否提供有形产品分为纯劳务服务和一般劳务服务。纯劳务服务如咨询、指导和讲课等；一般劳务服务如零售、邮政等。

按客户是否参与，分为客户参与的服务型生产和客户不参与的服务型生产，如理发、旅游、培训与洗衣、货运等。

还可将其分为商业服务、贸易服务、基础设施服务、社会或个人服务及公共管理服务。

服务型生产的特征如下：

1) 产出具有无形和不可储存性。

2) 客户参与，客户与服务人员直接接触。

3) 生产效率难以确定。

4) 质量标准难以建立。

5) 兼有服务运作和服务营销。

6) 产品与服务相伴随。

二、生产运作管理的目标和基本内容

1. 目标

生产运作管理的目标要满足：高效—时间性要求；灵活—弹性要求；准时—服务型要求；低耗—成本要求；清洁生产—环保要求；合格产品和提供满意服务—质量要求。

目标体现了 C、Q、S、T、E 五方面特征，即低成本（cost）、合格质量（quality）、满意服务（service）、准时性（time）和清洁生产（environment）。

2. 基本内容

生产运作管理的基本内容包括三个方面：生产系统设计、生产系统运行和生产系统维护。

(1) 生产系统设计

生产系统设计包括产品或服务的选择和设计、生产设施布置、服务交付系统设计和工作设计。

生产系统设计质量好坏直接影响生产系统的运行。

(2) 生产系统运行

生产系统运行主要涉及生产计划与控制。

1) 计划主要解决生产什么、生产多少和何时生产；控制主要解决如何保证按计划完成任务的问题，包括生产进度控制、采购控制和库存控制等。

2) 生产进度控制。生产进度控制指各生产单元要按期完工，产品按期装配和出产。采购要甄别出战略性物资、重要性物资和一般性物资。库存控制包括对战略性物资、重要性物资和一般性物资采购审批控制程序等。

(3) 生产系统维护

生产系统维护主要涉及设备和设施的维护管理。其目标是要提高资产维修效率，增加资产可靠性，降低资产的总体维修成本，尽量延长资产的使用寿命。

3. 生产及作业管理的任务

生产及作业管理的任务就在于运用组织、计划、控制等职能，把投入生产过程的各种生产要素有效地结合起来，形成有机的整体，按照最经济的生产方式生产出满足社会需要的产品。

三、全面质量管理

1. 质量管理

在国际标准化组织 1994 年颁布的《质量管理和质量保证——术语》（ISO 8402—1994）中，把质量定义为："反映实体满足明确和隐含需要的能力的特性总和。"这里的实体是指可以单独描述和研究的事物，可以是活动或过程、产品、组织、体系、人或其任意组合。这个定义所包含的内容非常广泛，可以说包括了产品的适用性和符合性的全部内涵。

(1) 产品的质量特性

产品质量的好坏和高低是根据产品所具备的质量特性能否满足人们的需要及其满足的程度来衡量的。一般有形产品的质量特性主要有以下几个方面。

1) 使用寿命。使用寿命指产品在规定的使用条件下完成规定功能的工作总时间，如轮胎行驶磨损的里程数、电冰箱的使用年限等。

2) 可靠性。可靠性指产品在规定的时间内，在规定的条件下，完成规定功能的能力,如电视机平均无故障工作时间、机床的精度稳定期限等。

3) 安全性。安全性指产品在制造、储存和使用过程中保证人身与环境免遭危害的程度,如各种家用电器在故障状态下不自燃起火。

4) 经济性。经济性指产品从设计、制造到整个产品使用寿命周期的成本,具体表现为用户购买产品的售价和使用成本,如电冰箱的耗电量、维护保养费用等。

(2) 服务质量

因为服务有无形性、不可保存性等特点,使得服务质量也有其特殊性,其特殊性主要来自服务本身所具有的特点。

首先,服务的无形性使得它不像有形产品那样容易精确地用数量来描述,从而导致服务质量难以用精确的数量来描述和定义。对于服务来说,服务质量往往取决于客户的评价而不是企业的内部标准,服务场所的气氛、服务人员的态度、环境条件等都会给服务质量带来影响。因此,服务质量的好坏取决于客户所期待的服务与实际所感受到的服务的一致性。

其次,因为服务的生产和消费同时发生,使得服务质量不可能预先"把关",所发生的质量问题也难以"返修",因此要求企业在服务过程中必须"第一次就把事情做好"。

再次,服务的不同质性导致服务质量的评价方法也有很大不同。对于服务质量来说,只有一部分可由服务提供者来评定,其余的只能通过客户的体验、感受来评价;好的产品大家会众口一词地称赞,而对于服务来说,同一服务,不同的客户会有不同的评价;客户对产品质量的评价可通过"试用"等方法来确定,但客户对服务质量的评价不完全取决于一次体验,往往需要很长一段时间,甚至是在接受竞争对手的服务之后。

最后,在服务过程中,客户自始至终是参与其中的,客户不仅对得到的最终服务进行评价,还对服务的"生产"过程进行评价,甚至在排队等待的过程中,还对他所观察到的对别人的服务进行评价。所有这些评价的综合,才构成了一个客户对服务企业质量的总体评价。此外,由于客户个人的偏好变化多端,使得服务质量的标准难以设定,也给服务质量监管人员采集质量数据、采取有效的质量控制措施带来了一定困难。

(3) 全面质量管理

质量管理是指为了保证和提高产品质量而对各种影响因素进行计划、组织、协调和控制等各项工作的总称。它是现代企业全部管理活动的一个方面,大体经历了质量检验阶段、统计质量管理阶段和全面质量管理阶段。全面质量管理这个名称,最先是 20 世纪 60 年代初由美国的著名专家菲根堡姆提出。先在工业企业中得到广泛应用，在日本推行全面质量管理过程中又有很大的发展，显示出强大的生命力。后来在服务行业中也得到广泛的运用。当前，全面质量管理已经成为现代科学管理的一个重要组成部分，受到人们极大的关注。从 20 世纪 70 年代开始，美国、日本等发达国家的酒店宾馆、商业、交通运输业、金融、保险等服务行业普遍引入全面质量管理，取得了很好的效果。全面质量管理的主要观点如下。

1) 全面质量管理要求持续改进

持续改进就是谋求投入与产出转换过程中所有因素持续不断地改善。持续改进规定了企业质量管理的最基本方法。只有持续改进才能满足客户的需求和期望，也才能真正以客户为关注焦点。

2) 全面质量管理要求实现全过程的质量管理

质量管理工作从原来的生产过程控制扩大到产品质量产生、形成的各个环节，贯穿于企业生产经营的全过程，把不合格的产品消灭在生产过程中，使每道工序的质量都得到保证，形成产品从设计到销售再到使用的全面质量管理。

3) 参加管理的人员是全面的，即全员性的质量管理

推行全员质量管理，树立全员质量意识，使质量管理深入每个员工的行动中，切实提高和保证产品质量。

4) 管理的方法和工具是全面的

全面质量管理综合运用管理技术、专业技术和科学方法，针对影响产品质量的各个因素，形成一套全面的质量管理方法体系，从而获得最佳效果。

5) "用户第一"的观点

企业要以用户、市场为导向，准确识别客户的质量要求，一切从用户实际出发，企业才能提供用户满意的产品，企业才能活力长存。

6) "预防为主"的观点

全面质量管理认为："质量是设计出来的，不是检验出来的。"设计质量是先天性的，决定质量的等级或水平，全面质量管理将质量管理从事后检验发展到事前控制，将影响产品质量的可控制因素控制起来，最大限度地降低不合格率。

7) "一切用数据说话"的观点

全面质量管理是以数据为基础的管理活动。掌握准确的信息，广泛运用各种统计方法，一切用数据说话，提高了质量管理工作的科学性和准确性。

2. 全面质量保证体系

质量保证，是指企业对用户在产品的质量要求方面所提供的担保，保证用户购

买的产品在使用寿命期内质量可靠。质量保证包括两个方面的内容：一方面是在产品出厂前企业要加强内部各环节的质量管理，以保证出厂产品的质量符合规定的要求；另一方面在产品出厂之后，企业要搞好售后服务，对用户负责到底。质量保证是全面质量管理的精髓。

质量保证体系，是指企业以保证和提高产品质量为目标，为实施质量管理所要求的组织结构、程序、过程和资源。运用系统的原理和方法，建立统一协调的组织结构和合理的制度，把各部门、各环节的质量职能严密组织起来，明确规定其职能、任务和权限，并有一个灵敏的质量信息反馈系统，形成一个高效的质量管理有机整体。全面质量保证体系，可分为设计试制过程的质量保证、制造过程的质量保证和使用过程的质量保证。

设计试制过程的质量保证是指产品正式投产前的全部准备过程，包括市场调查、设计、试制、鉴定等阶段，这一阶段的各项工作的质量有时称为设计质量，它是制造质量应达到的标准，是全面质量管理的首要环节，主要包括确定质量目标、确定产品的正式设计及进行产品的试制和鉴定。

产品制造过程是指从原材料投入生产开始到产品交验合格入库的全过程。它是产品质量形成过程的中心环节。制造过程的质量保证主要是指搞好工序的质量管理，通过控制生产过程影响质量的诸因素来保证生产过程的质量。制造过程的质量保证的主要内容是质量把关和质量预防。

产品使用过程的质量保证是企业质量保证工作的继续和归宿，是实现企业生产目的、评价产品实际质量的过程。在产品销售以后，通过加强服务工作，保证产品质量特性在使用中正常发挥作用，满足用户需求。产品使用过程的质量保证的主要内容是开展对用户的技术服务工作，以及通过各种渠道对出厂产品进行使用效果和使用要求的调查研究，及时反馈，将调查结果与保证和改善质量紧密联系起来。

3. 6σ质量管理

6σ是关于测量过程失误的一个统计学概念。西格玛即希腊字σ的译音，是统计学家用来衡量工艺流程中的变化性而使用的代码。企业也可以用西格玛的级别来衡量在商业流程管理方面的表现。传统的公司一般品质要求已提升至3σ，这就是说产品的合格率已达至99.73%的水平，只有0.27%为次货。如果企业不断追求品质改进，达到6西格玛的程度，绩效就几近于完美地达到顾客要求，即在一百万个机会里，只找得出3.4个瑕疵。随着人们对产品质量要求的不断提高和现代生产管理流程的日益复杂化，企业越来越需要像六西格玛这样的高端流程质量管理标准，以保持在激烈的市场竞争中的优势地位。

关于6西格玛管理，美国6西格玛管理专家罗纳德·D.斯尼（Ronald Snee）先生将其定义为："寻求同时增加顾客满意和企业经济增长的经营战略途径。"另一位6西格玛管理专家汤姆·皮兹德克（Tom Pyzdek）说："6西格玛管理是一种全新的管理企业的方式。6西格玛主要不是技术项目，而是管理项目。"美国质量学会将六西格玛管理定义为：高度专业化的用于开发和交付持续地近乎零缺陷的产品和服务的过程方法，也是应用统计工具和通过项目工作，实现利润和收益突破的管理战略。

作为持续性的质量改进方法，6σ管理具有以下特征。

（1）对客户需求的高度关注

6σ管理以更为广泛的视角，关注影响客户满意的所有方面。6σ管理的绩效评估首先就是从客户开始的，其改进的程度用对客户满意度和价值的影响来衡量。6σ质量代表了极高的对客户要求的符合性和极低的缺陷率。它把客户的期望作为目标，并且不断超越这种期望。

6σ管理高度依赖统计数据。统计数据是实施6σ管理的重要工具，可以用数字来说明一切，所有的生产表现、执行能力等，都可以量化为具体的数据，使实施成果一目了然。决策者及经理人可以从各种统计报表中找出问题所在，真正掌握产品不合格情况和客户抱怨情况等，而改善的成果，如节约成本、增加利润等，也都以统计资料与财务数据为依据。

（2）重视改善业务流程

传统的质量管理理论和方法往往侧重于结果，通过在生产的终端加强检验以及开展售后服务来确保产品质量。6σ管理将重点放在产生缺陷的根本原因上，认为质量是靠流程的优化，而不是通过严格地对最终产品的检验来实现的。企业应该把资源放在认识、改善和控制原因上而不是放在质量检查、售后服务等活动上。

（3）积极开展主动改进型管理

掌握了6σ管理方法，就好像找到了一个重新观察企业的放大镜。人们惊讶地发现，缺陷犹如灰尘，存在于企业的各个角落。这使管理者和员工感到不安，变被动为主动，努力为企业做点什么。企业就始终处于一种不断改进的过程中。

（4）倡导无界限合作、勤于学习的企业文化

6σ管理扩展了合作的机会，当人们确实认识到流程改进对于提高产品品质的重要性时，就会意识到在工作流程中各个部门、各个环节的相互依赖性，加强部门之间、上下环节之间的合作和配合。由于6σ管理所追求的品质改进是一个永无止境的过程，而这种持续的改进必须以员工素质的不断提高为条件，因此有助于形成

勤于学习的企业氛围。事实上，导入6σ管理的过程，本身就是一个不断培训和学习的过程，通过组建推行6σ管理的骨干队伍，对全员进行分层次培训，使大家都了解和掌握6σ管理的要点，充分发挥员工的积极性和创造性，在实践中不断进取。

第4节　人力资源开发与管理

一、人力资源的基本概念

1. 资源的概念

资源是一个经济学术语，《辞海》解释为"资财的来源"。它泛指社会财富的源泉，指给人们带来新的使用价值和价值的客观存在物。在经济学意义上，人们一般把资源看做是用来进行价值增值的物质实体，是为了创造物质财富而投入生产活动中的一切要素。

资源一般分为两大类：一类是物质资源；另一类是人力资源。当代经济学家又进一步把资源作了划分，认为世界上目前存在四大资源，即自然资源、资本资源、信息资源和人力资源，其中最重要的是人力资源。

（1）自然资源

自然资源指一般用于生产活动的一切未经加工的自然物，如未经开发的土地、山川、森林、矿藏等，它们有待于人们去进一步开发。

（2）资本资源

资本资源指一般用于生产活动的一切经人加工的自然物，如资金、机器、厂房、设备。人们并不直接消费资本本身，而是利用它去生产和创造新的产品与新的价值。

（3）信息资源

信息资源指对生产活动及与其有关的一切活动的事、物的描述的符号集合。信息是对客观事物的一种描述，与前两种资源不同的是，前两种资源具有明显的独占性，而信息资源具有共享性。

（4）人力资源

人力资源是存在于人体的经济资源，也称人类资源、劳动资源、劳动力资源，它反映一个国家或地区人口总体中所拥有的劳动力。它是生产活动中最活跃的因素，也是一切资源中最重要的资源。

人力资源可以说是当代颇为时尚的管理术语。那么究竟什么是人力资源呢？学术界对此见仁见智，存在不同的看法。伊凡·伯格认为，人力资源是人类可用于生产产品或提供各种服务的活力、技能和知识。雷西斯·列科认为，人力资源是企业人力结构的生产力和客户荣誉的价值。内贝尔·埃利斯认为，人力资源是企业内部成员及外部的与企业相关的人，即总经理、雇员、合作伙伴和顾客等可提供潜在合作与服务及有利于企业预期经营活动的人力的总和。

2. 人力资源与人力资本

人力资源是指能够推动整个经济和社会发展的劳动者的能力，即处在劳动年龄的已直接投入建设和尚未投入建设的人口的能力。本章所说的人力资源特指企业中全体员工的能力。

人力资本是指对人力资源进行开发性投资所形成的可以带来财富增值的资本形式。

人力资源主要是管理领域的概念，是强调人力作为一种经济资源的稀有性和有用性，强调人力作为生产要素在生产过程中的创造能力。人力资源研究的侧重点是管理方法，包括人力资源的获取、开发、使用、考核、薪酬和激励等方面的内容。

人力资本则主要是经济领域的概念，其内容侧重于价值研究，侧重于对人力的投资与回报。

3. 人力资源管理

人力资源管理就是运用现代化的科学方法，对与一定物力相结合的人力进行合理的组织、培训和调配，使人力、物力经常保持最佳比例，同时对人的思想、心理和行为进行恰当的诱导、控制和协调，充分发挥人的主观能动性，使人尽其才、事得其人、人事相宜，以实现组织目标。

具体来说，人力资源管理的基本职能包括工作分析与岗位评价、人力资源计划、招聘、培训、考核、薪酬管理及劳动关系管理等。

二、人力资源管理与人事管理的区别

1. 基本概念不同

（1）人事管理。把人看成是成本；强调以"工作"为核心，看中人对工作的适应性。管理重点是人员的使用和控制。

（2）人力资源管理。把人看成资源，从人的能动性出发，强调人的价值和人的决定性作用，强调人和事的统一发展，在用人的同时注重对人的培养。

2. 职能不同

(1) 人事管理。包括事务性工作，如人员的调动、工资管理、档案管理及职称评定等。

(2) 人力资源管理。包括招人、用人、育人、留人四大目标。

3. 部门性质不同

(1) 战略地位不同。人力资源部门不像传统的人事部门，在企业里只能居于执行层，而是进入战略层、决策层，成为战略性部门。

(2) 传统的人事部门是非生产性、非效益性部门，现代人力资源部门则是生产性和效益性部门。

三、人力资源开发与管理的人性观演变

管理人员的世界观和人生观往往会决定着他对人性的判断，从而形成其管理的哲学基础。不同的人性假设在管理实践中体现为不同的管理观念、管理行为和管理风格。

1. "经济人"假设与X理论

"经济人"假设由来已久，英国经济学家亚当·斯密（Adam Smith）认为，人的本性是懒惰的，必须加以鞭策；人的行为动机源于经济利益的驱动，必须以计划、组织、控制等制度加以约束，用金钱和权利加以引导。

美国学者道格拉斯·麦格雷戈（Douglas Magregor）在《企业人性方面》（1960）一书中将"经济人"假设进行了总结，提出了X理论。X理论认为，一般的人从本质上来说都不喜欢工作，一旦有可能就逃避工作；一般的人都愿意被人指挥并且希望逃避责任；大多数人以自我为中心，对组织目标不关心，必须进行强迫、控制及指挥，甚至以惩罚相威胁，才能使其努力工作。

与"经济人"假设和X理论相应的管理方式是，组织以经济报酬来使人们服从命令并做出绩效，以权力来控制和指挥职工、保护组织利益。为此，需要制定严格的管理制度，加强法规控制。为了提高员工的士气，采取了"胡萝卜加大棒"的政策，用金钱刺激其积极性，对消极怠工者实施惩罚。泰罗的科学管理是这种假设的典型代表。

2. "社会人"假设与组织行为理论

"社会人"假设是进行霍桑实验的梅奥提出来的，其基本观点是：人是社会的人，从根本上来说，人是由社会需求而引发工作动机的；工作士气取决于家庭和社会生活以及组织中人与人之间的关系；非正式组织对员工的影响要比管理者所给予

的经济诱惑和控制更为重要；员工的工作效率随着管理者满足他们社会需求的程度和他们的心理状态而改变。霍桑实验表明了人际关系在提高劳动生产率中的重要性，揭示了对人性的尊重、人的需要和满足、人与人之间的相互作用及归属意识等对工作绩效的影响，揭开了人力资源管理的新篇章，人性化管理成为许多组织在管理中所追求的目标。

组织行为学是在"社会人"理论基础上形成的，其基本观点是：重视人的因素，发挥人的主动精神，挖掘人的潜能；重视研究人的需要，并把满足个人需要与实现组织目标联系起来；重视将正式组织与非正式组织结合起来，为实现组织目标服务；重视领导行为的研究，协调领导与部署的关系；重视组织设计、组织变革和组织发展的研究。在人的管理上，组织行为学强调，不仅要依靠一定的规章制度和一定的组织形式，而且要保持组织对其员工的吸引力，激励并保持组织成员的责任感、成就感、事业心、集体精神和高涨的士气。

3. "自我实现人"假设与Y理论

"自我实现人"的概念是马斯洛提出的。他认为，人是"自我实现人"，人需要发挥自己的潜力和能力，需要在工作中满足自己的情感需要、发展需要和自我实现需要，人的最高需求层次是自我实现。

Y理论认为，一般来说，人在本质上并不厌恶工作，劳动是一种自然需要；在适当条件下，一般的人不仅愿意承担责任而且会主动去寻求责任感，希望自己的工作取得成效；较好的想象力及理解力、在解决问题过程中所运用的创造力，是非常广泛地体现在每一个人身上的，而非少数人所特有；外部控制、惩罚和威胁并不是促使人们为组织努力工作的唯一手段，人们在执行任务时能够自我指导和自我控制；激励人们的最好方法是满足他们的成就感、自尊感和自我实现等高层次的需求。

麦格雷戈把Y理论称为"个人目标和组织目标的结合"，认为管理者应该把工作安排得富有意义和挑战，使员工为工作而感到自豪和愉悦，通过内在激励，使员工在努力实现组织目标的同时实现个人目标。

4. "复杂人"与超Y理论

"复杂人"假设认为，人并非像上述人性假设那样简单，而是十分复杂的。人的需要多种多样，人与人之间差别很大；一个人在不同的时间和环境下，其需要和动机也会发生变化。由于人们的需要不同、能力各异，对不同的管理方式有不同的反应，因此没有适合于任何组织、任何时间、任何个人的统一的管理方式。在这一基础上，人们提出了超Y理论，即权变理论，它主张结合X理论和Y理论而权宜应变。

超Y理论的基本观点是：人的需求是多种多样的，随着人的发展和生活条件的改变，个人的需求会随之发生变化。每一个人的需求各不相同，需求的层次也会因人而异；人在同一时间内有着各种需求和动机，它们之间相互作用而形成一个统一整体，成为错综复杂的动机模式；人在不断变化的环境中，会产生新的需求和动机。因此，管理方式需要根据不同的人，灵活地采取不同的管理措施，同时也应根据组织内外的条件随机而变，不存在也没有一套放之四海而皆准的管理模式；组织应根据不同的情况采用不同的方法解决遇到的管理问题；个人的需要能否得到满足，取决于其自身的动机结构及其与所在组织的关系。

5. "主权人"与W理论

在社会主义制度下，人民成为国家的主人。中国的管理者和理论学者积极借鉴国内外先进经验，创造性地提出了具有中国特色的人力资源开发与管理理论，提出"主权人"假设，并将其与由此假设创设的有关组织理论、激励理论等一系列观点，概括为W理论。

W理论的基本观点是：随着社会的进步，劳动者在改造客观世界的同时，日益表现出当家做主的强烈愿望；社会主义的公有制改变了劳动者地位，使主权人成为可能；主权人的形成是一个渐进的过程，不可能在一夜之间实现；劳动者积极性和创造性的充分发挥，取决于劳动者是否愿意由雇佣人过渡到主权人；处于雇佣人地位的劳动者为自身的利益而工作，当劳动者认为自己是主权人时，其奋斗目标将成为工作本身；社会主义的组织人力资源开发与管理的重要任务之一就是从各方面创造条件，加快员工成长为主权人的步伐。

6. Z理论

日本企业在第二次世界大战以后发展非常成功和迅速，在国际市场上一度对美国企业构成了威胁，美国管理学者开始重视对日本企业管理经验的研究，结果发现日本企业管理与美国模式有很大不同。威廉·大内（William Ouchi）在其1981年出版的《Z理论》一书中，将第二次世界大战后日本企业的成功管理和管理模式，命名为Z理论。

Z理论的基本内容是：实行终身雇佣制度和家长式的管理，对职工进行全面关怀，培养员工对企业的忠诚；采用工作轮换的方式培养"通才"；实行比较缓慢的晋升；实行较为平均的分配制度；培养员工个人对工作任务的期待和上进心，对所有管理职员与非管理职员都给予信赖；组织层次比较少，维持一个比较公平的阶层制度，重视在组织内部创造一个和谐的家庭氛围，强调团队精神和以工作小组完成工作的方式，强调集体决策；采用内在的非正式的管理方式，重视组织文化建设。

上述人性假设和管理理论有许多是有科学价值的，至今仍具有借鉴意义。例如，X理论和"经济人"假设提出的工作标准化、劳动定额管理、差别计件工资、严格管理制度等至今仍然是重要的基础管理工作；"社会人"假设理论提出的尊重人、关心人、满足人的需要，培养员工的归属感、集体感；Y理论和"自我实现人"提出的创造工人发挥才干的条件、重视人力资源开发和内在激励等，都是现代管理应该遵循的原理；"复杂人"假设提出的因人、因事、因时而异的管理，则是具有辩证思维的管理原则；W理论强调将工作隶属于员工，使员工成为工作的主人，这时产生的责任心和积极性是发自内心的、是持久和自觉的；Z理论强调的忠诚和团队精神，也已经成为众多组织的现实追求目标。我们需要从这里吸取营养，培养自己的人性认识，结合组织高层领导的管理哲学，形成统一的管理原则和组织文化。

四、人力资源开发与管理的基本职能

作为企业的基本管理职能之一，人力资源管理当然是为实现企业的基本目标，即向社会提供它所需要的产品和服务，并使企业在市场竞争中得以生存和发展。就其自身目的而言，便是"吸引、保留、激励与开发"企业所需的人力资源。具体说来，就是把企业所需的人力资源吸引进来，将他们保留在企业之内，调动他们的工作积极性，并开发他们的潜能，充分发挥他们的积极性，为本企业服务。

从上述人力资源管理的基本目的可演绎出人力资源管理五项基本职能。

1. 人力资源获取

人力资源获取包括人力资源规划、工作分析、员工招聘与选拔。为了实现组织的使命、目标和战略，人力资源开发与管理的部门需要依据组织战略确定职务说明书，制订与组织目标相协调的人力资源需求与供给计划，进而开展招募、考核、选拔、录用与配置等工作。

2. 人力资源整合

人力资源整合是指对于组织的员工，一方面，要使被招收的员工了解企业的宗旨与价值观，接受并遵从其指导，使其内化为个人的价值观，从而建立和加强员工对组织的认同感与责任感；另一方面，要通过整合促进员工与组织间的相互融合，使员工间和睦相处，起到人际协调职能与组织同化职能。

3. 人力资源保持和激励

人力资源保持和激励是指对员工作出的贡献给予奖励的过程，是人力资源开发与管理的激励和凝聚职能，也是人力资源开发与管理的核心。它是根据员工绩效考评的结果，向员工提供与其业绩相匹配的报酬，增加其满意感，使其安心并积极工作。

4. 人力资源调控

人力资源调控是指对员工实施合理、公平的动态管理的过程，它包括人力资源开发与管理中合理且完整的绩效评估制度的设置与执行，以及依据考评结果对员工进行动态管理，如晋升、调动、奖惩、解雇及离退等。

5. 人力资源开发

人力资源开发是指组织对员工素质与技能的培养与提高，以挖掘其潜能，有效地发挥员工的才能的一系列活动。其主要内容包括组织与个人开发计划的制订、组织与个人对培训和继续教育的投入、培训与继续教育的实施、员工职业生涯开发及员工的有效使用。

以上五项基本职能相互关联、相辅相成，共同组成人力资源开发与管理的基本职能。

五、人力资源管理的具体内容

1. 制定人力资源规划

根据企业的发展战略和经营计划，评估企业的人力资源现状及发展趋势，收集和分析人力资源供给与需求方面的信息和资料，预测人力资源供给与需求的发展趋势，制订人力资源培训计划和发展计划等政策与措施。

2. 工作设计与岗位分析

对企业的各项工作和各个岗位进行分析，确定每一工作和岗位对员工的具体要求，包括：技术及种类、范围与熟悉程度；工作与生活经验；身体健康状况；培训与教育方面的情况。这种具体要求要形成书面材料，也就是工作岗位职责说明书，工作岗位职责说明书不仅是招聘工作的依据，也是将来对员工工作进行评价的标准。

3. 人力资源招聘

根据企业内的岗位需要及工作岗位职责说明书，利用各种方法和手段（如接收推荐、刊登广告、举办人才交流会、到职业介绍所登记等）从企业内部或外部吸引应聘人员，并根据平等就业、择优录取的原则招聘所需要的各种人才。

4. 人才资源培训和发展

为了提高广大员工的工作能力和技能，有必要开展富有针对性的岗位技能培训。对于管理人员，尤其是对即将晋升者，有必要开展提高性的培训和教育，目的是促使他们尽快具有在更高一级职位上工作的全面知识、熟练技能、管理技巧和应变能力。

5. 作绩效评价

工作绩效考核，就是对照工作岗位职责说明书和工作任务，对员工的业务能力、工作表现及工作态度等进行评价，并给予量化处理的过程。这种评价可以是自我总结式，也可以是他评式的，或者是综合评价。考核结果是员工晋升、接受奖惩、发放工资、接受培训等的有效依据，它有利于调动员工的积极性和创造性，检查和改进人力资源管理工作。

6. 报酬管理

从员工的资历、职级、岗位、实际表现和工作绩效等方面考虑，制定相应的具有吸引力的工资报酬标准和制度。合理、科学的工资报酬福利体系关系到组织中员工队伍的稳定与否。工资报酬应随着员工的工作职务升降、工作岗位的变换、工作表现的好坏与工作成绩进行相应的调整，不能只升不降。

第4章
市场营销管理

企业是市场的主体，市场是企业经营的主要环境之一。在市场经济条件下，任何一个企业都在不断地与市场进行交流，从市场中获得信息，同时也把企业的相关产品信息向市场传播。企业只有同市场系统保持着良好的互动关系，才能求得生存与发展。客户服务管理师直接为企业的客户群服务，参与到市场活动的最前沿，便于发现新的市场需求。那么，客户服务管理师如何才能准确捕捉潜在的客户需求，怎样才能及时、优质地满足客户需求，将关系到企业服务质量和长远发展。因此，客户服务管理师掌握市场营销管理的相关知识，更有利于其理解企业自身的营销策略，也有利于其服务老客户的同时发现需求，寻找新客户。本章主要从市场营销的本质、市场营销管理过程、市场营销策略组合几个方面介绍市场营销管理的相关内容。

第1节 市场营销的本质

一、市场与市场营销的含义

1. 市场的含义

在现代市场经济条件下，企业必须按照市场需求组织生产。所谓市场，是指具有特定需要和欲望，愿意并能够通过交换来满足这种需要或欲望的全部潜在客户。因此，市场的大小，取决于那些有某种需要，并拥有使别人感兴趣的资源，同时愿意以这种资源来换取其需要物质的人数。

市场营销学主要研究作为销售者的企业的市场营销活动,即研究企业如何通过整体市场营销活动,适应并满足买方的需求,以实现经营目标。因此在这里,市场是指某种产品的现实购买者和潜在购买者需求的总和。

2. 市场三要素

市场包含三个主要要素:有某种需要的人,满足这种需要的购买能力和购买欲望。用公式表示就是:市场＝人口＋购买能力＋购买欲望。

市场这三个要素是相互制约、缺一不可的,只有三者结合起来才能构成现实的市场,才能决定市场的规模和容量。例如,一个国家或地区人口众多,但收入很低,购买力有限,则不能构成容量很大的市场;又如,购买力虽然很大,但人口很少,也不能形成很大的市场。因此,只有具有高购买力的众多人口,才能成为一个有潜力的大市场。但是如果产品不适合需要,也不能引起人们的购买欲望,对销售者来说,仍然不能成为现实的市场。所以,市场是上述三个要素的统一。

3. 市场营销的含义

市场营销不等于市场,它有其自身独立的含义。市场营销是企业经营管理的一项重要职能,"市场营销"的概念是从工商企业的市场营销活动和实践中概括总结出来的。

市场营销(Marketing)又称为市场学、市场行销或行销学,简称"营销",台湾常称作"行销",是指个人或集体通过交易其创造的产品或价值,以获得所需之物,实现双赢或多赢的过程。当前较为大众所接受的定义是"市场营销是与市场有关的人类活动,它以满足人类各种需要和欲望为目的,通过市场变潜在交换为现实交换的活动"。在交换双方中,如果一方比另一方更主动、更积极地寻求交换,则前者称为市场营销方。在最广泛的意义上,营销者希望激起人们对某些提议的响应,这种响应并不一定只限于"买"或"卖"。营销包括了使目标大众对某些产品、服务、思想或其他事务产生预期反响所采取的一系列行动。营销的核心活动是产品开发、研究、沟通、分销、定价以及服务等。因此,市场营销是在市场经济条件下,企业通过市场交换活动,为最大限度地满足客户的需求,并获得自身的生存与发展,而有计划实施的一系列相互关联的整体经济活动。

市场营销包含两种含义:一种是动词理解,指企业的具体活动或行为,这时称之为市场营销或市场经营;另一种是名词理解,指研究企业的市场营销活动或行为的学科,称为市场营销学、营销学或市场学等。

二、市场营销管理的实质与任务

1. 市场营销管理的实质

1985年，美国市场营销协会把市场营销管理定义为：规划和实施理念、商务和劳务设计、定价、促销、分销，为满足客户需要和组织目标而创造交换机会的过程。

这个定义指出，市场营销管理是一个包括分析、计划、执行和控制四个环节的过程；它以交换为基础，内容上涵盖理念、商品和劳务，目标是为了满足各方需要。可见，市场营销的实质是需求管理。企业在开展市场营销的过程中，一般要设定一个在目标市场上预期实现的交易水平，然而，实际需求水平可能低于、等于或高于这个预期的需求水平。换言之，在目标市场上，可能存在没有需求、需求很小或超量需求等情况，市场营销管理就是要应对这些不同的需求情况。

2. 市场营销管理的任务及要素

市场营销管理的任务是为促进企业目标的实现而调节需求的水平、时间和性质，其实质是需求管理。根据需求水平、时间和性质的不同，市场营销管理的任务也有所不同。在不同的需求状况下，市场营销管理的任务可以分为八种不同的状况。

（1）负需求（改变）状况

负需求是市场上的大部分人不喜欢某种产品，甚至宁愿付出一定代价来躲避该产品。此时，市场营销管理的任务就是改变市场营销，分析该产品不受欢迎的原因，研究是否可以通过重新设计、降价、积极促销等方案来改变客户的印象和态度。

（2）无需求（改变）状况

无需求是指客户对产品根本不感兴趣或无动于衷。通常，市场对下列产品无需求：人们认为无价值的废旧物品；人们认为有价值，但在特定市场无价值的物品；新产品或客户平常不熟悉的物品等。此时，市场营销管理的任务是刺激市场营销，设法把产品的功效和人们的自然要求与兴趣结合起来。

（3）潜伏需求（开发）状况

潜伏需求是指相当一部分客户对某种物品有强烈的需求，而现有产品或服务又无法满足的一种需求状况。比如，无害香烟和大量节油的汽车等，此时，市场营销管理的任务是研究市场需求，估测潜在市场的规模，并开发产品和服务，以有效地满足潜在的需求。

(4) 下降需求（重振）状况

下降需求指任何一个组织迟早都会面对的一种或几种产品需求下降的情况。市场营销者必须分析需求下降的原因，并判断通过改变产品特性、寻找新的目标市场或加强有效沟通等手段可否重新刺激需求。此时，市场营销管理的任务是改变、重振市场营销，通过创造性的再营销，力挽狂澜，扭转需求下降的局面。

(5) 不规则需求（协调）状况

不规则需求是指某些物品或服务的市场需求在一年不同季节或一周不同的日子甚至一天不同的时段，上下波动很大的一种需求状况。比如，娱乐场所和购物中心平日门可罗雀，而周末人满为患。此时，市场营销管理的任务是协调市场营销，即通过灵活的定价、促销和其他激励方法来改变需求模式，使之协调化。

(6) 充分需求（维持）状况

某种物品或服务的目前需求水平和时间等于预期的需求水平和时间，这是企业最理想的一种需求状况，即当企业的业务量达到满意程度时，所面临的就是充分需求。此时，市场营销管理的任务是维持市场营销，面对客户偏好的改变和竞争的加剧，设法保持现有的需求水平。同时组织必须不断提高自己的产品质量，并密切关注客户的满意程度，以确保具有良好的营销效果。

(7) 过量需求（降低）状况

过量需求是指有些组织所面临的需求水平超出了他们的预期，某种物品或服务的市场需求超过了企业所能提供或所愿提供的水平。此时，市场营销管理的任务是寻找暂时或永久地减少需求的方法，如提价、减少促销手段或服务等。

(8) 有害需求（消灭）状况

有害需求指的是市场对某些有害物质或服务的需求。有害的产品如烟、酒、毒品、色情电影等，会引起组织做出反对其消费的努力。此时，市场营销管理的任务是反市场营销，使嗜好有害产品的公众戒掉它们，可用的方法有宣传其危害、提价、减少购买机会等。

三、市场营销管理哲学

企业的市场营销活动是在特定的市场营销哲学或经营观念指导下进行的。

所谓市场营销管理哲学，就是企业在开展市场营销活动的过程中，在处理企业、客户和社会三者利益方面所持有的态度、思想和观念。菲利普·科特勒把企业的市场营销哲学归纳为六种，即生产观念、产品观念、推销观念、市场营销观念、社会市场营销观念和全面营销观念。其中，前三者被称为传统观念。这些观念是随着卖方市场向买方市场转化而形成的。

1. 生产观念

生产观念是一种传统的经营思想，在供给相对不足、卖方市场竞争有限的条件下一直支配着企业的生产经营活动。生产观念的核心是以生产者为中心，企业以客户买得到和买得起产品为假设的出发点，因此，企业的主要任务是扩大生产经营规模，增加供给并努力降低成本和售价。在近现代工业发展史上，在这种经营观念指导下，不少企业获得过成功。但是，在客观环境和市场状态变化以后，固守这种观念就会使企业逐渐走向衰亡。显然，生产观念是一种重生产、轻市场营销的商业哲学。

除了物资短缺、产品供不应求的情况之外，有些企业在产品成本高的条件下，其市场营销管理也受生产观念支配。例如，亨利·福特在20世纪初期曾倾全力于汽车的大规模生产，努力降低成本，使客户买得起，借以提高福特汽车的市场占有率。

（1）生产观念的特点

1）企业将主要精力放在产品的生产上。追求高效率、大批量、低成本；产品品种单一、周期长。

2）企业对市场的关心，主要表现在关心市场上产品的有无和产品的多少，而不是市场上客户的需求。

3）企业管理中以生产部门为主要部门。

（2）适用生产观念的情况

1）物资短缺条件下，市场商品供不应求时。

2）由于成本过高而导致产品的市场价格居高不下时。

2. 产品观念

产品观念是指企业不是通过市场分析开发相应的产品和品种，而是把提高质量、降低成本作为一切活动的中心，并以此扩大销售，取得利润的经营指导思想。产品观念认为，客户最喜欢高质量、多功能和具有某种特色的产品，企业应致力于生产高附加值产品，并不断加以改进。

产品观念的缺点为：以生产为中心，不注重市场需求，不注重产品销售。最容易滋生产品观念的场合，莫过于当企业发明一项新产品时，此时企业最容易导致"市场营销近视"，即不适当地把注意力放在产品上，而不是放在市场需求上，在市场营销管理中缺乏远见，只看到自己的产品质量好，看不到市场需求在变化，致使企业经营陷入困境，这也是生产观念的后期表现。

产品观念产生并适用于市场产品供不应求的"卖方市场"形势。

3. 推销观念

推销观念（销售观念）是被许多企业所采用的另一种观念。这种观念认为，客户通常表现出一种购买惰性或抗衡心理，如果顺其自然，客户一般不会具有足量购买某一企业的产品的欲望，因此，企业必须积极推销和大力促销，以刺激客户大量购买本企业产品。推销观念在现代市场经济条件下被大量用于那些非渴求物品，即购买者一般不会想到要去购买的产品或服务。许多企业在产品过剩时，也常常奉行推销观念。

推销观念产生于西方国家内"卖方市场"向"买方市场"的过渡阶段。在1920—1945年间，由于科学技术的进步，科学管理和大规模生产的推广，产品质量迅速提高，逐渐出现了市场商品供过于求，卖主之间竞争激烈的新形势。许多企业家感到：即使有物美价廉的产品，也未必能卖得出去。企业要在日益激烈的市场竞争中求得生存和发展，就必须重视推销工作。

4. 市场营销观念

（1）市场营销观念的含义

市场营销观念是作为对上述诸观念的挑战而出现的一种新型的企业经营哲学。尽管这种思想由来已久，但其核心原则直到20世纪50年代中期才基本定型。

市场营销观念认为，实现企业各项目标的关键，在于能否正确确定目标市场的需要和欲望，并且比竞争者更有效地传送目标市场所期望的物品或服务，进而比竞争者更有效地满足目标市场的需要和欲望。

西奥多·莱维特曾对推销观念和市场营销观念作过深刻的比较，并指出：推销观念注重卖方需要，市场营销观念则注重买方需要。推销观念以卖主需要为出发点，考虑如何把产品变成现金，而市场营销观念则考虑如何通过制造、传送产品及与最终消费产品有关的所有事物，来满足客户的需要。

（2）市场营销观念与客户让渡价值

在现代市场营销观念指导下，企业应致力于客户服务和客户满意，而要实现客户满意，需要从多方面开展工作，并非人们所想象的"只要价格低，则万事大吉"。事实上，客户在选择卖主时，价格只是要考虑的因素之一，客户真正看重的是"客户让渡价值"。

客户让渡价值是指客户总价值与客户总成本之间的差额，客户总价值是指客户购买某一产品与服务所期望获得的一组利益，包括产品价值、服务价值、人员价值和形象价值等。客户总成本是指客户为购买某一产品所耗费的时间、精神、体力及所支付的货币资金等,即客户总成本包括时间成本、精神成本、体力成本和货币成本等。

由于客户在购买产品时,总希望在把总成本降到最低限度的同时获得更多实际利益,以便最大限度地满足自己的需要。为此,客户在选购产品时,往往从价值与成本两个方面进行比较分析,并从中选择出价值最高、成本最低,即客户让渡价值最大的产品作为优先选购的对象。

企业为客户提供更多的让渡价值,可从以下两个方面改进自己的工作。

一是通过改进产品、服务、人员与形象,提高产品的总价值。

二是通过降低生产与销售成本,减少客户购买产品的时间、精神与体力的耗费,从而降低货币成本。

(3) 市场营销观念与客户满意

进入20世纪90年代,日、美等西方国家纷纷提出了CS营销战略。CS是英语customer satisfaction的缩写,意为"客户满意"。它考虑问题的起点是客户,CS要建立的是企业为客户服务,使客户感到满意的系统。

构成CS营销战略的主要思想和观念方法,很早以前就有企业在无意中运用过,而CS成为一种潮流则出现于20世纪90年代。CS营销战略中最重要的就是要站在客户的立场上考虑和解决问题,要把客户的需要和满意放到一切考虑因素之首。这一点说起来容易,做起来却很难。而能否真正做到这一点,则是CS营销战略能否取得成功的关键所在。企业实施CS营销战略,主要应从以下几个方面入手:

1) 开发出客户满意的产品。CS营销战略要求企业的全部经营活动都要以满足客户的需要为出发点,所以企业必须熟悉客户、了解用户,既要调查他们的现实和潜在的需求,分析他们购买的动机和行为、能力及水平,又要研究他们的消费传统和习惯、兴趣及爱好。只有这样企业才能科学地确定产品的开发方向和生产数量,准确地选择服务的具体内容和重点对象。把客户需求作为企业开发产品的源头是CS营销战略中较重要的一环。比如,夏普电器公司通过调查统计发现,购买该公司微波炉的老年客户仅占客户总人数的1/3,其原因是他们觉得该公司生产的微波炉的操作十分复杂。因此,该公司为微波炉增设了一块易于操作的控制面板。此后,购买这种微波炉的老年客户日趋增多。

2) 提供客户满意的服务。即不断完善服务系统,最大限度地使客户感到安心和便利。为此,需做好以下工作。

① 在价格方面,要力求价格公平、明码标价、优质优价和基本稳定。

②在包装方面，一是要安全，二是要方便，不要让客户使用商品时感到不方便、不称心。

③在经营方面，要足斤足尺，童叟无欺。

④在售后服务方面，一要上门访问，二要帮助安装，三要传授使用技术，四要提供零件、配件，帮助维修。

进行 CS 观念教育。即对企业全体员工进行 CS 观念教育，使"客户第一"的观念深入人心，使全体员工能真正了解和认识到 CS 行动的重要性，并形成与此相适应的企业文化，即一种对客户充满爱心的观念和价值观。

建立 CS 分析方法体系。即用科学的方法和手段来检测客户对企业产品和服务的满意程度，及时反馈给企业管理层，为企业不断改进工作提供指导，使其能及时、真正地满足客户的需要。

(4) "4P"到"4C"的营销观念变革

由于这四个名词产品（product）、价格（price）、地点（place）和促销（promotion），的英文字头都是 P，所以市场营销组合又称为 4P 组合。

其中"产品"代表企业提供给目标市场的物品和服务的组合，包括产品质量、外观、买卖权（即在合同规定期间内按照规定的价格买卖某种物品和服务的权利）、式样、品牌名称、包装、尺码或型号、服务、保证及退货等。

"价格"代表客户购买商品时的价格，包括价目表所列的价格（list price）、折扣（discount）、折让（allowances）、支付期限及信用条件等。

"地点"代表企业使其产品可进入和到达目标市场（或目标客户）所进行的各种活动，包括渠道选择、仓储及运输等。

"促销"代表企业宣传介绍其产品的优点和说服目标客户来购买其产品所进行的种种活动，包括广告、宣传、促销、人员推销等。

这种 4P 理论认为企业只要围绕 4P 制定灵活的营销组合，产品销售就有了保证。但是，随着经济的发展，市场营销环境发生了很大变化，消费个性化、人文化、多样化特征日益突出，传统的 4P 理论已不能适应新的发展需要。4C 理论是由美国营销专家劳特朋教授在 1990 年提出的，它以客户需求为导向，重新设定了市场营销组合的 4 个基本要素：客户（consumer）、成本（cost）、便利（convenience）和沟通（communication）。它强调企业首先应该把追求客户满意放在第一位，其次是努力降低客户的购买成本，然后要充分注意到客户购买过程中的便利性，而不是从企业的角度来决定销售渠道策略，最后还应以客户为中心实施有效的营销沟通。与产品导向的 4P 理论相比，4C 理论有了很大的进步和发展，它重视客户导向，以追求客户满意为目标，这实际上是当今客户在营销中越来越居主导地位的市场对企业的必然要求。

1）客户。4C理论认为，客户是企业一切经营活动的核心，企业重视客户要甚于重视产品。这主要体现在两个方面：创造客户比开发产品更重要；客户需求和欲望的满足比产品功能更重要。

2）成本。4C理论将营销价格因素延伸为生产经营全过程的成本，包括企业生产成本和客户购物成本。

企业生产成本，即企业生产适合客户需要的产品成本。价格是企业营销中值得重视的因素，但价格归根结底由生产成本决定，再低的价格也不可能低于成本。

客户购物成本。不单是指购物的货币支出，还包括购物的时间花费、体力和精神耗费及风险承担（指客户可能承担的因购买到质价不符或假冒伪劣产品而带来的损失）。

3）便利。4C理论强调企业提供给客户的便利比营销渠道更重要。便利，就是方便客户，维护客户利益，为客户提供全方位的服务。便利原则应贯穿于营销的全过程。在产品销售前，企业应及时向客户提供充分的关于产品性能、质量、使用方法及使用效果的准确信息；客户前来购买商品，企业应给予客户最大的购物方便，如自由挑选、方便停车、免费送货等；产品售出以后，企业更应重视信息反馈，及时答复、处理客户意见，对有问题的商品要主动包退包换，对产品使用故障要积极提供维修方便。对大件商品甚至要终身保修。

4）沟通。4C理论用沟通取代促销，强调企业应重视与客户的双向沟通，以积极的方式适应客户的情感，建立基于共同利益之上的新型企业与客户关系。例如，格朗普斯认为，企业营销不仅仅是企业提出承诺，单向劝导客户，购买更重要的是追求企业与客户的共同利益，"互利的交换与承诺的实现是同等重要的"；同时，强调双向沟通，有利于协调矛盾，融合感情，培养忠实的客户，而忠实的客户既是企业稳定的客户，也是企业最理想的推销者。

5. 社会市场营销观念

（1）社会市场营销观念的提出

社会市场营销观念是对市场营销观念的修改和补充，它产生于20世纪70年代西方资本主义国家出现能源短缺、通货膨胀、失业增加、环境污染严重、客户保护运动盛行的新形势下。1971年，杰拉尔德·蔡尔曼和菲利普·科特勒最早提出了"社会市场营销"的概念，促使人们将市场营销原理运用于保护环境、计划生育、改善营养、使用安全带等具有重大推广意义的社会目标方面。

鉴于市场营销观念回避了客户需要、客户利益和长期社会福利之间隐含着冲突的现实，因此，社会市场营销观念提出，企业的任务是确定各个目标市场的需要、欲望和利益，并以保护或提高客户和社会福利的方式，比竞争者更有效、更有利地向目标市场提供能够满足其需要、欲望和利益的物品或服务。社会市场营销观念要求市场营销者在制定市场营销政策时要统筹兼顾三方面的利益，即企业利润、客户需要的满足和社会利益。

（2）宏观市场营销的含义

伴随着对保护消费者权益和保护生态环境等社会问题的普遍关注，学术界日益注意市场营销的宏观效果，更加强调宏观市场营销问题。宏观市场营销与微观市场营销的差异在于：前者指引导经济物品从生产者流转到消费者，有效地使供给与需求相适应，以促进社会目标实现的社会经济过程；后者指一个企业或组织为实现其目标而预测客户需要，并引导满足需要的物品从生产者流转到客户的经营活动过程。前者强调社会福利，后者强调企业或组织福利。

（3）绿色市场营销的兴起

所谓绿色市场营销，是指企业在市场营销中要重视保护地球生态环境，防治污染以保护环境，充分利用并回收再生资源以造福后代。绿色市场营销问题是全球范围内跨国界经营的又一新的热点问题。

1987年联合国环境与发展委员会发表了《我们共同的未来》的宣言，促使"绿色市场营销"观念的萌芽。

1992年联合国环境与发展大会通过的《21世纪议程》中强调："要不断改变现行政策，实行生态与经济的协调发展"，为绿色市场营销理论的形成奠定了基础。

英国威尔斯大学肯·毕泰教授在其著作《绿色市场营销——化危机为商机的经营趋势》一书中指出："绿色市场营销是一种能辨识、预期及符合客户与社会需求，并且可带来利润及永续经营的管理过程。"

这里需强调两个主要观念：首先，企业所服务的对象不仅是客户，还包括整个社会；其次，市场营销过程的永续性一方面需依赖环境不断提供市场营销所需的资源，另一方面还要求能持续地吸收营销所带来的产物。作者认为，企业市场营销的目的是求得企业、环境与社会的和谐均衡共生。

6. 全面营销观念

全面营销（holistic marketing）被认为是21世纪更完善、更有力的营销方式。全面营销是一种基于对营销项目、过程和活动的广泛性和互相依赖性的认识，发展、设计和运用营销项目、过程和活动的观念。全面营销认为，营销应贯穿于"事情的各个方面"（涉及整合营销、关系营销、内部营销和社会责任营销共4个方面），往往需要一种广泛的整合视角。因此，全面营销旨在使企业理解营销活动的范围和复杂性，并使企业与之相适应。图4—1概括地描述了刻画全面营销特征的四个宽泛性主题：关系营销、整合营销、内部营销和社会责任营销。

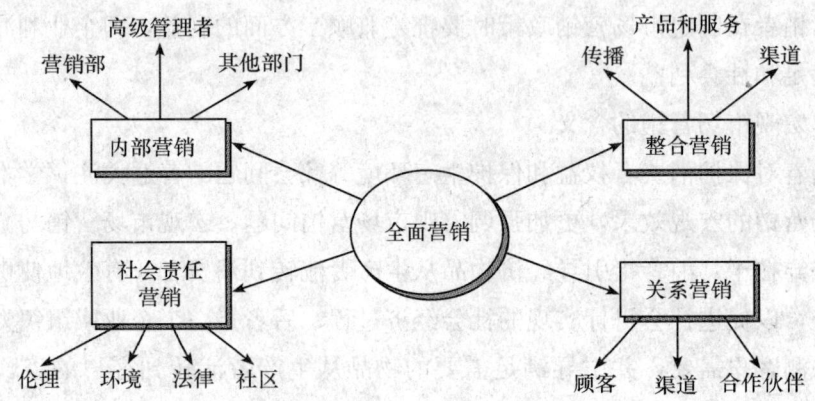

图4—1　全面营销的维度

(1) 整合营销

整合营销是以整合企业内外部资源为手段，重组再造企业的经营行为，充分调动一切积极因素，以实现企业目标的全面、一致化的营销。对于整合要素的研究，20世纪50年代的麦卡锡提出了4PS（即产品、价格、渠道和促进）营销组合理论。1990年，美国企业营销专家罗伯特·劳特伯恩教授提出了4CS营销组合理论，4C即消费者的欲望和需求（consumer wants and needs），消费者获取满足的成本（cost），消费者购买的方便性（convenience），企业与消费者的有效沟通（communication）。1990年唐·舒尔茨从传播的视角提出了整合营销传播理论。2006年菲利普·科特勒提出了由供给组合（产品、服务、价格）、促销组合、分销渠道、目标顾客组成的营销组合模式，认为在设计和执行任何一种营销活动时，营销者要同时考虑所有其他活动。企业应整合自己的系统进行需求管理、资源管理和网络管理。

(2) 关系营销

与所有直接或间接影响企业营销活动成败的人士、组织建立深入、持久的关系，日益成为营销的主要目标。1985年巴巴拉·本德·杰克逊提出关系营销的概念，他认为："关系营销是企业与关键成员（顾客、供应商、分销商）建立长期满意的关系，以保持长期的业务和绩效的活动过程。"随后，学者们从不同角度对利益相关的"关键成员"进行了研究，提出了多重关系。如科特勒认为关系营销的四个关键伙伴是顾客、员工、营销伙伴（渠道、供应商、分销商、经销商和代理商）以及金融界人士（股东、投资人、分析师）。关系营销的最终成果是营销网络，由企业和所有与公司利益相关者（包括：顾客、员工、供应商、分销商、零售商、广告代理人、大客户及其他人）所形成的建立了互惠互利的业务伙伴关系网络。

（3）内部营销

精明的营销者意识到，内部营销与外部营销同样重要，甚至更为重要。Berry（1981）将内部营销定义为："内部营销是指将雇员当做顾客，将工作当做产品，在满足内部顾客需要的同时实现组织目标。"即内部营销的目的是"激励雇员，并且使其具有顾客导向观念"。内部营销不仅要将员工个体当做顾客，而且要考虑高层管理者以及与其他职能部门之间的协调。

（4）社会营销

营销不仅要从微观角度注重消费者利益、企业利益，而且要从宏观角度注重社会利益，注重企业的社会责任。在营销中要遵守法律法规、注重营销道德、注重对生态环境的保护、注重为所在社区的发展作贡献。

第2节 市场营销管理过程

所谓市场营销管理过程，就是企业为实现其任务和目标而发现、分析、选择和利用市场机会的管理过程。更具体地说，市场营销管理过程包括以下步骤：分析市场机会、选择目标市场和市场定位、设计市场营销组合、管理市场营销活动。

一、分析市场机会

市场营销学认为，寻找、分析和评价市场机会，是市场营销管理人员的主要任务，也是市场营销管理过程的首要步骤。在现代市场经济条件下，由于市场需要不断变化，任何产品都有其生命周期，因此，任何企业都不能永远依靠其现有产品过日子。正因为这样，每一个企业都必须经常寻找、发现新的市场机会。市场营销管理人员可采取以下方法寻找、发现市场机会。

1. 收集市场信息

市场营销管理人员可以通过经常阅读报纸、参加展销会、研究竞争者的产品、召开献计献策会、调查研究客户的需要等来寻找、发现或识别未满足的需要和新的市场机会。

2. 分析产品/市场发展矩阵

市场营销管理人员也可利用产品/市场发展矩阵来寻找、发现经济增长机会。例如，某化妆品公司的市场营销管理人员可以考虑是否采取一些措施，在现有市场上扩大香波产品的销售（市场渗透），或者考虑是否采取一些措施，在国外市场扩大香波产品的销售（市场开发），还可以考虑是否可以向现有市场提供发胶，或者改进香波的包装、成分等，以满足市场的需要，扩大销售（产品开发），甚至可以考虑是否投入服装、家用电器等行业，跨行业经营多种多样的业务（多元化增长）。经验证明，这是企业寻找、发现市场机会的一种很有用的方法。

3. 进行市场细分

即便是资金雄厚的大公司，也不可能为所有类型的客户提供满意的产品。公司若想在竞争中立于不败之地，就必须对自己的服务对象、服务区域有明确的界定。这就要求各种类型的公司结合自身的优势，来确定自己最具竞争力的细分市场，即解决好"为谁的需要服务"的问题。

在现代市场经济条件下，某种市场机会能否成为某企业的机会，不仅要看这种市场机会是否与该企业的任务和目标相一致，而且取决于该企业是否具备利用这种市场机会、经营这种业务的条件，取决于该企业是否在利用这种市场机会、经营这种业务上比其潜在的竞争者有更大的优势，因而能享有更大的"差别利益"。

市场细分的概念是美国市场学家温德尔·史密斯（Wendell R. Smith）于1956年提出来的。它是第二次世界大战结束后，美国众多产品市场由卖方市场转化为买方市场这一新的市场形式下企业营销思想和营销战略的新发展，更是企业贯彻以消费者为中心的现代市场营销观念的必然产物。作为现代市场营销思想的一个突破，这一概念一经提出，很快受到学术界的重视和企业界的广泛应用，目前，市场细分已经成为现代市场营销学的重要理论之一。

所谓市场细分，就是从消费者需求的差异性出发，把消费者市场划分为具有类似性的若干不同的购买群体——子市场及亚市场，使企业可以从中认定目标市场的过程和策略。按照营销大师科特勒的形象比喻，进行目标营销，为不同细分市场制定不同产品和营销方案的企业采取的不是分散营销的方式（散弹式），而是把营销集中在具有最大购买兴趣的买主身上（精确制导）。因此，市场细分就是指按照消费者欲望与需求，把一个总体市场划分成若干个具有共同特征的子市场的过程。

二、选择目标市场和市场定位

市场营销管理人员在发现和评价市场机会以及选择目标市场的过程中，除了要广泛地分析研究市场营销环境和大体了解客户市场、生产者市场、转卖者市场和政府市场之外，还要进行市场营销研究和信息收集工作、市场测量和市场预测工作，据以决定企业应当生产经营哪些新产品，决定企业应当以哪个或哪些市场为目标市场。在进行了项目本体分析和竞争项目对比分析并预测了各细分市场的需求量之后，就可以确定项目的优势所在，同时依据确定的项目目标（如争取最大的利润、争取大的市场份额、谋求品牌形象、争取较快的销售速度），选择项目的目标细分市场，确定选择到底进入哪个细分市场，也就是进行市场定位。有效的目标市场营销要求营销者做到：①依据需求和偏好的差异辨别和勾勒不同的购买者群体（市场细分）；②选择进入一个或多个细分市场（确立目标市场）；③对每个目标市场建立和传播企业市场供应品的独特利益（市场定位）。

企业可参考 5 种选择目标市场的模式作出取舍：①"产品—市场"集中化模式，指企业针对某个细分市场推出同一种产品，这种模式虽然可以充分深入了解细分市场的顾客需求，但也存在该细分市场不景气的风险；②选择性专业化模式，即企业选择进入若干个很少或者没有协同关系的细分市场，每个细分市场客观上都具备吸引力且符合企业特点，该种模式可以较大程度地分散企业风险；③产品专业化模式，即企业生产同种产品，销往不同的细分市场；④市场专业化模式，即企业专注于某一特定顾客群体多方面的需求；⑤完全市场覆盖，企业试图为所有顾客提供其所需的全部产品，只有大型企业才有可能采取这种模式。

三、设计市场营销组合

市场营销组合是企业市场营销战略的一个重要组成部分。麦肯锡曾指出，企业的市场营销战略包括两个不同而又互相关联的部分：一是目标市场，即一家公司拟投其所好的、颇为相似的客户群；二是市场营销组合，即公司为了满足这个目标客户群的需要而加以组合的可控制的变量。

1. 市场营销组合的构成

市场营销组合是现代市场营销理论中的一个重要概念。市场营销组合中所包含的可控制的变量可概括为四个基本变量，即产品、价格、地点和促销，由于这 4 个名词的英文字头都是 P，所以市场营销组合又称为 4P 组合。

2. 市场营销组合的特点

（1）市场营销组合的因素不是"可控因素"

企业根据目标市场的需要，可以决定自己的产品结构、制定产品价格、选择分销渠道（地点）和促销方法等，对这些市场营销手段的运用和搭配，企业有自主权。但这种自主权是相对的，因为企业市场营销过程不但要受本身资源和目标的制约，而且要受各种微观和宏观环境因素的影响和制约，这些是企业所不可控制的变量，即"不可控因素"。因此，市场营销管理人员的任务就是适当安排市场营销组合，使之与不可控制的环境因素相适应，这是企业市场营销能否成功的关键。

（2）市场营销组合是一个复合结构

四个"P"之中又各自包含若干小的因素，形成各个"P"的亚组合。因此，市场营销组合是至少包括两个层次的复合结构。企业在确定市场营销组合时，不但应求得四个"P"之间的最佳搭配，而且要注意安排好每个P内部的搭配，使所有这些因素达到灵活运用和有效组合。

（3）市场营销组合又是一个动态组合

每一个组合因素都是不断变化的，是一个变量，同时又是互相影响的，每个因素都是另一因素的潜在替代者。在四个大的变量中，又各自包含着若干小的变量，每一个变量的变动都会引起整个市场营销组合的变化，形成一个新的组合。

（4）市场营销组合是整体发挥作用的

市场营销组合的作用不是每一个构成要素所发生作用的简单相加的结果，由于各个因素的相互配合作用，会使协同作战所产生的整体效能超过每一个因素各自单独作用产生效果的总和，这就是系统的整体作用。

四、管理市场营销活动

企业市场营销管理过程的第四个主要步骤是管理市场营销活动，即执行和控制市场营销计划。这是整个市场营销管理过程的一个关键性的、极其重要的步骤。因为企业制订市场营销计划不是纸上谈兵，而是为了指导企业的市场营销活动，实现企业的战略任务和目标。彼得·杜拉克说过："计划等于零，除非它变成工作"。因此，制订市场营销计划仅仅是市场营销管理工作的开始。企业制订市场营销计划之后，还要花很大力气执行和控制市场营销计划。

第3节　市场营销策略组合

市场营销策略是企业以顾客需要为出发点,根据经验获得顾客需求量以及购买力的信息、商业界的期望值,有计划地组织各项经营活动,通过相互协调一致的产品策略、价格策略、渠道策略和促销策略,为顾客提供满意的商品和服务而实现企业目标的过程。

一、产品策略

1. 产品组合策略

（1）产品整体概念

所谓产品,是指能提供给市场,用于满足人们某种欲望和需要的任何事物,包括实物、服务、场所、组织、思想及主意等。产品整体概念包含核心产品、有形产品和附加产品三个层次。

1）核心产品是指客户购买某种产品时所追求的利益,是客户真正要买的东西,即产品的使用价值。例如,对于洗衣机,客户要购买的是"方便、快捷、干净";对于电影院,客户要购买的就是娱乐。客户购买某种产品,并不是为了占有或获得产品本身,而是为了获得能满足某种需要的效用或利益,因而在产品整体概念中核心产品也是最基本、最主要的部分。

2）有形产品是核心产品的载体,即向市场提供的实体和服务的形象及外观。例如,对于洗衣机,其有形产品就是其产品质量、外观式样、品牌名称和包装;对于电影院,则指其是一个包含有很多坐椅及放映设施的建筑物;对房地产产品则是指房地产的区位、质量、外观造型与建筑风格、建筑材料、色调、名称、建筑结构与平面布局、室外环境等。产品的基本效用必须通过某些具体的形式才能得以实现。市场营销者应首先着眼于客户购买产品时所追求的利益,以求更完美地满足客户的需要,从这一点出发再去寻求利益得以实现的形式,进行产品设计。

3）附加产品是指客户购买有形产品时所获得的全部附加服务和利益,包括提供信贷、免费送货、保证、安装、售后服务等。附加产品的概念来源于对市场需要的深入认识。因为购买者的目的是为了满足某种需要,因而他们希望得到与满足该项需要有关的一切。

随着技术革命的发展,现代工业产品日趋复杂,客户在使用产品时,普遍要求企业提供有关的技术指导、维修保养及各种服务,附加产品也成为企业竞争的重要手段。美国学者西奥多·莱维特曾经指出:新的竞争不是发生在各个公司的工厂生产什么产品,而是发生在其产品能提供何种附加利益(如包装、服务、广告、客户咨询、融资、送货、仓储及具有其他价值的形式)。

产品整体概念是对市场经济条件下产品概念的完整、系统、科学的表述。它对市场营销管理的意义表现在:它是以客户基本利益为核心,指导整个市场营销管理活动,是企业贯彻市场营销观念的基础。企业市场营销管理的根本目的就是要保证客户的基本利益。客户购买电视机是希望业余时间充实和快乐,购买计算机是为了提高生产和管理效率,购买服装是要满足舒适、风度和美感的要求等,购买房地产是为了住得舒适和体面。概括起来,客户追求的基本利益大致包括功能和非功能两个方面的要求。客户对前者的要求是出于实际使用的需要,而对后者的要求则往往是出于社会心理动机。而且,这两方面的需要又往往交织在一起,并且非功能需求所占的比例越来越大。而产品整体概念,正是明确地向产品的生产经营者指出,要竭尽全力地通过有形产品和附加产品去满足核心产品所包含的一切功能和非功能的要求,充分满足客户的需求。可以断言,不懂得产品整体概念的企业不可能真正贯彻市场营销观念。

只有通过产品三个层次的最佳组合才能确立产品的市场地位。营销人员要把对客户提供的各种服务看做是产品实体的统一体。在今天的社会中,科学技术以更快的速度扩散,客户对切身利益的关切度不断提高,使得营销者的产品越来越难以以独特形式出现,营销者产品的整体效果越来越多地成为客户确认自己喜爱和满意产品的依据。比如,国内客户在购买家电产品时,往往对有两层包装纸盒的产品(双包装产品)更为相信;对于不少缺乏电器专业知识的客户来说,判别家电产品质量的可靠性,往往是以包装好坏作为依据。对于营销者来说,产品越能以一种客户易觉察的形式来体现客户购物选择时所关心的因素,越能获得好的产品形象,进而确立有利的市场地位。

(2)产品因素

产品是多种因素的组合体,一般包含以下诸因素:质量、体积、容差、标准、测量单位、样式、颜色、口味、牌子、商标、包装、产品手册、交货期、信用及服务等。

(3)产品组合策略

产品组合是指企业生产经营各种不同类型产品之间质的组合和量的比例。产品组合由全部产品线和产品项目构成。产品线是指产品在技术上和结构上密切相关,具有相同的使用功能，规格不同而满足同类需求的一组产品。如雅芳化妆品公司的产品线有化妆品、珠宝首饰和家常用品三条。产品项目是指产品线内不同品种、规格、质量和价格的特定产品。很多企业都拥有众多的产品项目，如雅芳化妆品公司有 1300 个以上的产品项目，而通用电器公司则有 25 万个产品项目。

产品组合受宽度、长度、深度和关联性的制约。产品组合宽度指企业拥有的不同产品线的数目。产品组合长度指每条产品线内不同规格的产品项目的数量。产品组合深度是指产品线上平均具有的产品项目数。产品组合关联性则是指企业各条产品线在最终用途、生产条件、分配渠道或其他方面的密切相关程度。产品组合的宽度越大，说明企业的产品线越多；反之，宽度越窄，则产品线越少。同样，产品组合的深度越大，企业产品的规格、品种就越多；反之，深度越浅，则产品就越少。产品组合的深度越浅，宽度就越窄，则产品组合的关联性越大；反之，则关联性越小。

产品组合的宽度、长度、深度和关联性对企业的营销活动会产生重大影响。一般而言，增加产品组合的宽度，即增加产品线和扩大经营范围，可以使企业获得新的发展机会，更充分地利用企业的各种资源，也可以分散企业的投资风险。增加产品组合的长度和深度，会使各产品线具有更多规格、型号和花色的产品，更好地满足客户的不同需要与爱好，增强企业竞争力。增加产品组合的关联性，则可发挥企业在其擅长领域的资源优势，避免进入不熟悉行业可能带来的经营风险。因此，产品组合策略就是企业根据市场需求、竞争形势和企业自身能力对产品组合的宽度、长度、深度和关联性方面制定的策略。

优化产品组合，可依据不同情况采取以下策略。

1) 扩大产品组合。扩大产品组合策略是开拓产品组合的广度和加强产品组合的深度。开拓产品组合广度是指增添一条或几条产品线，扩展产品经营范围；加强产品组合深度是指在原有的产品线内增加新的产品项目。预测现有产品线的销售额和营利率在未来可能下降时，就须考虑在现有产品组合中增加新的产品线，或加强其中有发展潜力的产品线。

2) 缩减产品组合。市场繁荣时期，较长、较宽的产品组合会为企业带来更多的营利机会。但是在市场不景气或原材料、能源供应紧张时期，缩减产品线反而能使总利润上升，因为剔除那些获利小甚至亏损的产品线或产品项目，企业可集中力量发展获利多的产品线和产品项目。

3) 产品线延伸策略。总体来看，每一企业的产品线只占所属行业整体范围的一部分，每一产品都有特定的市场定位。例如，宝马汽车公司（BMW）所生产的汽车在整个汽车市场上属于中高档价格范围。当一个企业把自己的产品线长度延伸至超过现有范围时，就称为产品线延伸。具体有向下延伸、向上延伸和双向延伸三种实现方式。

①向下延伸是指在高档产品线中增加低档产品项目。实行这一策略需要具备以下市场条件之一：利用高档名牌产品的声誉，吸引购买力水平较低的客户慕名购买此产品线中的廉价产品；高档产品销售增长缓慢，企业的资源设备没有得到充分利用，为赢得更多的客户，将产品线向下伸展；企业最初进入高档产品市场的目的是建立品牌信誉，然后再进入中、低档市场，以扩大市场占有率和销售增长率；补充企业的产品线空白。实行这种策略也有一定的风险，如果处理不慎，会影响企业原有产品特别是名牌产品的市场形象，而且也有可能激发更激烈的竞争对抗。

②向上延伸是指在原有的产品线内增加高档产品项目。实行这一策略的主要目的是：高档产品市场具有较大的潜在成长率和较高利润率的吸引；企业的技术设备和营销能力已具备加入高档产品市场的条件；企业要重新进行产品线定位。采用这一策略也要承担一定的风险，要改变产品在客户心目中的地位是相当困难的，如果处理不慎，还会影响原有产品的市场声誉。

③双向延伸，即原定位于中档产品市场的企业掌握了市场优势以后，向产品线的上、下两个方向延伸。

2. 品牌策略

策略是企业经营自身产品（含服务）决策的重要组成部分，是指企业依据自身状况和市场情况，合理、有效地运用品牌商标的策略。

（1）品牌传播的步骤

1）我是谁（who），即让客户记住品牌名称，这是打造品牌知名度阶段。在这一阶段，企业通过各种媒体宣传、传播推广，使客户了解品牌的基本概况，认识品牌的实力。

2）我能做什么（what），即让客户知道你的优势，你与众不同有别于竞争对手的地方，如非同一般的品质、领先于对手的技术性能、新颖时尚的产品外观等，这是打造美誉度阶段。在这一阶段要求企业不断推出差异化的新品，不断创新模式，给客户留下深刻的印象。

（2）品牌策略的分类

1）统一品牌策略。统一品牌策略是指企业将经营的所有系列产品使用同一品牌的策略。使用统一品牌策略，有利于建立"企业识别系统"。这种策略可以降低推广新产品的成本，节省大量广告费用。如果企业声誉甚佳，新产品销售势头必将强劲，利用统一品牌是推出新产品最简便的方法。采用这种策略的企业必须严格控制所有产品的质量,以维护品牌声誉。

2) 个别品牌策略。个别品牌策略是指企业对各种不同产品分别采用不同的品牌。这种策略的优点是,可以把个别产品的成败同企业的声誉分开,不至于因个别产品信誉不佳而影响其他产品,不会对企业整体形象造成不良后果。但实行这种策略,企业的广告费用开支很大。最好先打出企业品牌,以企业品牌带动个别品牌。

3) 扩展品牌策略。扩展品牌策略是指企业利用市场上已有一定声誉的品牌,推出改进型产品或新产品。采用这种策略,既能节省推广费用,又能迅速打开产品销路。这种策略的实施有一个前提,即扩展的品牌在市场上已有较高的声誉,扩展的产品也必须是与之相适应的优良产品;否则,会影响产品的销售或降低已有品牌的声誉。

4) 品牌创新策略。品牌创新策略是指企业改进或合并原有品牌而设立新品牌的策略。品牌创新有两种方式:一是渐变,使新品牌与旧品牌造型接近,随着市场的发展而逐步改变品牌,以适应客户的心理变化。这种方式花费很少,又可保持原有声誉;二是突变,彻底舍弃原有品牌,采用最新设计的全新品牌。这种方式能引起客户的兴趣,但需要大量广告费用支持新品牌的宣传。

3. 包装策略

产品包装的作用在于保护产品本身、方便客户使用、美化产品、增加产品的附加值和促进销售等。合理的产品包装策略,对企业的产品营销活动有着十分重要的影响。

(1) 类似包装策略

类似包装策略是指企业所生产经营的各种产品在包装上采用相同的图案、色彩或其他共有特征,从而使整个包装外形相类似,使人容易注意到这是同一家企业生产的产品。这种策略的主要优点是:可以节省包装设计成本;能增强企业声势、提高企业声誉,一系列格调统一的产品包装势必会使客户受到反复的视觉冲击而留下深刻的印象;有利于新产品上市,通过类似包装可以利用企业已有声誉,使新产品迅速在市场上占有一席之地。类似包装策略适用与质量水平档次类同的产品,不适于质量等级相差悬殊的产品;否则,会对高档次优质产品产生不利影响,并危及企业声誉。

(2) 等级包装策略

等级包装策略是指企业所生产经营的产品,按质量等级的不同实行不同的包装。把高档、中档、低档产品分开后,采用相应的包装,使整体产品的外形同产品的内在质量与价值相适应,对高档优质产品采用优质包装,一般产品采用普通包装,恰如其分地烘托产品内在质量,有效地树立产品形象和促进销售。

(3) 综合包装策略

综合包装策略，或称多种包装策略、配套包装策略，是指企业把互相关联的多种商品纳入一个包装容器之内同时出售。这种策略为客户购买、携带、使用和保管提供了方便，又利于企业扩大销路、推广新产品，如工具配套箱、家用各式各样药箱、百宝箱、化妆盒等都是综合产品。

(4) 再利用包装策略

再利用包装策略，又叫多用途包装策略，指在包装内的核心商品使用完毕后，其包装容器还可继续利用，可能用于购买原来的产品，也可能用作其他用途。例如，驴皮胶补血冲剂的瓷碗式包装，在补血冲剂饮完之后，剩下的瓷碗既可以盛装糖果等其他物品，也可作为儿童的玩具碗。这种策略有助于引起用户的购买兴趣，还可能促进其重复购买，发挥广告的作用。

(5) 附赠品包装策略

这是目前国外市场上比较流行的包装策略，现今在我国市场上运用有所增多。这种策略是企业在某商品的包装容器中附加一些赠品，以吸引购买者的兴趣。如儿童玩具、糖果等商品包装中附赠连环画、识字卡片，化妆品包装中附有赠券，可以选取若干不同的赠品。有些商品包装内附有奖券，中奖后可获赠奖品，诸如此类等。

(6) 改革包装策略

改革包装策略是指企业随着产品的更新和市场的变化，相应地改革包装设计。在现代市场经营中，商品包装的改进如同产品本身的改进一样，对市场营销具有重要的作用，如果与同类产品内在质量近似，而销路却不畅，有可能就是包装设计不受欢迎，此时应注意变换包装，推出有新意的包装，可能会创造出优良的销售业绩。同时应在市场上多收集有关包装表现的信息，不断改进产品包装外观，及时采用新材料、新技术，精心设计新造型，创造出新颖独特的包装来发挥包装的各种功能。

二、定价策略

价格是市场营销组合因素中十分敏感而又难以控制的因素，它直接关系着市场对产品的接受程度，影响着市场需求和企业利润的多少，涉及生产者、经营者、客户等各方面的利益。因此，定价策略是企业市场营销组合策略中一个极其重要的组成部分。

1. 影响定价的因素

影响定价的因素是多方面的，包括定价目标、成本、其他市场营销组合因素等。在此，仅对主要因素进行逐一分析研究。

(1) 定价目标

任何企业都不能凭空孤立地制定价格，而必须按照企业的目标市场战略及市场定位战略的要求来进行。假如企业管理人员决定为收入水平高的客户设计、生产一种高质量的豪华家具，这样的目标市场和定位就决定了该产品的价格要高。此外，企业管理人员还要制定一些具体的经营目标，如利润额、销售额、市场占有率等，这些都对企业定价具有重要影响。企业的每一可能价格对其利润、收入、市场占有率也均有不同的含义。假如企业要求税前利润最大化，则价格应定得较高；假如企业希望销售收入最大化，则价格应定为中等价格；假如企业希望市场占有率最大化，则应制定更低的价格。

当期利润最大化。有些企业希望制定一个能使当期利润最大化的价格。他们估计需求和成本，并据此选择一种价格，使之能产生最大的当期利润、现金流量或投资报酬率。假定企业对其产品的需求函数和成本函数有充分的了解，则借助需求函数和成本函数便可制定确保当期利润最大化的价格。

市场占有率最大化。有些企业想通过定价来控制市场的地位，即争取市场占有率最大化。企业确信赢得最高的市场占有率之后将享有最低的成本和最高的长期利润。所以，企业制定尽可能低的价格来追求市场占有率领先地位。例如企业计划在一年内将其市场占有率从10％提高到15％，为实现这一目标，企业就要制定相应的市场营销计划和价格策略。当具备下述条件之一时，企业就可考虑通过低价来实现市场占有率的提高。

1) 市场对价格高度敏感，因此，低价格能刺激需求的迅速增长。
2) 生产与分销的单位成本会随着生产经验的积累而下降。
3) 低价能吓退现有的和潜在的竞争者。

产品质量最优化。企业也可以考虑产品质量领先这样的目标，并在生产和市场营销过程中始终贯彻产品质量最优化的指导思想。这就要求用高价格来弥补高质量和研究开发的高成本。在产品优质优价的同时，还应辅之以相应的优质服务。

(2) 商品成本

任何企业都不能随心所欲地制定价格。某种产品的最高价格取决于市场需求，最低价格取决于这种产品的成本费用。从长远来看，任何产品的销售价格都必须高于成本费用，只有这样，才能以销售收入来抵偿生产成本和经营费用；否则就无法经营。因此，企业制定价格时必须首先估算成本。

(3) 市场需求

市场营销理论认为，产品的最高价格取决于产品的市场需求，最低价格取决于该产品的成本费用。在最高价格和最低价格的幅度内,企业能把产品价格定多高,则取决于竞争者同种产品的价格水平。可见,市场需求、成本费用、竞争产品价格对企业定价有着重要影响。而需求又受价格和收入变动的影响。因价格与收入等因素而引起的需求的相应变动率,就叫做需求弹性。需求弹性分为需求的收入弹性、价格弹性和交叉弹性。

(4) 产品的市场竞争环境

市场竞争也是影响价格制定的重要因素。根据竞争的程度不同,企业定价策略也会有所不同,市场竞争越激烈,对产品的价格影响就越大。按照市场竞争程度,可以分为完全竞争、不完全竞争与完全垄断三种情况。在完全竞争中,无论是买方还是卖方都不能对产品价格产生影响,企业没有定价的主动权,只能在市场既定价格下从事生产和交易。在不完全竞争情况下,企业的定价策略有比较大的回旋余地,它既要考虑竞争对象的价格策略,也要考虑本企业定价策略对竞争态势的影响。在完全垄断市场上,某种产品只是独家经营,那么其价格往往具有垄断性。

2. 定价方法

(1) 成本加成定价法

成本加成定价法就是先计算出产品的全部成本,然后再加上一定比例的利润,比如加上20%,就得到所有产品出售时的定价。这种方法的特点是先得出成本,规定一个合理的预期赢利比率,两者相加就得到售价。其计算公式为:

$$单位产品价格 = 单位产品成本 \times (1 + 加成率)$$

其中,加成率为预期利润占产品成本的百分比。

(2) 需求导向法

所谓需求导向定价,是指以需求为中心,依据买方对产品价值的理解和需求强度来定价,而非依据卖方的成本定价。根据客户的需求,灵活地运用价格差异,即对于平均成本相同的同一类产品,随需求的变化而实行差别定价,同一产品可按多种价格销售。房地产价格多采用此方法定价。

需求导向定价法中采取的另一种方法是反向定价法,指企业根据客户能够接受的最终销售价格,计算自己从事经营的成本和利润后,逆向推出产品的批发价和零售价。

(3) 随行就市法

随行就市定价法,又称流行水准定价法,它是指在市场竞争激烈的情况下,以本行业的平均价格水平为标准的定价方法。这种定价方法特别适合于完全竞争市场和寡头垄断市场。

随行就市定价法是"随大流"的定价方法，主要适用于需求弹性比较小或供求基本平衡的商品，如大米、面粉、食油及某些日常用品。在这种情况下，如果某企业把价格定高了，就会失去客户；而把价格定低了，需求和利润也不会增加，因此，企业将某产品价格保持在市场平均价格水平上，利用这样的价格来获得平均报酬。所以，随行就市法是一种较为稳妥的定价方法，也是竞争导向定价方法中广为流行的一种。

3. 定价策略分类

（1）新产品定价策略

1）撇脂定价。撇脂定价指在产品生命周期的最初阶段，把产品的价格定得很高，以攫取最大利润，犹如在鲜奶中撇取奶油。

2）渗透定价。渗透定价指企业把它的创新产品的价格定得相对较低，以吸引大量客户，提高市场占有率。

3）同行价格定价策略。同行价格定价策略指根据市场上同类产品的普遍价格制定自己产品的价格。

（2）折扣定价策略

折扣定价策略是为鼓励客户及早付清货款、大量购买或淡季购买而采取的价格调整策略，包括以下几种。

1）现金折扣。现金折扣也称付款期折扣，其目的在于鼓励购买者尽早付款，以加速企业资金周转。购买者如以现金付款或提前付款，可以在原商品价格的基础上享受一定的价格优惠折扣。

2）数量折扣。数量折扣是企业给那些大量购买某种产品的客户的一种减价，以鼓励客户购买更多的货物。

3）业务折扣。业务折扣也称同业折扣或功能折扣，是生产厂家给予批发企业和零售企业的折扣。

4）季节折扣。季节折扣是企业给那些过季商品或服务的客户的一种减价，使企业的生产和销售在一年四季保持相对稳定。

（3）地区定价策略

所谓地区定价策略，就是企业要决定对于销售给不同地区客户的某种产品，是分别制定不同的价格，还是制定相同的价格。地区性定价的形式有以下几种。

1）FOB（Free On Board）定价。客户按照出厂价购买某种产品，卖方负责将产品送到产地的运输工具上，运输费用和风险由买方负责。

2）统一运送定价。卖方将产品送到买方所在地，对不论远近的购买者均收取相同的运费。适用于运费占产品价格比例小的产品，如电子元器件。

3）区域定价策略。销售者将整个市场划分为若干个大区域，相同区域收取相同的运费。

4）津贴运费定价策略。生产企业给较远地区的客户补贴部分或全部运费，或降低商品价格。

5）基点定价方法。以所选定的某些城市为基点，然后按出厂价加上基点城市到客户所在城市的运费来定价。

6）免除运费定价法。急于同某客户或某地区客户做成生意的销售商有时会免除全部或部分运费，以便尽早成交。

（4）心理定价策略

1）声望定价。声望定价指企业利用客户仰慕品牌商品或名店的声望所产生的某种心理来制定商品的价格，故意把价格定成整数或高价。

2）尾数定价。尾数定价又称奇数定价，即利用客户对数字认识的某种心理制定尾数价格，使客户产生价格较低廉的感觉，还能使客户觉得有尾数的价格是经过认真的成本核算才产生的结果，对定价产生信任感。

3）招徕定价。招徕定价是零售商利用部分客户求廉的心理，特意将某几种商品的价格定得较低，以吸引客户。

（5）差别定价策略

所谓差别定价策略，也叫价格歧视，是指企业按照两种或两种以上不反映成本费用的比例差异的价格销售某种产品或服务。差别定价主要有四种形式。

1）客户差别定价。客户差别定价即企业按照不同的价格把同一种产品或服务卖给不同的客户。

2）产品形式差别定价。产品形式差别定价即企业对不同型号或形式的产品分别制定不同的价格。但是，不同型号或形式产品的价格之间的差额和成本费用之间的差额并不成比例。

3）产品部位差别定价。产品部位差别定价即企业对于处在不同位置的产品或服务分别制定不同的价格，即使这些产品或服务的成本费用没有任何差异。

4）销售时间差别定价。销售时间差别定价即企业对于不同季节、不同时期甚至不同终点的产品或服务也分别制定不同的价格。

差别定价有其特殊的使用条件，具体条件如下。

1）市场必须是可以细分的，而且各个细分市场部分表现出不同的需求程度。

2）以较低价格购买某种产品的客户没有可能以较高价格把这种产品倒卖给别

人。

3) 竞争者没有可能在企业以较高价格销售产品的市场上以低价竞销。

4) 细分市场和控制市场的费用不得超过因实行价格歧视而得到的额外收入，这就是说，不能得不偿失。

5) 价格歧视不会引起客户反感而放弃购买，影响销售。

6) 采取的价格歧视形式不能违法。

(6) 产品组合定价策略

当产品只是某一产品组合中的一部分时，企业必须对定价方法进行调整。这时，企业要研究出一系列价格，使整个产品组合的利润实现最大化。产品组合定价主要有以下五种。

1) 产品线定价。产品线定价指在定价时，首先，确定某种产品的最低价格，它在产品线中充当领袖价格，吸引客户购买产品线中的其他产品；其次，确定产品线中某种商品的最高价格，它在产品线中充当品牌质量和收回投资的角色；最后，产品线中的其他产品也分别依据其在产品线中的角色不同而制定不同的价格。

2) 选择品定价。企业在提供主要产品的同时，还会附带一些可供选择的产品或服务。

3) 补充产品定价。互补产品指需要配套使用的产品，如剃须刀架和刀片、照相机与胶卷、计算机的硬件和软件等。企业对互补产品定价，常常把主要产品的价格定得低一些，而将其互补使用的产品价格定得高一些，借此获取利润。

4) 副产品定价。某些行业，如肉类加工、石油化工等，在企业生产过程中会生成副产品。若副产品价值高，能为企业带来收入，则主要产品价格在必要的时候可定得低一些，以提高产品的竞争力。若副产品价值低、处理费用高，则主要产品的定价必须考虑副产品的处理费用。

5) 产品系列定价。企业经常将其生产和经营的产品组合在一起，制定一个成套产品的价格。成套产品的价格低于分别购买其中每一件产品的价格总和。这种定价策略就是产品系列定价策略。常见的有化妆品组合、学生用具组合、名贵药材组合和旅游套餐组合等成套产品定价。

三、销售渠道策略

1. 销售渠道的概念

所谓销售渠道，即通常所说的商品流通渠道。它是指企业将产品向最终客户或最终用户转移过程中经过的各个环节。在此环节中出售商品的生产企业是渠道的起点,购进商品的客户或用户是渠道的终点。

2. 销售渠道的结构形式

由于消费资料市场和生产资料市场具有不同的特性,销售渠道有两类不同的结构形式。

(1) 消费资料市场渠道形式

1) 生产者——客户。

2) 生产者——零售商——客户。

3) 生产者——批发商——零售商——客户。

4) 生产者——代理商——零售商——客户。

5) 生产者——代理商——批发商——零售商——客户。

(2) 生产资料市场渠道形式

1) 生产者——用户。

2) 生产者——批发商——用户。

3) 生产者——代理商——用户。

3. 影响销售渠道选择的因素

(1) 产品因素

产品因素包括产品的价格、式样款式、体积大小与质量、定制品与标准、易腐性、新产品、技术性及服务量等。

(2) 市场因素

市场因素包括销售数量、潜在客户的数量、市场大小、地理位置、购买习惯、消费的季节性及商品的竞争性等。

(3) 生产企业自身因素

生产企业自身因素主要考虑企业声誉与资金、企业推销能力与经验、企业可能向用户提供的服务能力等。

(4) 外界因素

外界因素主要考虑企业所处的周围环境的影响、中间商的推销条件、政府政策法规等。

4. 选择销售渠道的主要策略

(1) 直接性销售渠道策略

直接性销售渠道策略指企业在特定条件下,不利用中间商,而直接将产品销售给客户和用户。这种做法的优点是可使商品及时迅速地投入市场,减少损耗、变质等损失。由于不经中间环节,可减少费用支出,相应地降低销售成本。能够使产品直接与客户见面，有利于提高服务水平、树立企业信誉、及时收集商品信息，为提高企业经营水平提供依据。

（2）间接性销售渠道策略

1）广泛分销策略。间接性销售渠道策略即生产者通过批发商把本企业产品广泛散布到各个零售商，以便及时满足客户的需要，争取更多的批发商或零售商销售本企业的产品。

2）专营性分销渠道策略。专营性分销渠道策略即生产者在特定市场区域仅选择一家批发商或零售商销售本企业的产品，并且规定该批发商或零售商不能同时经销其他竞争性产品，同时生产者也不能再委托其他中间商经销此种商品。某些特殊商品、使用方法复杂或需要较大售后技术服务量的商品往往采用此种策略。

3）选择性销售渠道策略。选择性销售渠道策略即生产者只在一定的市场中有选择地确定少数几个中间商推销本企业的商品，消费品中的特殊品种、生产资料零件和辅助设备等商品宜采用此策略。

5. 销售渠道选择方案的设计和评估

企业销售渠道设计要围绕企业营销目标和围绕企业的中长期发展目标进行，要有利于提高企业产品的竞争力和市场占有率，要有效覆盖市场和满足用户需求，还要有利于企业抵御市场风险。在此基础上形成能够充分履行渠道功能，长期稳固而又能适应市场变化的渠道系统或销售网络，不断地为企业开辟稳定的用户或区域市场。

（1）销售渠道选择方案的设计

销售渠道设计主要包括确定渠道长度、宽度和规定渠道成员彼此的权利、责任和义务三方面的内容。

1）确定销售渠道长度。所谓渠道长度是指产品从开发企业到消费者所经过的环节的多少，也即销售渠道层次的多少。渠道设计应该以顾客的需求为目标、以确定企业所要达到的市场为起点。

2）决定渠道的宽窄。渠道宽度是指销售渠道的同一层次中使用代理商数目的多少，同一层次中使用代理商数目多，称为宽渠道；反之，同一层次中使用代理商数目少，就称为窄渠道。

3）明确渠道成员的权利、责任和义务。这包括对不同类型的代理商给予不同的价格，以及规定彼此为对方提供的义务性。

（2）销售渠道选择方案的评估

企业在渠道设计方案确定后，必须对方案进行评估，以保证方案的科学性和合理性，尽量有利于企业的长远目标。评估主要从三个方面来进行：

1) 渠道经济效益的评估。这种评估主要是考虑每一渠道的销售额与成本的关系。企业一方面要考虑自销和利用代理商哪种方式销售量大；另一方面还要比较二者的成本。一般来说，利用代理商的成本比企业自销要小，但当销售额超过一定水平时，利用代理商的成本则越来越高，因为代理商通常要收取较大固定比例的价格折扣，而企业自销只需支付自己的销售员工资加部分奖励。因此，规模较小的企业或大企业在销售量不大的地区或产量较小的产品品种，利用代理商较合算，当销售量达到一定规模后，则宜设立自己的分销机构。

2) 渠道控制力的评估。一般来说，自销渠道比利用代理商更有利于企业对于渠道系统的控制。因为代理商是独立的商业组织，他们必须关心自己的经济效益，而不仅是委托企业的利益，只有那些能为代理商带来持久利润的产品和营销政策才使他们感兴趣。在通常情况下，实力雄厚、产品畅销的大型企业对代理商的控制力要强一些，价格折扣和付款期限等优惠政策也可稍小一些，双方都乐意建立持久的合作关系，而那些实力不强的中小企业对代理商的控制力就要弱得多，价格折扣必须较大才能持久地维持双方的业务合作。

3) 渠道适应性的评估。企业与代理商在签订长期合约时要慎重从事，因为在签约期间，企业不能根据需要随时调整渠道成员，这会使企业的渠道失去灵活性和适应性。所以，涉及长期承诺的渠道方案，只有在经济效益和控制力方面十分优越的条件下，企业才可能考虑。一般来说，对于实力雄厚、销售能力强、企业同其业务关系历史较长，双方已经建立信任感的代理商，企业宜与之签订较长期的合约。如果代理商不是如此，而且对企业产品的销售业绩较差，企业不仅不可与之签订长期合约，而且应保留在某些情况下撤销该代理商的权利。

四、促进销售策略

激烈的市场竞争不仅要求企业向市场提供能较适应客户需求的各种商品、制定合理的价格，而且还要求企业善于将商品信息及时地传播与扩散，使目标客户能较好地了解商品的性能、用途、特征，以刺激消费，促成大量购买。市场营销学将这种向目标客户传送商品信息，用以说服客户、促成购买、扩大销售的活动称为促进销售（促销）。促销大体可分为两类，一类为指引促销，即采用广告、公共关系宣传方式把目标客户吸引过来；另一类为推动促销，主要运用人员促销和各种营业推广方式把产品推销出去。

1. 广告

广告是指企业或个人支付费用，通过大众媒介，向目标客户传送商品信息，并说服购买的活动。

2. 人员促销

（1）人员促销的特点

人员促销是一种传统的推销方法，人员促销具有如下优势和特征：

1) 当面洽谈。与客户面对面进行洽谈，以便于及时进行调整。

2) 建立长期关系。通过多次交流和感情培养，形成一种友谊协作关系，便于了解顾客的要求。

3) 信息反馈。销售人员可以及时听到客户对于产品的反映，以便及时调整自己的经营策略与技术措施。

（2）人员促销的实施步骤

人员促销一般按下列步骤进行，才可能达到较理想的效果：

1) 寻找潜在的顾客。

2) 事前计划——研究顾客的时间、需求、影响他们决策的主要问题及联系的方式，初步接触的技巧等。

3) 接近筛选出的潜在顾客。

4) 推进宣传和介绍。

5) 处理顾客的异议，达成共识，成交。

人员促销是依靠销售人员个人的推销技能去完成信息传播，促进购买的活动。不同素质的推销人员，其促销效果大不相同。选拔并培训推销人员，组织一支训练有素的推销员队伍，是企业加强营销管理不可缺少的基本建设。

3. 营业推广

营业推广是企业为了刺激一定时期的需求，以引起较强市场反应，用以鼓励交易双方有关人员达成最大成交额的一系列活动的总称。营业推广的常用方式有以下几种。

（1）优惠性推广。如向用户赠送样品、免费附赠商品。

（2）宣传推广。在橱窗或货柜前专门布置某种商品，大量陈列或当场表演。

（3）交易性推广。制造商为了争取批发商和零售商的合作，在一定时期内，对其购买商品实行多种形式的实物或现金的购货折扣，如提货返利。

（4）展销性推广。通过各种会议、场合，同时举办贸易展销。

（5）吸引性推广。采用各种竞赛、有奖游戏等形式，以吸引中间商和客户。

第5章
管理沟通

沟通可以创造需求，客户的想法、意见和企业的服务理念、服务特色的传递都离不开沟通。沟通可以弥补传统的营销过程中以企业或产品为出发点，单向灌输式的强迫性信息传播的不足，满足客户加强沟通和参与企业经营的需要。有效的沟通管理是企业管理过程中解决问题的主要手段，也是实现企业和员工、员工与客户双向互动的重要手段。在当今世界的市场中，企业必须营造出一个能与客户沟通的畅通的渠道和环境，促使客户积极主动地参与对话。

第1节 管理沟通概论

一、沟通的含义

沟通，就是人们通常所说的沟通联络或信息交流，在管理工作的各个方面都已得到了广泛的应用，也成为管理者的基本技能。沟通可以是通信工具之间的信息交流，如电视、电话、电子邮件等，也可以是人与机器之间的交流，还可以表现为组织和组织之间、人和人之间的信息交流。沟通是指把某一信息传递给客体或对象，以期取得客体做出相应反应效果的整个过程。由于沟通过程中对象的不同，沟通分为机—机沟通、人—机沟通和人—人沟通三种类型。在这三种类型中，人—人沟通称为管理沟通。

沟通是双方行为，并且要有中介体，这是管理沟通和其他两种类型的沟通都具备的特点，但管理沟通又有其独特性。首先，作为人—人沟通的形式，管理沟通以语言和文字为载体。其次，管理沟通传递的信息包括思想、情感、观点和态度等。同时，在管理沟通中，不仅要考虑双方的动机和目的，还要考虑到可能造成的沟通障碍，因而管理沟通比其他两种类型的沟通都要复杂。

二、沟通的类型

依据不同的分类标准，沟通可分为不同的类型。

1. 根据沟通目的的不同，将沟通分为工具式沟通与感情式沟通

工具式沟通的目的是传送者通过传送的信息，影响或改变接收者的行为，达到企业经营的目的。而感情式沟通仅是信息的传送者和接收者之间的感情交流，以改善双方的关系为目的。

2. 根据信息载体的不同，将沟通分为语言沟通和非语言沟通

顾名思义，语言沟通即以语言文字为载体，包括口头沟通、书面沟通及电子数据沟通等，其中，电子数据是企业沟通语言的重要形式。非语言沟通的载体为身体语言如表情、手势等，非语言即非词语的沟通，如声调、停顿、重音、语速等，物体的操纵即道具沟通，如环境布置等。

3. 根据传递途径的不同，将沟通分为正式沟通和非正式沟通

正式沟通是企业通过规章制度、明文规定所进行的沟通，如公函来往、文件传达、召开会议等。正式沟通依据其传递方向的不同，又分为上行沟通、下行沟通和平行沟通。非正式沟通是组织内部成员由于感情和动机的需要而形成的，其沟通的途径是通过组织内部各种社会关系，所传递的信息并非正式的或者是非准确的，且这种传递超越了部门、单位及层次。

4. 根据是否需要反馈，将沟通分为单向沟通和双向沟通

单向沟通仅是传送者传递给接收者的信息，这些信息不需要反馈给传送者。而双向沟通不仅要求传递给接收者，还需要接收者对这一信息做出反应，并将这一反应反馈给传送者，从而确定沟通效果。

5. 根据沟通主体的不同，将沟通分为自我沟通、人际沟通、群体沟通、企业沟通、跨文化沟通

自我沟通是发生在一个人体内的信息交流，任何类型的沟通都伴随着自我沟通的环节。人际沟通是人与人之间的情感和信息的传递。群体沟通也称团体沟通，是一部分人之间进行的沟通，是企业内部沟通管理的重要组成部分。企业沟通是整个企业内部和相关外部的沟通，又分为企业内部沟通和企业外部沟通两个部分。跨文化沟通是处在不同文化背景下的企业内部和外部人员间的沟通。

三、沟通的过程与沟通要素

沟通的过程是发送者将信息通过选定的渠道传递给接收者的过程，也是沟通成立的基本要素逐步建立的过程，如图5—1所示。

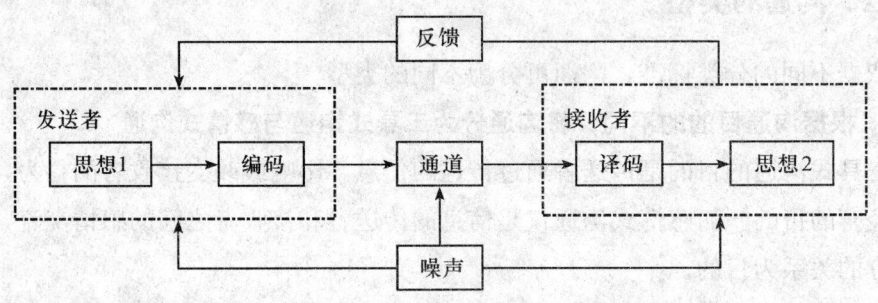

图5—1　沟通的过程

1. 沟通的要素

（1）编码和译码

编码是发送者将其信息符号化，编成文字等语言符号及其他形式符号的过程。译码则是接收者在接收信息之后，将符号化的信息还原，并理解其含义。有效的沟通，应该是传送者的思想经过编码与译码两个过程后，所形成的思想2与初始时的思想1完全吻合。因此，发送者在编码时要考虑到接收者的经验背景，注重接收者对于内容的可读性，接收者在译码时也要考虑发送者的经验背景，以便能准确地把握传送者的真正意图。

（2）通道

通道是由发送者选择的、用来传递信息的媒介物。不同的信息内容要求使用不同的通道。例如，正式严肃的场合一般采用正式的文件作为通道，而作为朋友交流，则多采用语言作为通道。有时人们可以同时使用两种或两种以上的传递通道。在各种方式的沟通中，面对面的沟通是最原始也是影响力最大的沟通方式。

（3）背景

任何形式的沟通都是在一定的环境下产生的，因而要受到各种环境因素的影响。一般认为，对沟通过程发生影响的背景因素主要包括以下几项。

1）心理背景。心理背景指沟通双方的情绪和状态。当双方情绪兴奋时，其编码和译码的准确度也就较高；若双方情绪低落，则编码和译码的过程就会受到干扰，沟通过程就会出现偏差，沟通双方就很难掌握对方的思想。

2）物理背景。物理背景指沟通发生的场所。特定的物理背景往往会造成特定的沟通氛围，因此，沟通的效果也大相径庭。

3）社会背景。一方面，社会背景是指沟通双方的社会角色关系，不同的角色关系所使用的沟通方式也不相同；另一方面，社会背景还包括沟通情境中对沟通发生影响但不直接参加沟通的其他人。

4）文化背景。文化背景指沟通者长期的文化积淀，也是沟通者较稳定的价值取向、思维模式、心理结构的总和。文化背景影响着每一个人的沟通过程，影响着沟通的每一个环节。

（4）反馈

反馈是指接收者把信息返回给发送者并对信息是否被理解进行核实。在没有得到反馈之前，就无法确认信息是否得到了有效的编码、传递和译码。如果反馈显示接收者接收并理解了信息的内容，这种反馈称为正反馈；反之，则称为负反馈。

2. 噪声因素

噪声是指妨碍信息沟通的所有因素，它存在于沟通过程的各个环节，并有可能造成信息失真。典型的噪声主要有以下几个方面。

（1）影响信息发送的因素

1）表达能力不佳、词不达意，使人无法准确对其解码。

2）"信息—符号系统"差异。不同的人有着不同的"信息—符号系统"，因而接收者的理解有可能与发送者的意图存在偏差。

3）知识经验的局限。当发送的信息超出接收者的知识经验范围时，接收者便无法对其正确解码。

4）形象因素。接收者容易对不守信用的发送者所传递的信息表示怀疑，即使他传递的信息是正确的。

（2）影响信息传递的因素

影响信息传递的因素包括信息遗失、外界干扰、物质条件限制及媒介的不合理选择等。

（3）影响信息接收和理解的因素

1）选择性知觉。每个人的心理需求不同，因而在接收时会出现心理偏向，往往习惯于对某一部分信息敏感，而对另一部分信息充耳不闻。

2）信息"过滤"。接收者在接收时，会根据自己的理解和需要对信息加以"过滤"。

3）接收者的译码和理解偏差。由于个人所处的社会环境不同，对同一信息—

符号系统的理解也不同。即使是同一个人，由于接收信息的心情、氛围不同，也会对同一信息有不同的解释。

4) 信息过量。

5) 社会地位的差距对沟通产生着重大影响。

第2节　人际沟通

曾有专家说过：一个职业人士需要三种最基本的技能：沟通的技巧、管理的技巧和团队合作的技巧。一个人成功的因素，75%靠沟通，25%靠天才和能力。沟通技巧已经成为个人成功的必要条件。对 VIP 客户经理而言，与客户的沟通占其工作总量的 70%～80%。可见，人际沟通能力的强弱，直接影响着客户服务工作质量的好坏。一个优秀的客户服务管理师，应该掌握人际沟通的技巧和影响因素，并将其熟练地运用在工作中，这样才能真正实现沟通无极限的境界。

一、人际吸引

人际关系，简言之就是人与人之间相互交往与联系的关系。这是在人类社会生活实践活动中，作为个体的人为了满足自身生存和发展的需要，通过一定的交往媒介而与他人建立和发展起来的、以心理关系为主的一种显式的社会关系。因而，它既是一种社会关系，也是一种心理关系，这使得人际关系成为研究其他社会关系的必由之路。

1. 人际吸引的构成要素

人际吸引是个体双方心理互动的基础，个体的魅力是人际吸引的根本，这种互动力的大小和持续时间的长短，决定着交往程度的深浅与时间持续的长短。有的人际吸引昙花一现，有的却恒久不变，这就是一种人际吸引的层次。西方心理学把人际吸引当做人际关系中的一个中心问题予以重视。那么，人际吸引的存在到底依附于哪些要素？这些要素又是怎样形成了不同的人际吸引层次呢？因为人们的社会行为大多数涉及以喜爱或不喜爱作为评论吸引力的标准，所以，构成人际吸引的要素主要有以下几个方面。

（1）接近

研究表明，在其他条件相同时人们倾向于喜欢邻近的人。居住距离越近的人，交往的次数越多，关系越密切，人际吸引力也就越强。当然，也有随着时空距离的接近，造成人际关系紧张的，可见，接近性因素是必要条件，但不是充分条件，也不是主要条件，只有在其他因素等同的情况下，才能突显出时空距离与交往距离的作用。

（2）相似

相似性是人际吸引的一个重要因素，它包括年龄与性别、社会地位、经济状况、教育水平、职业、籍贯、兴趣、信念、价值观及态度等的相似，其中以态度、信念和价值观为最主要的因素，即所说的"志同道合"者。相类似的人有着相似的兴趣和爱好，彼此态度一致，情意相投，容易沟通，较少出现因意见传递的困难而造成误会或冲突，从而彼此吸引。

（3）互补

互补性指人们喜欢那些与自己个性品质相反的人。选择与自己个性品质相反的人可以起到互补的作用，可以相互满足需要。

（4）才能

一个人越有才华，越有能力，人们就越喜欢他，就会产生一种人际吸引力，使他人对其产生钦佩感并欣赏其才能，愿意与他接近。

（5）仪表

人们一般喜欢外貌美的人，外貌美对于第一印象的形成尤其重要，而且外貌美还可以产生一种光环效应，认为外貌美的人也具有其他优良品质。除长相外，人的穿着、体态、风度等外在因素，同样影响着人际吸引。同时，开朗的性格与幽默、风趣等也是增强人际吸引的因素。

（6）对等

对等是指我们喜欢那些也喜欢我们的人，不喜欢那些不喜欢我们的人。每个人都希望得到尊重与欣赏，因而对于给予自己尊重和欣赏的人也会同样尊重和欣赏。对等因素会使互相欣赏的人形成长期的人际吸引。

（7）诱发

诱发是指能引起人们注意的客观刺激，如一道强光、一声巨响、超乎寻常的异常、说话声音的突然停止、行为举止的异常等，这些强烈或是突发的客观刺激，都会引起人们的注意，从而诱发人际吸引。

（8）强迫

强迫是一种心理劝服过程，为实现既定的目的，而强烈驱使自己用积极的眼光去认识对方，并把对方作为自己心理趋向的对象。例如，在陌生的环境中，只有一个人是熟悉的，不管情况如何，肯定会不由自主地对此人表示出比平时更多的好感。这就是一种人际吸引的强迫因素。

2. 人际吸引的影响因素

人际吸引有时是理智的、经过深思熟虑的，有时却是盲目的、不知不觉的，因而要更好地形成和维持人际吸引，就应当更好地理解和掌握影响人际吸引的因素，只有把控好影响人际吸引的要素，才能够避免留给别人一些不好的印象，更好地做到人际沟通，提升沟通效果。影响人际吸引的因素主要包括五个方面。

（1）晕轮效应（光环效应）

晕轮效应是指人们对他人的认知判断首先是根据个人的好恶得出的，然后再从这个判断推论出认知对象的其他品质的现象。如果认知对象被标明是"好"的，他就会被"好"的光圈笼罩着，并被赋予一切好的品质；如果认知对象被标明是"坏"的，他就会被"坏"的光圈笼罩着，他所有的品质都会被认为是坏的。这种强烈知觉的品质或特点，就像雾中月亮的光环一样，向周围弥漫、扩散，从而掩盖了其他品质或特点，所以就形象地称为光环效应。有时晕轮效应会对人际关系产生积极效应，比如你对人诚恳，那么即便你能力较差，别人对你也会非常信任，因为对方只看见你的诚恳。但从认知角度讲，晕轮效应仅是根据事物的个别特征而对事物的本质或全部特征下的结论，是很片面的。因而，在人际交往中，应该注意告诫自己不要被别人的晕轮效应所影响而陷入晕轮效应的误区。

（2）刻板效应（定型效应）

刻板效应是指人们用刻印在自己头脑中的关于某人、某一类人的固定印象作为判断和评价他人的依据的一种心理现象。有些人总是习惯于把人进行机械地归类，把某个具体的人看做是某类人的典型代表，把对某类人的评价视为对某个人的评价，因而影响正确的判断。刻板印象常常是一种偏见，人们不仅对接触过的人会产生刻板印象，还会根据一些不是十分真实的间接资料对未接触过的人产生刻板印象，刻板效应实际就是一种心理定势。要想进行良好的人际沟通，就要避免对沟通对象形成刻板印象，以免产生不好的沟通效果，甚至产生误会和冲突。

（3）首因效应（首次效应、优先效应或"第一印象"效应）

首因效应是指当人们第一次与某物或某人相接触时留下的深刻印象。第一印象作用最强，持续的时间也长，比以后得到的信息对于事物整个印象产生的作用都强。在人际关系中，一方面要利用首因效应，为人际吸引创造条件。与人首次见面，穿着应整洁，态度应大方，谈吐应自然，给人留下良好的第一印象；另一方面，要防备首因效应，以免本末倒置，受骗上当。

(4) 近因效应

与首因效应相反，近因效应是指在多种刺激依次出现的时候，印象的形成主要取决于后来出现的刺激，即交往过程中，对他人最近、最新的认识占据主导地位，掩盖了以往形成的对他人的评价，因此，也称为"新颖效应"。在人际交往中，为防备近因效应，需要沉着冷静地加强对自己行为的控制能力和对周围事物的理解能力；要在开诚布公地阐述自己态度的同时，认真听取对方的见解，在对方的见解中发掘合理性；要宽宏大量，为当前的不愉快画上句号，为开拓未来的交往留条疏通关系的渠道。

(5) 投射作用

投射作用是指个体将自己不喜欢或不能承受但又是自己具有的冲动、动机、态度和行为转移到他人或周围事物上，认为他人或周围事物也有这样的动机和行为。投射作用是客观存在的，通常又是无意识的，因而在人际沟通中要注意投射作用的干扰，防止"以小人之心度君子之腹"的现象发生。

二、人际沟通

人际沟通是两个人面对面地直接进行信息传播，或借助简单传播工具如信件、电报、电话等进行信息传播的沟通的活动，是个体与个体之间进行信息交流的行为。人际沟通是群体沟通、组织沟通乃至管理沟通的基础，从某种程度上来说，组织沟通是人际沟通的一种表现和应用形式，有效的管理沟通是以人际沟通为保障的。

1. 人际沟通动机的分类

人际沟通是受特定动机驱使的社会行为，可以把人际沟通的动机分为以下几类。

(1) 归属动机

归属动机是人们希望加入群体活动，渴望得到别人的尊重与赞许，追求友谊与爱情的愿望。

(2) 实用动机

实用动机是指人们追求满足功利需要的意愿，沟通成为完成具体任务、达到特定目的的工具和手段。

(3) 探索动机

探索动机表现为人们对新奇事物的好奇、兴趣、渴望认识和理解的倾向。其追求的是一种不断更新和丰富的状态，是在满足的基础上又重新出现不满足的过程。

满足与不满足的交替出现，促使人们不断寻找人际沟通的方法来实现自己的探索动机。

2. 人际沟通的层次

人际沟通的过程就是人际关系塑造的动态过程。人际沟通对于人际关系的塑造是在三个层次上进行的。

(1) 信息层次

这是人际信息沟通的最基本层次。在这个层次上，沟通的双方完成信息传递和信息反馈的任务，使信息得以交流。在此基础上，彼此产生一定认识，形成一定的印象。

(2) 情感层次

在交往中，人们通常要安排一些轻松的运动，以联络感情。在信息交流中，双方对所交流信息的译码和对对方的动机、需求、兴趣、性格、世界观、价值观、定势的感知，都伴随着情感体验。这种情感体验包括情感共鸣和情感排斥两种情感状态。参加交流的人的个性特征能彼此接受，就会产生情感共鸣，双方相互吸引，建立起良好的人际关系。如果彼此不接受对方的个性特征，就会产生情感排斥，从而拉大距离，形成疏远或紧张的人际关系。

(3) 行为层次

这是交往双方的行为互动层次。人际关系的最终目的是为了引起对方的行为。为了同对方搞好关系，人们也要根据沟通对象对自己的评价和期望调整自己的行为。只有不断调整自己的行为，双方才能建立起心理相容的关系，否则就会发生人际冲突而导致关系破裂。行为层次是人际信息沟通的最高层次，它是以信息层次和情感层次为基础进行的。

3. 人际沟通的阶段

从纵向看，人际沟通还可以划分为四个阶段，这四个阶段的连接，社会心理学称之为社会渗透过程。

(1) 定向阶段

人们根据自己的目的和需求选择沟通对象，双方有接触的愿望，并积极搜寻有关对方的信息。在这一阶段，双方只做表面的或浅层的"自我暴露"，竭力掩饰自己的不足之处或可能引起对方反感之处，有点投其所好的意思。

(2) 探索情感交换阶段

在这一阶段，双方在基本背景信息的基础上，还有了工作信息的沟通或思想的互动，双方主动地暴露自己个性中较浅的东西，如兴趣、爱好、特长和一般思想。

与第一阶段相比,这时的话题和活动逐渐多起来,摆脱了拘谨、刻板的局面,能够轻松、友好地互动。如果双方互相感到满意,就会有进一步了解的强烈愿望,沟通向深层次发展。

(3) 情感交换阶段

由于经常暴露有关"自我"的信息,在这一阶段,自我开放区域明显增大,双方进行了较浓厚的感情交流,很少有保留地表现自己的个性,责任感大大增强,关系的危险度也随之增加。双方都能够较自由地相互赞许或批评对方的行为。这一阶段的人际关系的典型表现是朋友人际关系和恋爱人际关系。

(4) 稳定感情阶段

在这一阶段,信息互动高度频繁,信息量剧增,沟通方式丰富多彩,"自我暴露"彻底,外部行为表现为相亲相爱、近距离交往等。由自由恋爱而发展成为的夫妻关系属于这一阶段的人际关系。

在上述四个阶段中,无论哪一阶段出现故障,都可能导致信息沟通的中断或人际关系的破裂。

4. 人际沟通的障碍

在沟通中,由于沟通主体的立场、态度、知识水平等因素的影响,以及沟通媒介的选择和沟通信息的特点各异,容易造成沟通信息的失真,导致人际沟通的障碍,达不到既定的沟通目的。在沟通过程中存在的主要障碍有以下几种。

(1) 语言障碍

语言是一种极其复杂的工具,很难准确无误地掌握和使用,由于语言方面的原因造成的沟通障碍处处可见。其主要包括语音差异造成隔阂、语义不明造成歧义以及专业术语和暗语造成的理解障碍等。

(2) 习俗障碍

习俗即风俗习惯,是在一定的文化历史背景下形成的具有固定特点的调整人际关系的社会因素,如道德习惯、礼节、审美传统等。习俗世代相传,是经长期重复出现而约定俗成的习惯,虽然不具有法律一般的强制力,但通过家族、亲朋好友的舆论监督,往往迫使人们入乡随俗。由于不同习俗的存在导致沟通失败的事情屡有发生。诸如不同的礼节习俗容易带来误解,不同的审美习俗容易带来冲突,不同的时空习俗也会带来麻烦。总之,各民族间风俗习惯的差异是客观存在的,在人际沟通中必须注意了解,并且尊重对方的风俗习惯。

(3) 观念障碍

观念由一定的经验和知识积淀而成,是一定社会条件下人们接受、信奉并用以指导自己行动的理论和观点。观念本身是沟通的内容之一，同时又对沟通起到巨大的影响作用。有的观念是促进沟通的强大动力，有的观念则是阻碍沟通的绊脚石，如封闭的观念、僵化的观念、极端的观念等都会破坏沟通。因此，在消除语言障碍和习俗障碍之后，有必要进一步注意观念障碍。

(4) 角色障碍

"角色"一词引进社会学中，是指每个人作为社会的一分子，在社会大舞台上扮演着角色，都得按照社会对这些角色的期待和要求，服从社会行为规范。如果缺乏明智性或陷入盲目性，人们由于扮演不同的社会角色，则往往会因缺少共同语言而引起沟通困难。

(5) 个性障碍

这主要指由于人们不同的个性倾向和个性心理特征所造成的沟通障碍。气质、性格、能力、兴趣等不同，会造成人们对同一信息的不同理解，为沟通带来困难。

(6) 心理障碍

人际关系是一种建立在心理接触基础上的社会关系，所以，在影响人际关系的因素中，心理障碍产生的影响更大，也更加直接。凡是影响人际交往的心理因素，都在心理障碍之列。影响人际交往的心理因素主要有嫉妒心理、羞怯心理和自卑心理。

(7) 情绪障碍

喜、怒、哀、乐、惧等各种情绪渗透于人们的一切活动中，人际交往也不例外。积极的情绪可以为你开启成功交往的大门，而不良情绪只能成为交往过程中的拦路虎。把握情绪是成功交往的要素，具体做法有：了解自我情绪——掌握交往中的主动权，表达自我情绪——缩短人际距离，调控自我情绪——营造和谐氛围。

第3节　组织沟通

一、组织沟通的定义

组织沟通不同于一般意义上的人际沟通。其一，组织沟通有明确的目的，其目的是影响人们的行为，使之与组织的整体目的相符，以最终实现组织目标。其二，组织沟通的活动是按照预先设定的方式，沿着既定的轨道、方向、顺序进行，是作为一种日常管理活动而发生的。其三，组织沟通与公司的规模有关。即公司规模越大，其组织沟通越规范，组织沟通过程就越长；公司规模越小，其组织沟通越不完全依赖于正式的、规范的沟通体系和顺序，组织沟通过程就越短，沟通效果也越容易控制。最后，组织沟通活动作为管理的一项日常功能，组织对信息传送者有一定的约束力，管理者必须为自己的沟通行为负责，并确保实现沟通目的。

二、组织沟通渠道和方式

1. 组织的沟通渠道

所谓沟通渠道，是指信息在沟通时流动的通道。沟通渠道可以分为两种：正式沟通渠道和非正式沟通渠道。正式沟通是通过组织的正式结构或层次系统这些正式通道进行的，非正式沟通则是通过正式系统以外的途径，即非正式沟通渠道来进行的。在组织中，正式沟通渠道和非正式沟通渠道是同时存在的，管理者应该有效地利用这两种沟通渠道来提高组织沟通的效率。

（1）正式沟通

正式沟通指由组织内部明确的规章制度所规定的沟通方式，它和组织的结构息息相关，主要包括按正式组织系统发布的命令、指示、文件，组织召开的正式会议，组织正式颁布的法令、规章、手册、简报、通知、公告，组织内部上、下级之间和同事之间因工作需要而进行的正式接触。按照信息的流向可以分为上行沟通、下行沟通和平行沟通三种形式。

上行沟通是指在组织中，信息从较低层次流向较高层次的一种沟通。主要是下属依照规定向上级提出正式的书面或口头报告。

下行沟通是指在组织中，信息从较高层次流向较低层次的一种沟通，下行沟通是传统组织中最主要的沟通流向。一般以命令方式传达上级组织或其上级所决定的政策、计划、规划之类的信息。

平行沟通包括横向沟通和斜向沟通。所谓横向沟通是指在组织中，同一层次的不同部门之间的沟通。而所谓斜向沟通是指信息在不同层次的不同部门之间流动时的沟通。

（2）非正式沟通

非正式沟通一般是以社会关系为基础，与组织内部明确的规章制度无关的沟通方式。它的沟通对象、时间及内容等各方面都是未经计划和难以辨别的。其沟通渠道是组织内的各种社会关系。这种社会关系超越了部门、单位及层次，在一定程度上，非正式沟通是形成良好组织氛围的必要条件。相比较而言，这种沟通有较大的弹性，可以是横向的和斜向的，而且速度很快。

非正式沟通的信息往往是不完整的，有些是牵强附会的，因此，无规律可循。

非正式沟通主要是有关感情或情绪的问题，虽然有些也和工作有关，但常常会带上感情的色彩。非正式沟通的表现形式具有多变性和动态性，因此，它传递的信息不但随个体的差异而变化，而且也会随环境的变化而变化。非正式沟通并不需要遵循组织结构原则，因此，传递有时较快，而且一旦这种信息与其本人或亲朋好友有关，则传递得更快。非正式沟通大多数在无意中进行，其传递信息的内容也无限定，在任何时间和任何地点都可能发生。

2. 组织的沟通方式

组织沟通方式是指组织沟通所采取的具体方法和手段，有时也称为沟通方法。组织沟通方式主要分为内部沟通方式和外部沟通方式。

（1）组织内部的沟通方式

1）指示与汇报。指示是上级指导下级工作，传达上级决策经常采用的一种下行沟通方式。而汇报则是下级在总结工作、反映情况、提出建议时进行的一种上行沟通方式。指示一般是通过正式渠道进行的，具有权威性、强制性等特点。

2）会议与个别交流。会议是指采取开会的方式，提供交流的场所和机会。个别交流则是指组织成员之间采用正式或非正式的形式，进行个别交谈，以交流思想和情感，或征询谈话对象对组织中存在的问题和缺陷的看法，或对其他员工的看法和意见等。

3）内部刊物与宣传告示栏。内部刊物主要是反映组织最近的动向、重大事情以及一些提醒成员、激励成员的内容。宣传告示栏则是另外一种类型的沟通方式，它具有成本低、沟通面广、沟通较为准确和迅速的优点。

4）培训。所谓培训就是教育一个组织的成员在他们的工作中更熟练地运用工作技能、知识及组织文化的过程。培训是大量信息沟通的过程，也是信息聚合的过程。

5）意见箱与投诉站。意见箱是最常见的保障上行沟通的途径之一。促使意见箱产生的最初动机是为了提高产品的质量、提高生产效率，管理者相信一线员工肯定对此有独到且有效的见解。收集生产建议的意见箱后来渐渐演变成收集员工反馈的渠道，至此倾听员工心声的上行渠道渐具雏形了。

6）领导见面会与群众座谈会。领导见面会是让那些有思想、有建议的员工有机会直接与主要领导沟通。群众座谈会则是在管理者觉得有必要获得第一手关于员工真实思想、情感的资料，而又担心通过中间渠道会使信息失真时采取的一种领导与员工直接沟通的方法。

(2) 组织外部的沟通方式

1) 与客户沟通的方式。企业与客户沟通的方式大致包括提供优质产品和服务、直接接触沟通、给客户打电话、充分利用信函及客户调查等。

2) 企业与上、下游企业沟通的方式。企业与上、下游企业沟通的方式包括建立电子通信网络、互派人员、参与彼此的重大决策、给对方人员提供培训机会、深入实际、解决问题、增加信息交流及商务谈判等。

3) 企业与新闻媒体沟通的方式。可供企业利用的大众沟通媒体有报纸、杂志、行业刊物、广播、电视、书籍，还有以惊人速度膨胀的国际互联网。企业与新闻媒体沟通的方式包括新闻发布会、记者招待会、企业特写、制造新闻、企业最高管理者直接参与沟通等。

三、组织沟通的影响因素

1. 一般因素

(1) 主观因素

沟通的过程涉及两个或两个以上的主体，沟通的一方采取什么样的方式、以什么样的情绪和态度来传递信息都会导致沟通结果的不同。接收者在接收信息后，必须进行"译码"工作，才能从信号中了解信息源想要表达的情感或观念。由于信息源与接收者拥有不同的经验基础，因此，这种经验便决定着转译后的沟通内容与信息源所想表达内容之间对应性的大小。所以，作为沟通主体必须很好地了解如何有效地理解别人和让别人理解，了解沟通过程中的转译和传递机制，根据不同的对象采用不同的沟通方式和沟通风格，在沟通中保持积极的心态。只有这样才能提高沟通的有效性和准确性。

(2) 沟通环境

沟通环境包括组织的整体状况、组织中人际关系的和谐程度、组织文化氛围和民主气氛及领导者的行为风格等。沟通环境对沟通过程具有非常直接的影响。

(3) 沟通渠道和媒介的选择

组织沟通渠道分为正式渠道和非正式渠道。正式渠道具有传递速度快、约束力强、效果好等优点。而非正式渠道则具有不拘泥于形式、直接明了、易于交流真实情感和想法的优点。另外，各种不同形式的沟通又有多种表现形态，选择不同的沟通渠道和沟通形式，组织沟通的效果便很明显地各不相同。媒介包括电话、文件、信函、电子邮件、电视、内部刊物、启示栏等各种形式，同样的信息，采用不同的媒介来沟通,沟通的效果也是不同的。对于一个特定的组织,在渠道和媒介的选择上要根据公司自身的特点和媒介类型来决定。

2. 组织的个性特征

(1) 社会环境

社会环境是影响组织沟通的基本因素。不同的社会环境具有不同的文化价值观念,这些价值观又左右着人们的沟通行为。社会环境对组织沟通的影响,还表现在社会技术进步所带来的信息传递手段的变化。

(2) 组织结构形式

组织的结构形式在某种程度上决定着组织内的权力线和信息流动的渠道。传统的组织结构形式包括直线型、职能型、直线参谋型等各种类型。现代组织形式包括事业部型、矩阵型和立体组织型等。目前,随着计算机网络的迅速发展,又出现了网络型组织、虚拟组织等许多形式。为了分析结构对组织沟通的影响,可以将组织结构形式分为科层型和网络化两大类。科层型的特点是具有较严格的等级概念,位置职业化,人际关系以非个人感情为主,其命令的指示和情况的汇报都具有较严格的指挥链条。因此,企业基本上依赖正式渠道进行沟通。由于科层型组织结构往往具有多种层次,因此,在信息的传递过程中常常受到过滤的限制。过滤是信息在传递期间受到冲淡或完全滞留在某一点上的趋势。因为过滤的可能性随传递环节数目的增加而增加,所以,在科层型中,仅仅依靠正式渠道很难获得正式有效的沟通效果,在这种组织形式中,非正式沟通便占了很大的比例。网络化的组织形式可以充分利用现代化的通信技术,使得沟通更为迅速和便捷,它们的各种通知都是通过 e-mail 发出的,避免了传统传递方式可能造成的信息延误或扭曲等。

(3) 企业文化

企业文化是企业在长期的生产经营实践中所创造和形成的具有本企业特色的精神和某些物化的精神,它包括共同的价值观念、行为方式及经营风格,以及蕴含在企业制度、企业形象、企业产品及员工行为中的文化特色。由于企业文化是企业员工价值观的根本体现,在很大程度上影响着员工的各种行为,当然对组织的沟通也有十分重要的影响。企业文化中的精神文化反映企业的核心价值观,对员工的精神面貌、工作态度、沟通的积极性等有决定性的作用。而企业的制度文化又直接以文件规范的形式规定着企业中信息传递的流程和传递的方式、各种信息的披露程度和层次。企业中的行为文化直接决定着员工的行为特征、沟通方式、沟通风格等。最后,企业的物质文化决定着企业的沟通技术状况、沟通媒介和沟通的渠道。所以,企业文化不仅影响组织沟通过程中的主观性要素——沟通者和信息接收者,而且还决定着沟通的媒介、沟通的渠道、沟通的环境等客观因素,从而全方位地影响着组织的有效沟通。

(4) 组织角色

组织角色也是影响沟通的重要因素。组织中的每个人都处在不同的位置,都具有不同的组织角色。所扮演的角色不同,看问题的方式和角度便不一样,就会产生不同的态度和观点及不同的利害关系,因而每逢接触到新的信息时,就会从本角色加以估量,因而导致不同的意见和结论。

(5) 管理者特点和管理风格

管理者的特点及其管理风格也是组织的个性特征之一,不同的管理者及管理风格对管理沟通造成不同的影响。根据"约哈里窗理论"的分析维度,可以将管理者分为四类。

1) 双盲型。既不暴露也不反馈,占据双盲式的位置,自我充满焦虑与敌意。这种类型的管理者往往采取独断专行式的管理方式,在他所领导的群体、团队或组织中,人际交往低效,缺乏有效的管理沟通,部下缺乏创造性。

2) 被动型。仅仅依靠反馈,缺乏自我暴露,是一种"假面式"的沟通。开始部下与上司有一定的满意关系,但长此以往,上司不愿打开心扉、不能与部下及同事坦诚交流,则部下就可能对其产生"信任危机"。

3) 强制型。一味以自我暴露取代反馈,自我至高无上,他人一无是处。在与员工的沟通过程中,常常滔滔不绝,言过其实,以此巩固自己的地位与威信。由于这种类型的管理者采取强制灌输式的管理方式,部下会对其充满敌意,会时时感到忐忑不安,甚至怨愤。

4) 平衡型。合理使用暴露与反馈,达到最佳的沟通状态。这种类型的管理者会自由地适度暴露自己的情感,及时收集他人的反馈,注重自我与他人的互动,采取平衡有效的管理方式,部下会感到心情舒畅,会与上司坦诚交流,其管理效率最高。

四、组织沟通效率的提高

组织要想提高沟通的效率,必须根据组织特点和具体的环境条件,选择并设计合理的沟通渠道,采用恰当的沟通方式,针对影响组织沟通的因素采取具体的对策。

1. 使用合理的沟通渠道

作为一个组织,要充分考虑组织的行业特点和人员心理结构,结合正式沟通渠道和非正式沟通渠道的优、缺点，设计一套包含正式沟通和非正式沟通的渠道，并结合组织结构形式选择恰当的沟通形式，以便组织内各种需求的沟通都能够准确、及时而有效地实现。

2. 选用恰当的沟通方式

组织沟通效率的提高不仅取决于合理的沟通渠道，而且沟通方式的选择对效率也有重要的影响。因为组织内沟通的内容千差万别，针对不同的沟通需要，应该采取不同的沟通方式。

3. 利用改进组织沟通的各种技术

改进组织沟通的技术包括建立建议和质询制度、加强主管人训练、开展雇员调查和调查反馈等。

第4节　管理过程沟通

一、决策过程中的沟通

决策是组织中最重要和最具有挑战性的活动。这些决策可能涉及战略方向的问题，也可能仅仅涉及员工的日常活动。有的重要决策可能在经过几个月甚至几年的信息收集和深入调查之后做出，也可能在稍加考虑或未经考虑的情况下仓促做出。

1. 决策各阶段的沟通

整个决策过程一般经过四个阶段：发现和确定问题、寻找可能的方案、评价和选择方案及实施和监督方案。在这四个阶段中，当面对复杂的决策问题时，若个人的能力远远达不到要求时，需要发挥集体的智慧，由多人参与决策分析。群体成员制定决策的整个过程就称为群体决策。

2. 群体决策中的沟通

群体决策中，作为领导者应当注重沟通在整个决策过程中的作用，使群体成员之间和睦团结，从而加强决策的正确性和科学性。作为群体决策的领导者，在与下属的沟通中，一般应遵循以下原则：

当下属方案和自己的方案完全一致时，主管应以欣赏的心态和语气说："好！这主意好！就照你的意见办。"这样，主管就在表扬下属的过程中"轻松"地完成了自己的决策。而下属在得到主管的欣赏和肯定后，则会全力以赴地、创造性地执行决策方案。因为下属的心中充满着成就感、自豪感,自己不仅是直接的操作者,而且也是设计者。当自己在干自己愿意干的事情时,思维肯定是积极的,思维的方向会全部指向成功,并集中于成功。下属在此种状态下执行任务,其结果肯定是出色的。

下属的方案和自己的方案大体一致,也就是说,下属的意见和主管的意见虽不完全一致,但重叠的部分很多。其方案虽有一些不妥之处,但主管应鼓励地说:"你的意见很好,照此做就行了,但有一点需要注意……"于是主管就把自己的意见以商讨的口气提出来,下属就会很容易理解,并按修改后的方案执行。这样做的效果会很好,因为主管首先肯定了下属的意见,即使修改也是在肯定的基础上修改的,于是修改的过程也是下属领会主管意图的过程。这样做,下属同样会怀着自豪感和成就感来完成任务,同样会在执行任务过程中积极地把思路打开,一切朝着成功的方向去努力。

当下属的方案和自己的方案重叠部分很小,而且下属的方案有明显的不可行性的时候,尽管主管认为下属的方案中正确的程度只是很少一部分,哪怕只有1%,但也应该说:"好!你的方案中有一点很好,就是应该这样做!"然后针对方案中的不足之处与下属平等地展开研讨,最后双方在讨论中取得一致意见。这不仅是下属和主管意见沟通的过程,也是主管听取下属意见的过程,是主管不断完善方案的过程。这样的方案的出台是在肯定下属方案某一部分的基础上而来的,下属在执行此方案的过程中,会认为该方案中有自己的智慧,自己就是这个方案的最初设计者,主管也听取或采纳了自己的意见,满足了其自尊感。这样,下属在执行方案的过程中,同样会尽心尽力、尽职尽责,出色地完成任务,努力奔向成功。

如果下属的方案和自己的方案完全不一致,即使下属提出的方案毫无值得肯定之处,主管也不应该立即否定,而应以商量的口气说:"你看这样行不行……"双方在平等友好的协商过程中,新的可行方案也就产生了。下属首先是理解了这个方案,另外也参与了方案的制订过程,认为方案中有自己的智慧,同时自己也受到了主管的尊重。因此,下属在执行方案的过程中自然会积极地打开思路,朝着成功的方向前进。

当主管没有方案时,应主动礼贤下士,广泛收集意见,走民主的道路,从而做出正确决策。无论如何贤能的主管,也不可能时时是智多星,主管也有没主意的时候。好的主管此时应通过各种方式认真征求下属意见,下属看到主管如此下问和民主,也会竭尽全力为主管出谋划策,从而使主管产生一个民主的、完整的优质方案。下属在执行此方案时,会认为主管采纳了自己的意见,感到自豪和光荣,从而积极、创造性地完成任务。

二、企业变革中的沟通

企业作为一个组织，是一个开放、复杂的系统，这种系统与其多重环境发生着动态的相互影响。多层次、多因素、复杂多变的环境要求组织不断调整和完善自身的功能和结构，提高在变化的环境中求得生存与发展的灵活性、适应性和快速反应的能力，还要根据外在环境的变化，不断对组织进行变革。

1. 影响组织变革的因素

任何企业的变革即组织变革，都要依赖绝大多数组织成员的支持、理解、参与和积极配合。一般来说，企业成员对变革是持支持和欢迎态度的，因为人们都希望通过变革使企业能够更好地适应环境，进一步提高效率，增加利润水平，使个人收入得到增长。但是，由于变革的长期性、艰巨性和复杂性，人们往往习惯于旧有的组织模式，而对变革所带来的旧有规章制度被打破、多年的传统和习惯被废止、原有的行为规范不适用，感到不适应、不习惯，从而在心理和行为上产生抵制情绪，这就形成了变革的阻力。大量的观察和研究表明，对变革的抵制一般来自个人和组织两大方面因素。

（1）个人因素

1）心理因素。人们对自己所长期从事的工作是熟悉的、感到稳定的，这在心理上是一种安全感和心理平衡。而一旦遇到变革，这种心理上的平衡与安全感就会丧失，从而产生一种茫然无助的心理恐慌，心理恐慌往往导致对变革的抵制。还有一些人担心变革会影响自己在组织中的地位，有的人担心变革会破坏原有的人际关系的协调，为了维持原有的关系，人们从感情上产生一种对变革的抵制情绪。还有一些人担心变革会改变人们熟悉的工作环境、工作方式、职业习惯，会造成心理不适应，因而产生不快和抵触情绪。

2）经济因素。这是决定人们对变革持何种态度的关键。人们担心变革会影响个人收入，损害自身利益。比如，担心技术变革后会使自己不适应新的工作而成为多余的人被解雇，担心变革后工作时间的减少会使自己收入减少，担心职务和工作的改变会使自己的薪水下降，担心生产效率提高后工作变得更紧张等。这些在经济利益得失问题上的担心成为人们抵制变革的又一主要原因。

3）领导因素。变革意味着对旧有秩序的破坏，变革的过程与结果存在诸多不确定因素，因而领导者对变革要承担一定的风险，领导者和组织成员担心一旦变革失败，会危及自身地位和既得利益，因而大多对变革持有一种畏惧心理和求稳怕乱的倾向。

(2) 组织因素

1) 组织结构因素。企业变革会打破原有的各层次权力与责任的界限，调整不同层次的管理机构，因而会触及旧有各层次管理机构的利益和权力，招致这些群体的抵制。

2) 组织规范因素。企业规范一旦制定出来，就有一种惯性，在较长时间内约束和规范人的行为。组织变革会改变旧有的行为规范和原有的组织目标，而旧有的行为规范的影响力在没有消退之前对新的组织规范和组织目标就会形成一种抵制。

3) 经济利益因素。组织变革意味着废除旧有的、过时的东西，建立新的制度和秩序，而所有这些都是需要成本的，需要投入人力、物力和财力，在人们对这种投入的预期效果感到不确定和存在顾虑时，组织变革的动力就会减弱。

4) 人际关系因素。变革意味着打破旧有的人际关系，重新调整组织成员之间的关系。这种新旧关系的交替、新关系的确立需要一个较长的过程。在旧有关系仍在起作用而新的关系尚未建立时，组织成员之间的关系可能会变得紧张，从而引起一些人对变革的不满。

2. 组织变革的沟通步骤

(1) 锁定目标并明确对象，描绘出变革的蓝图

具体对象应该是：实现一定的成本节约目标或达到一个更高标准的质量水平等。不管情况如何特殊，要确保目标是明确的、具体的、实在的，并且是可以实现的。

(2) 让高级领导小组集中于确定和调整变革的结构

明确在宏观水平上，需要哪种队伍、委员会、会议、项目或诸如此类的东西来促成设想实现，为了使设想具有可操作性，要成立一个高级领导小组来构建变革进程的框架。组织的高级领导小组需要牢固掌握好描绘出的蓝图，确保变革的构架处于正确状态，促使变革成为现实，实现既定的目标。

(3) 让所有层次的经理集中于既定的设想和对象

确定在微观水平上，变革是如何得到实施的，在整个组织中用经理们的承诺来约束他们，以监督设想得到贯彻实行。在这里，直接指导日常行动的经理们是关键。高级领导需要将设想和各种目标分化为具体的行动步骤，交付经理们实施。

(4) 制定一个学习系统

企业每一次旨在推动变革的努力都要求学习。变革非常需要集中推动业务各个技术层面的核心能力。企业需要一个学习系统，培养围绕这些能力要求的诸多学

识。同时，还要注意使学习系统置于组织的核心能力上。这样，可以保证整个组织随时掌握着关键的、极其重要的信息，而正是这些信息将组织在市场中与他人区别开来。

（5）要保证激情维护者对变革中具体、关键部分的推行

即使有了正确的蓝图、框架、行动步骤和学习系统，如果没有适合的人激情满怀地致力于蓝图的执行，变革则难以成功。为此，要列出事业中的激情维护者。这些人是变革的使者。因为他们确信变革的必要性，他们会使变革在整个组织的上上下下得以发生，哪怕是组织的小角落（然而是关键的）也不能除外。

3. 组织变革的群体力量

变革的成功实施需要三个群体的共同努力：构建这一框架的高级领导、能将变化日程贯彻到工作进程和业务系统中去的技术经理、能推动变化的激情拥护者。这三个群体之间很自然地相互作用、相互影响。正是通过这种相互作用、相互影响将组织的战略变为现实。

（1）强力沟通

组织的最高领导应当对这些群体的每一个人都运用强力沟通，以确定这些群体确实在发挥他们的作用。实际上，强力沟通是成功的关键因素。高级领导者通过强力沟通一致同意支持变化日程。经理们在机构内所有的层次上通过运用强力沟通执行变革，传导由设计蓝图而来的强大的能量。最后，激情维护者也通过强力沟通得到鼓舞、动力和能量，最有效地在最高的水平上发挥他们的作用。

通过强力沟通可以确保变革的可实现性、可相信性和可转换性。

可实现性、可相信性和可转换性是对一个变化战略如何有效确定、传播和实施的极其精确的描述。一旦一个变化的蓝图设想出来，领导者会同他的领导小组一起决定如何使它变成现实。这样做就为变化日程提供了可实现性。这里的一个关键是要确定真正的结果——必须是具体的、可实现的，而不是不能量化的模糊目标。要获得具体成果，一条途径便是形成一个组织的设想，然后返回去确定需要采取的步骤，这样即可促使设想成真。

（2）关键人物的支持和承诺

领导者可以为他的变化日程赢得可信性。强力沟通在善于变化的人手里能使他们深信最初的设想是适当的、必需的。实际上，将变化的信息传遍整个组织的最好方式是将它转换成第一线人员的声音。聘请外来咨询人员帮助沟通是帮助内部员工理解变革蓝图的一种行之有效的办法。

（3）内部工作人员的接受和欢迎

进行组织变革需要各个层次高素质人员的支持与配合，因而，要加强教育、培训，转变人们的动机、态度，提高人们的思想道德素质和业务技能，使之更好地完成工作任务。检验可转换性是否已实现的稳妥办法是与基层现场的人员交谈。如果领导的信息以基层语言的方式得到反映，那说明可转换性已经实现了。例如，如果领导已经说"我们必须在涉及的每一个市场保持第一或第二的位置"，你可以听到整个组织都在"意译"这一信息。这些语言不再属于领导，而已属于正在做这一项工作的人们。他们承认变革，并拥为己有。这样，可转换性就实现了。

第6章
服务心理学

客户服务人员卓越的服务技巧，都是基于销售和服务工作经验的总结。为了使销售和服务工作更具针对性，客户服务人员必须学会从客户的行为分析客户的心理，从客户的心理特点来研究如何更有效地做好销售和服务工作。因此，要学习掌握基本的心理常识，只有头脑中建立起码的概念，才能逐步对照、分析自己和别人的心理，进而学会心理分析、观察，掌握基本的素材。

第1节 客户服务心理学概述

一、心理和心理学

1. 心理的概念

"心理"一词的"心"在汉语中是指心思、心情、心意，通常也指人的思想、感情。"理"是指道理、条理、准则、规律。心理的含义是指人的思想、感情的规律。

人的心理是在动物进化到一定阶段，由于对周围环境的长期适应而产生的，最初出现的心理现象是简单的感觉。在外界环境的影响下，随着神经系统的发展，出现了知觉、记忆、思维、情感、性格、能力等现象，心理是这些现象的总称。从哲学的高度来讲，人的心理是客观世界在头脑中主观能动的反映，即人的心理的内容来源于客观现实与周围的环境。

2. 心理学的概念

心理学是研究人的心理现象及其规律的科学。它所研究的对象是人类自身的心理现象，包括心理过程和个性心理特征两个方面。冯特于1879年在德国莱比锡大学建立世界上第一个心理学实验室，这标志着科学心理学的诞生。

3. 心理学研究的内容

（1）心理过程

心理过程是指人在客观事物的作用下，在一定时间内大脑反映客观事物的活动过程。这个过程包括三个阶段：认知过程、情感过程和意志过程。感觉、知觉、注意、记忆、联想、思维等心理活动属于认知活动；喜、怒、哀、乐、美感、道德感等心理活动属于情感活动；在认知活动和情感活动的基础上进行行为、动作、反应的活动，属于意志活动。

1）认知过程是指人们认知客观事物获得知识的心理活动过程。这个过程包括注意现象和感觉、知觉、记忆、想象、思维等心理活动。认知过程的实质是感受信息、处理信息，其功能是揭示事物的本质及事物之间的关系和规律。

2）情感过程是指人们对外界事物内心体验的心理活动过程。人在外界事物作用下，总会产生满意、愉悦、赞赏、崇敬等反应；而事不遂愿时，则会出现不满、厌恶、烦躁、鄙视等反应。

3）意志过程是指人们自觉提出目标，有意识地克服内心障碍与外部困难而努力实现目标的心理活动过程。意志活动具有目的性、果断性、坚韧性、自制性等特点，对人的活动有着支配或调节作用。

认知过程、情感过程、意志过程彼此既有区别又有联系，在人的心理活动中是作为一个统一的整体表现出来的。

（2）个性心理

个性心理是一个人在活动中表现出来的比较稳定的带有倾向性的各种心理特征的总和，在西方被心理学家称为"人格"。它包括个性倾向性和个性心理特征。

1）个性倾向性，是指在复杂的现实生活中，由于个人的种种因素和条件的不同，人们在形成需要、动机、兴趣、信念、理想和世界观等方面总会有差异，在心理学中被看做是人们表现出来的不同倾向性。它是人进行活动的基本动力，也是个性心理中最活跃、最积极的因素。

2）个性心理特征，是指人们在处理各种事物的过程中，表现在能力、气质和性格等方面的差异，心理学统称为个性心理特征，它集中反映了人们的心理面貌的独特性和个别性。

个性倾向性和个性心理特征有机、综合地体现在一个人的身上，就形成了一个人完整的个性心理，简称个性。

心理学研究的内容如图 6—1 所示。

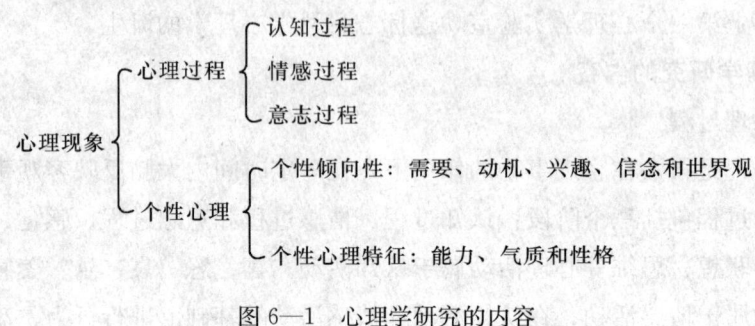

图 6—1　心理学研究的内容

二、客户服务心理学

客户服务心理学是心理学在客户服务管理中的具体应用，属于应用心理学的一个分支。它是研究客户服务人员在为客户服务的过程中，客户和服务人员各自的心理活动及其发展规律的科学。

企业的客户，无论是售前、售中还是售后的，他们都是在进行某种消费活动，或消费物质产品，或消费服务，抑或是二者的组合。这些活动都是某种心理活动和行为的表现。客户服务心理学的主要研究对象就是客户服务人员在为客户服务的过程中客户的各种心理活动变化及其规律。客户服务质量的优劣，在很大程度上取决于服务人员心理素质的高低。因此，客户服务心理学另一个研究对象就是服务人员心理素质的培养。服务是在客户和服务人员之间展开的，因此，他们之间相互作用时的心理特点和规律，也是客户服务心理学的第三个研究对象。

第 2 节　客户服务过程中的心理现象及其规律

一、客户的认知过程

1. 感觉与知觉——客户认知形成阶段

感觉和知觉是人的认知活动的初级阶段，相当于哲学及逻辑学里面谈到的感性认知阶段。感觉和知觉有时合称为感知觉,这是因为人的心理活动本来就复杂地交织在一起,有时很难将这些心理活动相互区分开来,也没有必要对于人的心理活动做出十分严格的区分。因此,心理学界就把人的感知觉用一个概念来表述,即人的感知觉过程也可以说是一个认知的过程,包括在感知觉活动中高级心理活动的参与现象。

(1) 感觉与知觉的含义及关系

感觉是人们对于事物属性的反映,如,具体事物的色彩、味道、温度等方面的信息在头脑中的反映,即构成人们的感觉。客户的感觉是在购买商品和使用商品过程中对于商品属性的反映,这些反映不仅包括购买商品和使用商品过程的感觉,还包括对购物场所的感觉、对非购买商品信息的感觉、对与商品消费有关人员(如售货员、同事等)的感觉,即客户的感觉是多方面的。客户在感觉方面的敏感性程度,一方面取决于本人对于商品某一方面属性的辨别能力,另一方面(也是最主要的方面)更取决于目标客户人员自身过去的各种经验和其本人的心理特征,目标客户来访人员的受教育程度和在某些方面的训练,也会深深地影响到他们对商品某一种属性的敏感性。比如,有的人由于受过美术绘画方面的训练,对于商品的色彩就很敏感,不管他处在什么样的条件和背景之下,他的这种敏感性都不会轻易地改变。有的客户有良好的音乐素养,对于音乐的听觉效果(指感觉方面,而不是音乐的内容方面)则极为敏感。

知觉是直接作用于感受器官的客观事物的整体属性在人脑中的反映。任何一个事物都有许多种属性,如一个红苹果,就有许多个别属性:红的颜色、清新的香气、酸甜的味道、光滑的表面。这些个别的属性作用于人的耳、鼻、舌等感受器官,就会产生各种感觉。这些感觉综合到一起,就形成了对苹果的整体印象,这就是对苹果这一事物的知觉。

感觉与知觉既有区别又有联系。它们都是客观事物直接作用于人们的感受器官而产生的。感觉是知觉的基础,是知觉的组成部分。然而,知觉并不是许多感觉的简单组合,而是各种感觉的有机联系。感觉与知觉的区别在于感觉只反映事物的个别特性,而知觉则反映事物的全部特性。

(2) 感知觉的作用

感知觉在客户决策行为中起着非常重要的作用。

首先,感知觉是人们认知事物的第一步,反映的是事物的一般属性,是人们认知活动的最初级阶段。客户行为的进行,不管是搜集商品的有关信息,还是交易决策,抑或是使用商品和服务的过程中,都需要感知觉来提供具体的信息来源,客户经过这样的感知觉后，才能进行其他的心理活动，消费行为才能在感知觉的基础上继续进行。

其次，客户在使用商品和服务的过程中，对于商品感觉的内容也反映了商品的价值，商品和服务的价值也只有通过客户的感觉，才能进入到更高级的心理活动阶段，并实现商品对客户的价值。

(3) 客户服务工作在感知觉领域应注意的问题

基于以上关于人的感知觉现象的规律研究，客户服务人员应在服务工作中注意以下几个方面。

首先，树立良好的个人形象。在与客户交往的过程中，服务人员的形象往往代表着公司的形象，其个人形象的好坏直接关系着客户对公司的整体评价（如管理是否有序、态度是否积极真诚、公司的专业性如何等）。因此，客户服务人员应要求外表五官端正，健康并富有活力；服饰整洁齐整；交谈应注意使用礼貌用语，举止规范；微笑具有较强的感染力，能给客户留下美好的感觉。

其次，形成良好的服务态度。服务态度是指服务人员对客户在言语、表情、行为举止方面所表现出来的一种心理倾向。服务态度不仅具有职业色彩，还具有浓厚的情感色彩，因而对客户的心理和行为会产生重要作用和影响。因为态度有感召力，良好的服务态度对客户才会产生吸引力，使客户与服务人员更加亲近，更容易沟通和交流，能吸引客户愿意与公司进行下一步深入交往或再次惠顾；而低劣的服务态度会给客户造成心理反感，使客户心灰意冷，而拒绝沟通。同时，态度具有感化和激化功能。良好的服务态度能化解客户的不满情绪和转变原来的不良看法；而低劣的服务态度不仅致使客户情绪波动，产生不安、烦躁，甚至还会使客户理智失控，发生交往矛盾。

所以，服务人员应提高服务意识，加强修养，力争为客户提供完美的服务。

2. 记忆与注意——客户理性认知阶段

(1) 记忆与客户服务工作

记忆是人脑对过去经历过的事物的反映。人们感知过的事物、思考过的问题、体验过的情绪和采取过的行为，会在大脑中留下痕迹，并在一定的条件下再现出来，这就是记忆。

记忆在人类生活中有非常重要的意义。有了记忆，人们才能把过去对事物的反映保存在头脑中，才可能更全面、更深入地认知当前事物，从而进行更复杂、更高级的思维活动。

良好的记忆对每个人的学习、工作和生活都十分重要，在客户服务工作中，良好的记忆能帮助服务人员及时回想出在服务工作中所需要的一些知识和技能，是优质服务的智力基础。客户自身也将通过记忆将过去的经验作为表象保存起来，进行累积，以进行消费心理活动的高度发展。

一方面，客户服务人员应根据服务要求提高记忆力。客户服务人员应记住每位客人的相貌特征和名字。特别要记住名字，这是一种礼貌，是一种真诚，能较快消除陌生感。另一方面，客户服务人员应根据人的记忆规律，赋予客户以鲜明的特征，把不好的记忆变为好的记忆，把不便回想的变为便于回想的，变短时记忆为长久记忆，使客户能够很快地、更多地、长时间地记住自己公司的有关商品和服务信息。

(2) 记忆的类型

根据记忆内容的变化，记忆的类型有形象记忆型、抽象记忆型、情绪记忆型和动作记忆型。形象记忆型是以感知过的事物的具体形象为主要对象的记忆类型，如对商品的形状、大小和颜色的记忆。心理学的研究表明，人脑对事物形象的记忆能力往往强于对事物内在逻辑联系的记忆，所以，形象记忆是客户大量采用的一种主要记忆形式，其中又以视觉形象记忆和听觉记忆起主导作用。抽象记忆型也称词语逻辑记忆型。它是以文字、概念、逻辑关系为主要对象的抽象化的记忆类型，如"哲学""市场经济""自由主义"等词语文字，整段整篇的理论性文章，一些学科的定义、公式等；逻辑记忆对客户的逻辑思维能力要求较高，在传递信息时要斟酌慎用。情绪记忆型是以体验过的某种情绪为内容的记忆，这种体验是深刻的、自发的、情不自禁的，所以，记忆的内容可以深刻、牢固地保留在大脑中。动作记忆型是以各种动作、姿势、习惯和技能为主要对象的记忆。动作记忆是培养各种技能的基础。

根据记忆保留时间的长短不同，可将记忆分为瞬时记忆、短时记忆和长时记忆。瞬时记忆又叫感觉记忆或感觉登记，是指外界刺激以极短的时间一次呈现后，信息在感觉通道内迅速被登记并保留一瞬间的记忆。瞬时记忆的特点如下：一是瞬时记忆记住信息的方式是外界刺激物的形象，所以具有鲜明的形象性；二是瞬时记忆的容量很大，但保留的时间很短。如果对瞬时记忆中的信息加以注意，或者说当意识到瞬时记忆的信息时，信息就被转入短时记忆了；否则，没有注意到的信息过 1 s 便会消失，也就是遗忘了。短时记忆，指外界刺激以极短的时间一次呈现后，保持时间在 1 min 以内的记忆。短时记忆的特点如下：一是容量有限，因此，在告知客户数字、符号等机械性信息时，容量不宜过长或过多。为扩大短时记忆的容量，可采用组块的方法；二是短时记忆的信息经过复述可能转入长时记忆系统。长时记忆是指外界刺激以极短的时间一次呈现后，保持时间在 1 min 以上的记忆。长时记忆的特点如下：无论是信息的种类还是数量，记忆的容量都是无限的。长时记忆中储存的信息如果不是有意回忆的话，人们是不会意识到的。只有当人们需要借助已有的知识和经验时，长时记忆储存的信息再被提取到短时记忆中，人们才能意识到它。长时记忆的遗忘是因自然的衰退或因干扰造成。

（3）注意与客户服务工作

注意是客户在搜集商品信息、客户信息时对于这些信息进行感知、产生联想、产生消费需要前的一种心理活动。注意是人的心理活动对一定对象的指向和集中。注意具有指向性、集中性的特征，注意是顺利完成各种活动的重要条件。

人们注意到的与交易有关的信息，可以是商品和目标客户本身，也可以是商品和目标客户广告方面的信息，还可以是从其他的各种渠道中感知到的信息，如同事、朋友的介绍等。因此，在客户接待方面应注意对公司形象和客户服务人员进行包装，以引起目标客户的高度注意。

注意具有指向性和集中性，所以，一个人在同一时间不可能感知周围的一切对象，而只能有选择地指向一定对象，并全身心地对待这一对象，其余对象则离开感知范围。当人们注意某一件物品或某一种事物的时候，其他的心理活动要受到相应的抑制，比如，客户如果十分专心认真地注意到柜台里展示的商品的外观和品质时，对于自己的周围和脚下的物品就有可能不太注意，如果展台四周的地面有随便乱放的杂物，就有可能给客户造成麻烦。而有的客户在选购商品时将意识完全注意到选购方面了，结果时常出现买了东西忘了自己携带的物品，或者由于精力太集中忘记照看好随身携带的物品而出现被偷的情况；对此，客户服务人员应有这种注意力和责任心，时常提醒客户照看好自己的其他物品。一些商业单位在购物场所四处张贴提醒式小标语，对于提高服务质量大有好处。

客户在认知商品的过程中，往往表现出不同的注意倾向。有的漫无目的，有的目标专一；有时主动注意，有时被动注意。根据客户有无目的及是否需要意志努力，可将注意分为无意注意、有意注意和有意后注意三种。刺激物的强度、对比度、活动性、新异性等是引起无意注意的主要原因。有意注意通常发生在需求欲望强烈、交易目标明确的场合。与无意注意相比，有意注意是一种更高级的注意形态，通过有意注意，客户可以迅速感知所需商品和服务，准确做出分析判断，从而缩短对商品的认知过程，提高交易效率。有意后注意则可使注意保持相对稳定和持久。

不同的客户，其注意的方向、深度不同，注意有时是有意的，有时则是无意的。客户服务人员应根据客户的注意特征做好服务工作。当客户注意于某种商品和事物的时候，客户的表情必然会表现出这种心理活动，服务人员可以从客户的表情上判断和分析客户真正注意的事情，分析他们的需要。客户的眼睛、面部表情及手、脚等，都是反映客户内心注意状态的主要观察渠道。

客户注意的指向和集中性一般侧重于两个方面，一方面是接待人员对自己的态度，以证明自己是否受欢迎；另一方面是对方在双方交易涉及实物方面表现出的专业性和合作意向。

3. 联想与客户服务工作

联想是回忆的一种特殊形式，是由当前直接感知到的事物或曾经经历过的事物而回想起与之相关的另一事物的心理过程。联想心理在企业的产品宣传和品牌形象记忆方面有重要的影响。按照所反映事物的关系不同，联想可分为以下几种类型。

（1）接近联想

由于两种事物在位置上、空间距离上或在时间上比较接近，所以认知到第一种事物的时候，很容易联想到另一种事物。上午到了十一点半左右人们一般会想到要吃中午饭；在购物时常常会产生一种原产地联想，如买瓷器，就买景德镇的瓷器、买名贵酒就买贵州的茅台酒。

（2）相似联想

这是由某一事物的感知或回忆而引起对与其性质相似或相近事物的回忆。两种事物在大小、形状、功能、地理背景、时间背景等方面有类似之处，认知到一种事物时就会联想到另一种事物。

（3）对比联想

对比联想两种事物在性质、大小、外观等一些方面存在相反的特点，人们在认知到一种事物时会从反面想到另一种事物。如商店里播放的音乐声太大，想到如果商店里的声音小一点的话会更好，上次在另一家商店里听到的音乐感觉真是舒畅；一位客户脸部的皮肤略感粗糙，总是想到如果自己脸部的皮肤细腻一些会更美丽。

（4）关系联想

关系联想是指由事物之间的各种联系而形成的联想，如人们由购买商品房进而想到如何装修和购买家具等。

二、客户的情感过程

通过认知过程，客户对各种商品属性和服务进行由表及里的全面了解后，往往会衡量该商品和服务是否能满足自己的需要。这时认知过程就会过渡到情感过程。

1. 情绪与情感的概述

(1) 情绪与情感的定义

情绪与情感是人对客观事物是否符合自己的需要、愿望而产生的态度体验。人们在认知和改造客观世界的过程中，客观事物会对人有某种意义，因而人们对这些事物就会产生某种态度，这种对客观事物的态度总是以带有某些特殊色彩的体验形式表现出来的。情绪与情感反映的不是客观事物本身的属性，而是反映客观事物属性与人的需要之间的关系，因此，可以说它是人类对客观世界的一种特殊的反映形式。如客户买到优惠价商品会感到十分高兴，没买到优惠价商品的客户会比较失落，而买到质量有问题商品的客户则非常生气。

通常客户的情绪与情感直接表现为主观心理感觉，即客户对需求被满足与否，以及满足的程度、方式的主观心理感受。消费活动是一种满足需要的活动，它是通过商品的实际购买、使用来实现的。客户在选购商品的过程中，对于符合心意、满足实际需要的产品和服务会产生积极的情绪与情感，它能增强客户的购买欲望，促进购买行为的发生。

(2) 情绪与情感的层次

情绪与情感赋予人的认知活动中，它在认知活动中产生，并影响着活动的进行。通常可以将情绪与情感分为两个层次：一是由满足生理需要而产生的情绪与情感，称为原始情绪与情感，也称低级情绪与情感；二是由满足社会需要而产生的情绪与情感，称为高级情绪与情感。

(3) 情绪与情感的联系与区别

情绪是情感的外在表现，情感是情绪的本质内容，在使用过程中两者并没有严格的区分。一般来说，情绪是较低级的心理现象，属表层心理，常常用于感情的表达方式，一般与心理是否得到满足相联系，由特定的条件所引起，并随着条件的变化而变化，表达形式比较短暂，具有较大的情景性和冲动性。而情感是较高级、深层次的心理现象，与情绪相比较，它带有较大的稳定性和深刻性。

2. 情绪与情感的分类

(1) 情绪根据性质分类

1) 快乐。快乐指个体的目标得到实现、需要得到满足时的态度体验。快乐又可分为满意、愉快、欢乐、狂喜等不同程度的状态。企业的服务活动应当全方位地让客户在消费过程中体验到快乐，这有助于培养其忠诚消费行为。

2) 愤怒。愤怒指个体的行为目标受到干扰、破坏、打击，而无法实现目标的态度体验。愤怒可分为不满意、生气、愤怒、暴怒等不同程度的状态。

3）恐惧。恐惧指个体由于缺乏心理准备，不能应付、处理或摆脱突然出现的某种可怕的或危险的情景所产生的态度体验。恐惧可分为紧张、焦虑、害怕、惊恐等不同程度的状态。

4）悲哀。悲哀指个体失去所钟爱的对象或追求的目标而产生的态度体验。悲哀可分为遗憾、失望、难过、悲伤、哀痛等不同程度的状态。

（2）情感根据内容分类

1）道德感。道德感是个体根据社会行为标准评价自己或他人言行时所产生的态度体验。道德感是一种最高级形式的社会情感。在消费过程中，服务人员良好的职业道德和热情的服务态度对于激励客户的购买行为起着重要的影响作用。

2）理智感。理智感是个体的求知欲望是否得到满足而产生的态度体验。理智感是在认知过程中产生和发展起来的，它会推动认知过程的深入进行。例如，客户对时尚新潮的产品会产生好奇心，好奇心会促使其进一步去了解这些产品，接触和了解这些产品又会引发客户其他的情绪与情感。所以，理智感对客户在购买过程中的情绪变化起着重要的推动作用。

3）美感。美感是人的审美需要是否得到满足而产生的态度体验。由于客户的社会地位、经济条件、文化修养、社会实践等方面的差异，他们的审美标准也各不相同。但一般来说，同一社会群体成员有着近似的美感。企业在产品定位后，一定要把握好客户的审美标准，做到商品的外在美与内在美相统一，以赢得更多客户的青睐。

客户在产生情感反应后，就很容易支配其消费或交易行为了。积极的情绪与情感会促进消费行为的发生和进一步发展；反之，消极的情绪与情感则会抑制消费行为的发生和发展。因此，服务部门必须杜绝容易对客户的情绪和情感产生负面影响的服务行为，真正做到让客户满意。

三、客户的意志过程

1. 意志的概念和特征

意志就是指人自觉地确定目的并主动支配、调节其行为，克服困难实现其预定目标的心理过程。

人的意志过程具有两个主要特征，一是有目的的心理活动。客户的意志是在有目的的行动中表现出来的，这个目的是自觉的、有意识的；如有的客户省吃俭用就是为了购买盼望已久的耐用消费品。二是它是克服困难的心理活动。克服困难的过程就是人的意志行动过程。例如，在选择交易对象时，面对商品和服务各不相同的单位、价格有高有低的情况，决策人就会犹豫不决，既要考虑自己单位的购买能力，又要细心考察交易方的商品和服务质量的优劣、对方履行约定的能力等各种因素。决策的过程就是克服困难实现既定目标的过程。

2. 客户交易决策的意志过程

在交易活动中，客户服务人员的意志表现为一个复杂的作用过程，其中包括做出决定、执行决定、体验执行效果三个相互联系的阶段。

（1）做出决定阶段

这是初始阶段，包括目的的确定、购买动机的取舍、购买方式的选择和购买计划的制订，实际上是购买前的准备阶段。

（2）执行决定阶段

在这一阶段，交易决定转化为实际的购买行动，通过一定的方式和渠道购买到自己所需要的商品。当然，这一转化过程在现实生活中不会是很顺利的，往往会遇到一些障碍，需要加以排除。所以，执行购买决定是中心环节。

（3）体验执行效果阶段

完成购买行为后，通过对商品的使用，购买方客户还要体验执行购买决定的效果，如商品的性能是否良好、使用是否方便、外观与使用环境是否协调、实际效果与预期是否接近等。在上述体验的基础上，评价购买这一商品的行为是否明智。这种对购买决策的检验和反省，对今后的购买行为有重要意义，它将决定该客户今后是重复还是拒绝、是扩大还是缩小对该商品的购买量。

在通过上述阶段的基础上，购买方客户完成了从认知、情绪到意志的整个心理活动过程。如前所述，认知、情绪、意志等心理活动过程以及感觉、知觉、注意、记忆等心理机能存在于所有客户的各种消费活动中，是一切消费行为共有的心理基础，因而体现了客户心理的共性和一般性。

四、需要和动机

1. 需要的概念和特点

（1）需要的概念

需要是人的一种个性倾向性，指在一定生活条件下，人们对客观事物的一种欲求。它是人体缺乏某种东西，或受到某种刺激时所产生的一种主观反应；也是人体特有的一种寻求自我保护和自我发展的基本动力，是个性积极性的源泉。

（2）需要的特点

需要的特点是具有对象性与多样性。即一方面，人的需要总要包括具体的内容；另一方面，由于人们之间存在的个体差异和个体需要的差异性，导致了需要的千差万别。

1) 层次性和伸缩性。人的需要虽然是多方面的，但不可能同时产生，也不可能同时满足，它只能按轻重缓急呈现出层次，并且由低级向高级推移。

2) 发展性。需要是由人的社会环境和生活条件决定的，因而会随着社会的发展而发展。

3) 可诱导性。人们的需要在受到外界因素的刺激、影响下，是可以发生变化的。

2. 马斯洛的需要层次理论

心理学家马斯洛认为，人的需要虽然多种多样，但是有重要性差别和实现的先后差别，根据需要对个体的重要程度，马斯洛把需要分为五个层次，从强至弱依次为生理需要、安全需要、归属与爱的需要、尊重需要、自我实现需要。

(1) 生理需要

生理需要指的是人对食物、水、空气等用于维持个体生存、种族延续的物质需要。

(2) 安全需要

安全需要表现为人们要求稳定、安全、受到保护、有秩序、能免除恐惧及焦虑，如医疗和退休保险等。

(3) 归属与爱的需要

归属与爱的需要表现为人们要求与其他人建立感情联系或关系，如交朋友、追求爱情、得到所在团体的承认等。

(4) 尊重需要

尊重需要包括自尊和受到他人尊重。

(5) 自我实现需要

自我实现需要是指人们力求发展并施展自己的能力或潜能，以达到完美境界的成长需要。

需要是客户从事消费活动的内在原因和根本动力。正是为了满足多种多样的消费需要，客户才会努力实施相应的消费行为。原有需要得到满足之后，又会产生新的需要；新的需要推动新的消费行为发生，如此循环往复，形成延续不断的消费行为序列。需要、动机和行为的关系如图6—2所示。

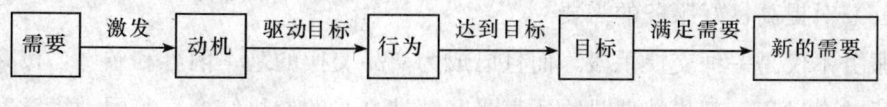

图6—2　需要、动机与行为的关系

3. 客户需要的具体内容

就客户对商品的需要而言，其内容大致包括以下几个方面：

(1) 对商品使用价值的需要

使用价值是商品的物质属性，也是消费需求的基本内容。无论这种消费属于满足人的物质需要，还是心理需要，都离不开特定的物质载体，且这种物质载体必须具有一定的物质属性。商品使用价值包括的内容主要有商品的基本功能、质量、外观、品种、规格，商品的安全性能、方便程度，商品供应的数量，同类商品可供选择的余地等。

(2) 对商品审美的需要

对美好事物的向往和追求是人类的天性，它体现于人类生活的各个方面。对于客户来说，希望所购商品既要有实用性，同时也要有审美价值。在消费需要中，人们对消费对象审美的要求主要表现在商品的工艺设计、造型、式样、色彩、装饰及风格等方面。人们在重视商品质量的同时，也希望该商品具有漂亮的外观、和谐的色调等一系列符合审美情趣的特点。

(3) 对商品时代性的需要

没有一个社会的消费能够不带有时代的印记，人们的消费需求总是自觉或不自觉地反映着该时代的特征。消费需求的时代性表现为一个时代所特有的消费观念、消费方式、消费结构的总和。因此，商品的时代性在商品销售中具有重要意义。从某种意义上说，商品的时代性意味着商品的生命。一种商品一旦被时代所淘汰，成为过时的东西，它就会滞销，结束生命周期。营销人员需要使经营的商品适应时代的需要，满足客户对商品时代感的要求。而生产者需要能够站在时代的前列，及时生产出具有时代特征的商品。

(4) 对商品社会象征性的需要

商品的社会象征性是指人们赋予商品一定的意义，使得购买、拥有某种商品可以得到某种心理上的满足。例如，有的人希望通过消费活动表明自己的社会地位和身份；有的人则想通过某种消费活动表明自己的社会责任感；有的人想通过所拥有的商品提高自己在社会上的知名度。对于营销人员来说，了解消费行为中人们对商品社会象征性的需求，有助于采取适当的营销策略。

(5) 对提高良好服务的需要

服务不仅是一种交换手段，而且已成为商品交换的基本内容和条件，贯穿于商品流通的全过程。现代消费是物质享受和精神享受的有机结合。美国销售学家里维教授说："未来竞争的关键，不在于工厂能生产什么产品，而在于其产品所提供的附加价值：包装、服务、用户咨询、购买信贷、及时交货和用人们的价值来衡量的一切东西。"因此，企业必须彻底扭转传统的经营思想和观念，树立以客户为中心的服务意识。

4. 动机的概念和功能

动机是由需要所引起的激励或推动人们去行动以达到一定目的的内在动力。人们在生活中总伴随着各种需要，而为了满足这些需要，便产生了许多主观愿望，如生理上的满足和舒适、精神上的愉悦、事业上的成功等。

(1) 动机的概念和形成

动机是一种基于需要而由各种刺激引起的心理冲动。它的形成要具备一定的条件，动机的产生必须以需要为基础，而且需要相应的刺激条件。当个体受到某种刺激时，其内在需求会被激活，使内心产生某种不安情绪，形成紧张状态。这种不安情绪和紧张状态会演化为一种动力，由此形成动机。此外，需要产生以后，还必须有满足需要的对象和条件，才能形成动机。

客户动机的形成过程中，上述三方面条件缺一不可，其中尤以外部刺激更为重要。因为在通常情况下，客户的需求处于潜伏或抑制状态，需要外部刺激加以激活。外部刺激越强，需求转化为动机的可能性就越大；否则，需求将维持原状。因此，如何给客户以更多的外部刺激，是推动其购买动机形成乃至实现购买行为的重要前提。

(2) 动机的功能及其与行为的关系

心理学认为，动机在激励人的行为活动方面具有下列功能：

1) 发动和终止行为的功能。动机作为行为的直接动因，其重要功能之一就是能够引发和终止行为。客户的购买行为就是由购买动机的发动而引起的。

2) 指引和选择行为方向的功能。动机不仅能引发行为，还能将行为导向特定的方向。这一功能在客户行为中，首先表现为在多种消费需求中确认基本的需求，如安全、社交、成就等。其次表现为促使基本需求具体化，成为对某种商品或服务的具体购买意愿。在指向特定商品或服务的同时，动机还势必影响客户对选择标准或评价要素的确定。通过上述过程，动机使消费行为指向特定的目标或对象。同时，动机还可以促使客户在多种需求的冲突中进行选择，使购买行为朝着需求最强烈、最迫切的方向进行，从而求得消费行为效用和客户需求满足的最大化。

3) 维持与强化行为的功能。动机的作用表现为一个过程。在人们追求实现目标的过程中，动机将贯穿行为的始终，不断激励人们努力采取行动，直至目标的最终实现。另外，动机对行为还具有重要的强化功能，由某种动机强化的行为结果对该行为的再生具有加强或减弱的作用。客户在惠顾动机的驱使下，经常对某些信誉良好的商店和商品重复光顾和购买，就是这一功能的明显体现。

4）当消费动机实现为消费行为的时候，有的动机直接促成一种消费行为；而有些动机则可能促成多种消费行为的实现；在某些情况下，还有可能由多种动机支配和促成一种消费行为。动机与消费行为之间并不完全是一一对应的关系。

5. 客户动机的特征

与需要相比，客户的动机较为具体和直接，有着明确的目的性和指向性，但同时也具有更加复杂的特性。具体表现在以下几个方面。

(1) 主导性

现实生活中，每个客户都同时具有多种动机。这些复杂多样的动机之间以一定的方式相互联系，构成完整的动机体系。在这一体系中，各种动机所处的地位及所起的作用互不相同。有些动机表现得强烈、持久，在动机体系中处于支配性地位，属于主导性动机；有些动机表现得微弱而不稳定，在动机体系中处于依从性地位，属于非主导性动机。一般情况下，人们的行为是由主导性动机决定的。尤其当多种动机之间发生矛盾、冲突时，主导性动机往往对行为起支配作用。

(2) 可转移性

客户的购买行为主要取决于主导性动机。但在动机体系中处于从属地位的非主导性动机并非完全不起作用，而是处于潜在状态。可转移性是指客户在购买或决策过程中，由于新的消费刺激出现而发生动机转移，原来的非主导性动机由潜在状态转为显现状态，从而上升为主导性动机的特性。

(3) 内隐性

动机并不总是显露无遗的。客户的真实动机经常处于内隐状态，难以从外部直接观察到。在现实中，客户经常出于某种原因而不愿意让他人知道自己的真实动机。除此之外，动机的内隐性还可能由于客户对自己的真实动机缺乏明确的意识，即动机处于潜意识状态。这种情况在多种动机交织组合，共同驱动一种行为时经常发生。

(4) 冲突性

当客户同时具有两种以上动机且共同发生作用时，动机之间就会产生矛盾和冲突。冲突的本质是客户在各种动机实现所带来的利害结果中进行权衡比较和选择。在消费活动中，常见的动机冲突有以下几种。

1）利—利冲突。在这种情况下，相互冲突的各种动机都会给客户带来相应利益，因而对客户有着同样的吸引力。但由于消费条件的限制，客户只能在有吸引力的各种可行性方案中进行选择，吸引力越均等则冲突越厉害。由于对各种利益相持不下，因此，客户通常对外界刺激十分敏感，希望能借助外力做出抉择。此时，广告宣传、销售人员的诱导、群体的示范、权威人士的意见及各种促销措施常常会使客户发生心理倾斜，从而做出实现其中一种利益的动机选择。

2）利—害冲突。在这一情况下，客户面临着同一消费行为既有积极后果，又有消极后果的冲突。其中，引发积极后果的动机是客户极力追求的，导致消极后果的动机又是其极力避免的，因而使之经常处于利弊相伴的动机冲突和矛盾之中。利—害冲突常常导致决策的不协调，使消费行为发生扭曲。解决这类冲突的有效措施是尽可能减少不利后果的严重程度，或采用替代品抵消有害结果的影响。

3）害—害冲突。有时，客户同时面临着两种或两种以上均会带来不利结果的动机。由于两种结果都是客户企图回避或极力避免的，而因情境所迫又必须对其中一种做出选择，因此，两种不利动机之间也会产生冲突。面对这类冲突，客户总是趋向选择不利和不愉快程度较低的动机作为实现目标，以便使利益损失降到最低限度。此时，如果采取适当方式减少不利结果，或从其他方面给予补偿，将有助于客户减轻这方面的冲突。例如，分期付款或承诺售出产品能以旧换新等可以使客户的购买风险大大降低，从而使动机冲突得到明显缓和。

五、客户的个性心理特征

1. 客户的气质
从消费心理学的角度看，气质是指个体心理活动的典型的、稳定的动力特征。这些动力特征主要表现在心理过程的强度、速度、稳定性、灵活性及指向性上，如情绪体验的强弱和快慢、思维的敏捷性、知觉的敏锐度、注意力集中时间的长短、注意力转移的难易及心理活动倾向于外部世界还是内心世界等。

2. 气质的作用
（1）气质使每个人的行为带有一定的色彩、风貌，表现出独特的风格

气质作为个体典型的心理动力特征，是在先天生理素质的基础上，通过生活实践，在后天条件影响下形成的。由于先天遗传因素不同及后天生活环境的差异，不同个体之间在气质类型上存在着多种个别差异。这种差异会直接影响个体的心理和行为，从而使每个人的行为表现出独特的风格和风貌。气质的差异和影响同样存在于客户及其消费活动中。因此，气质是客户固有特质的一种典型表现。

（2）气质可以影响一个人进行活动的方式和效率

这一特性正是人们在消费心理与行为研究中关注气质特性的意义所在。气质作

为个体稳定的心理动力特征，一经形成，便会长期保持下去，并对人的心理和行为产生持久影响。但是，随着生活环境的变化、职业的熏陶、所属群体的影响及年龄的增长，人的气质也会发生改变。

3. 气质学说与基本气质类型

长期以来，心理学家对气质这一心理特征进行了多方面研究，从不同角度提出了各种气质学说，并对气质类型做出相应分类。

（1）主要的气质学说

1）体液说。古希腊的著名医师希波克拉底最早提出气质的体液学说，认为人体的状态是由体液的类型和数量决定的。他通过临床实践提出，这些体液类型有四种，即血液、黏液、黄胆汁、黑胆汁。根据每种体液在人体内所占比例不同，可以形成四种气质类型。血液占优势的属于多血质，黏液占优势的属于黏液质，黄胆汁占优势的属于胆汁质，黑胆汁占优势的属于抑郁质。希波克拉底还详细描述了四种典型气质的行为表现。由于他的理论较易理解，所以这一分类方法至今仍为人们所沿用，但其关于体液存在的观点始终未得到生理学和现代医学的验证。有关内容请参考后文"基本气质类型"的内容。

2）血型说。日本学者古川竹二等认为，气质与人的血型有一定联系。四种血型即O型、A型、B型、AB型，分别构成气质的四种类型。其中，O型血的人意志坚强，志向稳定，独立性强，有支配欲，积极进取；A型血的人性情温和，老实顺从，孤独害羞，情绪波动，依赖他人；B型血的人感觉灵敏，大胆好动，多言善语，爱管闲事；AB型气质的人则兼有A型和B型的特点。这种理论在日本较为流行。

3）体形说。德国的精神病学家克瑞奇米尔根据临床观察研究认为，人的气质与体形有关。属于细长体形的人具有分裂气质，表现为不善交际、孤僻、神经质、多思虑；属于肥胖体形的人具有躁狂气质，表现为善于交际、表情活泼、热情；属于筋骨体形的人具有黏着气质，表现为迷恋、一丝不苟、情绪有爆发性。

4）激素说。这种学说认为人体内的各种激素在不同的人身上有着不同的分布水平。某种激素水平较高，人的气质就带有某种特点。例如，甲状腺激素水平高的人，容易精神亢奋，好动不安。

5）高级神经活动类型说。心理学家巴甫洛夫通过对高等动物的解剖实验，发现大脑两半球皮层和皮层下部位的高级神经活动在心理的生理机制中占有重要地位。皮层的细胞活动有两个基本过程：兴奋和抑制。兴奋过程引起和增强皮层细胞及相应器官的活动；抑制过程则阻止皮层的兴奋和器官的活动。这两种神经过程有三大基本特性,即强度、平衡性、灵活性。所谓强度是指大脑皮层细胞经受强烈刺激或持久工作的能力;平衡性是指兴奋过程的强度和抑制过程的强度之间是否相当;而灵活性是指刺激的反应速度和兴奋过程与抑制过程相互替代、互相转换的速度。巴甫洛夫正是根据上述三种特性的相互结合提出高级神经活动类型的概念,并据此划分出高级神经活动的四种基本类型,即兴奋型、活泼型、安静型、抑制型,并指出所谓气质就是高级神经活动类型的特点在动物和人的行为中的表现。

具体来说,兴奋型的人表现为兴奋过程时常占据优势,且与抑制过程不平衡,情绪易激动,暴躁而有力,言谈举止有狂热表现。活泼型的人神经活动过程平衡,强度和灵活性都高,行动敏捷而迅速,兴奋与抑制之间转换快,对环境的适应能力强。安静型的人其神经活动过程平衡,强度高但灵活性较低,反应较慢而深沉,不易受环境因素的影响,行动迟缓而有惰性。抑制型的人其兴奋和抑制两种过程都很弱,且抑制过程更弱一些,难以接受较强刺激,是一种胆小而容易伤感的类型。

由于巴甫洛夫的结论是在解剖实验基础上得出的,并得到后人的研究证实,因而具有较强的科学依据。同时由于各种神经活动类型的表现形式与传统的体液说有对应关系,因此,人们通常把二者结合起来,以体液说作为气质类型的基本形式,而以巴甫洛夫的高级神经活动类型说作为气质类型的生理学依据。

(2) 基本气质类型

气质的分类最早是于公元前 5 世纪由古希腊医生希波克拉底提出的,在他之后虽然产生了各种气质理论,但最具代表性的还是希波克拉底的体液类型说。体液类型说认为人体内有四种体液,即血液(生于心脏)、黏液(生于脑)、黄胆汁(生于肝)、黑胆汁(生于胃)。这四种体液在人体内的不同比例,会形成四种典型的气质类型,即多血质、黏液质、胆汁质、抑郁质。每一种气质类型都有各自的特征。

1) 多血质。这种气质的人高级神经活动类型属于活泼型。一般表现为情绪兴奋性高,外部表露明显,反应速度快而灵活,活泼好动,动作敏捷,喜欢交往,乐观开朗,兴趣广泛而不持久,注意力容易转移,情感丰富但不够深刻、稳定。

2) 黏液质。这种气质的人高级神经活动类型属于安静型。他们的情绪兴奋性低,外部表现少,反应速度慢,一般表现为沉静安详,少言寡语,动作迟缓,善于克制忍耐,情绪不外露,做事踏实,慎重细致,但不够灵活,易固执己见。

3) 胆汁质。胆汁质气质的人其高级神经活动类型是兴奋型。其情绪兴奋性高,抑制能力差,反应速度快,直率热情,精力旺盛,但不够灵活,脾气暴躁,容易冲动,心境变化剧烈。

4) 抑郁质。这种气质的人高级神经活动类型属于抑制型。其特性为情绪兴奋性低，反应速度慢而不灵活，做事刻板，敏感细腻，脆弱多疑，孤僻寡欢，对事物反应较强烈，情感体验深刻，但很少外露。

应当指出的是，上述四种类型是气质的典型类型。现实当中，大多数客户的气质介于四种类型的中间状态，或以一种气质为主，兼有另一种气质的特点，即属于混合型气质。

4. 客户的气质类型及其特点

客户不同的气质类型会直接影响和反映到他们的消费行为中，使之显现出不同甚至截然相反的行为方式、风格和特点。概括起来，大致有以下几种对应的表现形式。

（1）主动型和被动型

在谈判现场，不同气质的客户其行为主动与否会有明显差异。多血质和胆汁质的人通常主动与服务人员进行接触，积极提出问题并进行咨询，有时还会主动征询其他在场客户的意见，表现十分活跃。而黏液质和抑郁质的人则比较消极被动，通常要由服务人员主动进行询问，而不会首先提出问题，因而不太容易沟通。

（2）理智型和冲动型

客户的气质差异对购买行为方式有显著影响。黏液质的人比较冷静慎重，能够对各种商品的内在质量加以细致的选择与比较，通过理智分析做出购买决定，同时善于控制自己的感情，不易受广告宣传、外观包装及他人意见的影响。而胆汁质的人容易感情冲动，经常仅凭个人的兴趣、偏好，以及对商品外观的好感选择商品，而不过多考虑商品的性能与实用性，他们喜欢追求新产品，容易受广告宣传及购物环境的影响。

（3）果断型和犹豫型

在制定购买决策和实施购买时，气质的不同会直接影响客户的决策速度与购买速度。多血质和胆汁质的客户心直口快，言谈举止比较匆忙，一旦见到自己满意的商品，往往会果断地做出购买决定，并迅速实施购买，而不愿花费太多的时间去比较和选择。抑郁质和黏液质的客户在挑选商品时则优柔寡断，十分谨慎，动作比较缓慢，挑选的时间也比较长，在决定购买后易发生反复。

（4）敏感型和粗放型

在售后体验方面，接受服务和消费商品的客户的气质不同，其体验程度会有明显差异。黏液质和抑郁质的客户在消费体验方面的感受比较深刻，他们对购买和使用商品的心理感受十分敏感，并直接影响到心境及情绪，在遇到不满意的商品或受到不良服务时，经常做出强烈的反应。相对而言，胆汁质和多血质的客户在消费体验方面不十分敏感，他们不过分注重和强调自己的心理感受，对于购买和使用商品的满意程度不十分苛求，表现出一定程度的容忍性。

5. 客户的性格

（1）性格的含义

性格是指个体在对现实的稳定态度和与之相适应的习惯化行为方式中表现出来的个性心理特征。性格是个性中最重要、最显著的心理特征，由于它在某种程度上是以道德观点来评价的，所以性格在人的个性中起核心作用，是一个人区别于他人的主要心理标志。性格是在生理素质的基础上，在后天的社会实践活动中逐渐形成、发展和变化的，它具有一定的复杂性、独特性、整体性和稳定性。同时性格往往通过人对事物的倾向性态度、意志、活动、言语、外貌等方面表现出来，是人的主要个性特点（即心理风格）的集中体现。人们在现实生活中显现的某些一贯性的态度、倾向和行为方式，如大公无私、勤劳、勇敢、自私、懒惰、沉默、懦弱等，即反映了自身的性格特点。

性格有时易与气质混为一谈，实际上二者既有联系又有区别。气质主要指个体情绪反应方面的特征，是个性内部结构中不易受环境影响的比较稳定的心理特征；性格除了包括情绪反应的特征外，更主要的还包括意志反应的特征，是个性结构中较易受环境影响的可变的心理特征。

人的性格是在生理素质的基础上，在社会实践活动中逐渐形成和发展起来的。由于先天生理素质如高级神经活动类型、神经系统的暂时神经联系、血清素和去甲肾上腺素的比例等各不相同，后天所处的社会环境及教育条件千差万别，因而人们的性格存在着明显差异。这种差异性是绝对的，也是性格最本质的属性之一。此外，由于性格的形成主要决定于后天的社会化过程，而社会环境是不断变化的，因此，性格虽然也是一种比较稳定的心理特征，但与气质相比更易于改变，即具有较强的可塑性。

性格是带有一定社会倾向性的个性品质。性格虽然并非个性的全部，但它却是表现一个人的社会性及基本精神面貌的主要标志，因而具有社会评价意义，在个性结构中居于核心地位，是个性心理特征中最重要的方面。

（2）性格的特征

性格是十分复杂的心理构成物，包含多方面的特征。性格的基本特征包括以下四个方面。

1）性格的态度特征。即表现个人对现实的态度倾向性特点。

2）性格的理智特征。即表现心理活动过程方面的个体差异的特点，如在感知方面,是主动观察型还是被动感知型等。

3) 性格的情绪特征。即表现个人受情绪影响或控制情绪程度状态的特点等。

4) 性格的意志特征。即表现个人自觉控制自己的行为及行为努力程度方面的特征,如是否具有明确的行为目标、能否自觉调试和控制自身行为等。

上述性格特征,反映在客户对待商品的态度和购买行为上,就构成了千差万别的消费性格。例如,在消费观念上,是简朴节约还是追求奢华;在消费倾向上,是求新还是守旧;在认知商品上,是全面、准确还是片面、错误;在消费情绪上,是乐观、冲动还是悲观、克制;在购买决策上,是独立还是依赖;在购买行动上,是坚定明确、积极主动,还是动摇盲目、消极被动。这些差异都表现出不同的消费性格。

(3) 性格理论与类型

有关性格的学说主要有以下六种类型。

1) 机能类型说。这种学说主张根据理智、情绪、意志三种心理机能在性格结构中所占的优势地位来确定性格类型。其中,以理智占优势的性格,称为理智型。这种性格的人善于冷静地进行理智的思考、推理,用理智来衡量事物,行为举止多受理智的支配和影响。以情绪占优势的性格,称为情绪型;这种性格的人情绪体验深刻,不善于进行理性思考,言行易受情绪支配,处理问题喜欢感情用事。以意志占优势的性格,称为意志型;这种性格的人在各种活动中都具有明确的目标,行为积极主动,意志比较坚定,较少受其他因素的干扰。

2) 向性说。美国心理学家艾克森提出按照个体心理活动的倾向来划分性格类型,并据此把性格分为内倾、外倾两类。内倾型的人沉默寡言,心理内倾,情感深沉,待人接物小心谨慎,性情孤僻,不善交际。外倾型的人心理外倾,对外部事物比较关心,活泼开朗,情感容易流露,待人接物比较随和,不拘小节,但比较轻率。

3) 独立—顺从说。这种学说按照个体的独立性,把性格分为独立型和顺从型两类。独立型表现为善于独立发现和解决问题,有主见,不易受外界影响,较少依赖他人。顺从型则表现出独立性差,易受暗示,行动易为他人左右,面临抉择时犹豫不决。

4) 特质分析说。美国心理学家卡特尔通过分析,从众多行为的表面特性中抽象出十六种特质,如兴奋、稳定、怀疑、敏感、忧虑、独立、自律、紧张、乐群、聪慧、坚强、有恒、敢为、幻想、泄欲、实验等。根据这十六种特质的不同结合,可以区分出多种性格类型。

5) 价值倾向说。美国心理学家阿波特根据人的价值观念倾向对性格作了六种分类。

①理论型。这种性格的人求知欲旺盛,乐于钻研,善于观察、分析和推理,自制力强,对情绪有较强的控制力。

②经济型。这种性格的人倾向于务实,从实际出发,注重物质利益和经济效益。

③艺术型。这种性格的人重视事物的审美价值,善于审视和享受各种美好的事物,以美学或艺术价值作为衡量标准。

④社会型。这种性格的人具有较强的社会责任感,以爱护关心他人作为自己的职责,为人善良随和,宽容大度,乐于交际。

⑤政治型。这种性格的人对于权力有较大的兴趣,十分自信,自我肯定,也有的人表现为自负专横。

⑥宗教型。这是指那些重视命运和超自然力量的人,一般有稳定甚至坚定的信仰,逃避现实,自愿克服比较低级的欲望,乐于沉思和自我否定。

6) 性格九分法。近年来,性格九分法作为一种新的分类方法,在国际上引起重视并逐渐流行开来。这种分类把性格分为九种基本类型。

①完美主义型。谨慎,理智,苛求,刻板。

②施予者型。有同情心,感情外露,但可能具有侵略性,爱发号施令。

③演员型。竞争性强,能力强,有进取心,性情急躁,为自己的形象所困扰。

④浪漫型。有创造性,气质忧郁,热衷于不现实的事情。

⑤观察者型。情绪冷淡,超然于众人之外,不动声色,行动秘密,聪明。

⑥质疑者型。怀疑成性,忠诚,胆怯,总是注意危险的信号。

⑦享乐主义者型。热衷享受,乐天,孩子气,不愿承担义务。

⑧老板型。独裁,好斗,有保护欲,爱负责任,喜欢战胜别人。

⑨调停者型。有耐心,沉稳,会安慰人,但可能会沉迷于享受而对现实不闻不问。

从上述理论介绍中可以看出,有关学者在划分性格类型时的研究角度和所持的依据各不相同,因而得出的结论也各不相同。这一现象带来的重要启示在于,性格作为主要在社会实践中形成并随环境变化而改变的个性心理特征,具有极其复杂多样的特质构成与表征,单纯以少数因素加以分类,是难以涵盖其全部类型的。这一状况同样适用于对客户性格类型的研究。而且由于消费活动与其他社会活动相比更为复杂、丰富、变化多端,因此,客户的性格类型更难以作统一界定,而只能在与消费实践的密切结合中加以研究和划分。

6. 客户购买行为的类型

从购买行为方式角度看，可以分为习惯型、慎重型、挑剔型及被动型客户。

（1）习惯型的客户

此类型客户在购买商品时习惯参照以往的购买和使用经验，受社会时尚、潮流影响较小，不会轻易改变自己的观念和行为。

（2）慎重型的客户

此类型客户在性格上大都沉稳，持重，做事冷静、客观，情绪不易外露。选购商品时，通常根据自己的实际需要并参照以往购买经验，进行仔细慎重的比较权衡，然后做出购买决定。购买过程中，受外界影响小，不易冲动，具有较强的自我抑制力。

（3）挑剔型的客户

此类型客户的性格特征表现为意志坚定，独立性强，不依赖他人。在选购商品时强调主观意愿，自信果断，很少征询或听从他人意见，对营业员的解释说明常常持怀疑和戒备心理，观察商品细致深入，有时甚至过于挑剔。

（4）被动型的客户

此类型客户在性格特征上比较消极、被动、内倾。由于缺乏商品知识和购买经验，在选购商品的过程中往往犹豫不决，缺乏自信和主见；对商品的品牌、款式等没有固定的偏好，希望得到别人的意见和建议。由其性格决定，这类客户的购买行为常处于消极被动状态。

值得指出的是，上述按消费态度和购买方式所作的分类，只是为了便于了解性格与人们的消费行为之间的内在联系，以及不同消费性格的具体表现。现实购买活动中，由于受周围环境的影响，客户的性格经常难以按照原有面貌表现出来。所以在观察和判断客户的性格特征时，应特别注意其稳定性，而不应以一时的购买表现来判断其性格类型。

第3节 客户服务心理策略

一、人际关系的概念与特征

人的社会性决定了人际交往的必然性。一个人只有在同他人交往中，才能形成生活所需要的勇气、乐趣、情感、意志、知识和能力。因此，同他人交往就成为人的一种本质的、内在的、永恒的基本需要。人际关系正是在这种双向的、互惠的、积极主动的交往中形成的。

人际关系学是一门新兴的学科，但是，由于人际关系具有多样性、变化性、复杂性等特点，要准确地回答什么是人际关系、什么是人际关系学则比较困难。为了便于学习，可以这样理解，所谓关系，是指事物之间的相互联系、相互影响和相互作用的状态。所谓人际关系，就是为了自身和社会的发展，人们之间所形成的相互联系、相互影响和相互作用的交往状态。

从需要理论讲，人际关系的建立、发展和变化与交往对象双方各自获得需要（物质、精神等）满足的程度相关。按获得满足的程度不同，形成了所谓亲密关系、疏远关系和仇敌关系等。

人际关系主要是由认知、情感和行为三个相互联系的成分所组成的，这三种成分是一切类型的人际关系的主要特征。人们之间相互喜爱的程度，是决定他们相互选择、相互交往的基本因素。在商业活动中，人们结成了各种各样的人际关系，良好的人际关系按其亲密程度不同可分为协调、友好和亲热三个层次。在客户服务人员与客户交往过程中，多数人际关系处于协调和友好的状态，少数可达到亲热的层次。彼此这种关系对于推进业务的合作和保持友好关系有很大的益处。当然如果双方形成了不良的人际关系，则双方所代表的公司利益都将因此受到不良影响。因此，客户服务人员在人际交往中掌握如何与客户培养友好的关系显得格外重要。

了解人际关系学的含义，应注意掌握以下基本要点。

（1）人际关系不是交往者的简单总和，它研究的对象是两个以上交往者认识、需要、动机、行为、态度、性格等的产生、发展和变化的规律。

（2）人际关系理论不仅研究交往者本身和他的现实的、潜在的交往对象，还研究交往对象双方的相互作用。

（3）人际关系学研究还涉及交往者相互作用方式、方法的外部心理、法律、道德、经济等关系的影响和调控机制。

二、现代人际关系的特点

现代人际交往，主观上的一般准则是：创造并维护和谐的人际关系环境。根据实践观察和研究，客观上表现出了一些新的特点。

1. 临时性

新技术革命的迅速发展和广泛应用，使注重高效益的人们不得不穿梭般地往返于世界各地，形成人际交往频率高、时间短的活跃局面，使人际关系的临时性特点更加显著。人们不断追求新的领域、结识新的朋友。不管有意无意，有限的精力不可能使所有朋友都对你的"始终如一的忠诚"和"全神贯注"表示满意。美国人乔治·西梅尔分析：如果城里的人在感情上对所有跟自己接触过的人都做出相应的或超出意料的反应，或者脑子里堆满了关于这些人的情况，那么，"他的神经就会完全分裂，处于一种不堪设想的精神状态"。

2. 互益性

在商品经济由落后阶段走向发达阶段，生产力发展由低级水平走向高级水平的历史时期，不能要求人际关系间的道德水准过于超前，也不能要求全社会的每一个人都具有"大公无私"的共产主义忘我精神。此时人们之间的大部分联系，取决于对方能否给自己提供帮助并给对方合理的、力所能及的回报。也就是说，讲究实际、互惠互益，双方的责任都是有限的。这种关系需要双方都能接受的行为和交往方式，双方都理解其中的规律和局限，如果其中一方跨越了这种局限的默契，就可能发生矛盾冲突。人与人之间的关系意味着相互之间有所要求，也有所期待。关系越密切，需要对方满足自己愿望的要求越高、越全面，相互间就越加信任和依赖。另外，也可能因此形成了对对方的束缚。当一方感到对方的过高期待对自己是一种负担、一种累赘时，或者说使一方感到对方不能满足自己的期望要求时，双方交往关系就难以继续维持，最终导致交往关系疏远、分离。

3. 残缺性

人们和社会生活中的大部分人建立有限的交往关系，有时彼此相见只是出于个别的需要和片断任务，人们对别人的依赖仅限于他（她）人全部活动中的一个极小的侧面。谁都不会也不可能每遇到一个交往对象，就去了解他的全部历史、全部家境和全部性格，而只能同一些人保持表面而有限的接触。譬如，你去商店买布料，和售货员打交道，你关心的是对方满足你需要的效率如何。如果对方服务态度好，帮助你挑选了称心如意的布料，给你留下一个良好的印象，你也许会感激地说声"谢谢"，露出一个友好的微笑，或者说两句客气话："下次一定再来。"但实际上，你自己也说不准还来不来了，因为可能在同一条街上有许多商店，可供你挑选的机会很多，下次买布料时，也许你还没有走到这家商店，就已经买到了满意的布料。因此，你没有必要在此了解售货员其他方面的情况。

4. 短暂性

都市化的生活，在促使人际交往范围扩大的同时，又增加了人际关系的短暂性。公众集会、社团组织、娱乐活动、体育比赛、旅游观光等使芸芸众生相聚在一起又匆匆分离，人际关系具有短暂性的特点。

三、客户服务活动中人际关系的类型

1. 包容型人际关系

包容型的人际关系也称为成人型人际关系。这种类型人际关系的最大特点是交往双方至少有一方的人际关系倾向来自于包容的需要，这是一种理智和协调的人际关系。在客户服务过程中，无论是客户服务人员还是客户，只要有一方表现出主动与他人交往的愿望，都有可能避免交往过程中发生冲突。这是因为具有积极包容倾向的人，其行为表现为待人接物冷静、慎思明断、尊重他人、很少感情用事。

2. 支配型人际关系

支配型的人际关系也称父母型人际关系。这种类型人际关系的最大特点是交往双方至少有一方的人际关系倾向具有支配他人的需求，这是一种不易协调的人际关系。在客户服务工作中，无论是哪一方，只要有一方表现出权威性支配愿望，都有可能使交往过程中关系紧张。如果客户服务人员自恃公司实力雄厚而具有支配他人的倾向，怠慢客户，则会使公司丧失掉很多潜在的重要客户，长此以往，后果会更加严重。因此，客户服务人员如果有这种倾向，应注意改正。另外，有一些客户也自恃客户就是上帝的理念，在交易过程中，随意呼喝客户服务人员，得理不让人的行为也会影响双方的友好关系。

3. 感情型人际关系

感情型人际关系也称儿童型人际关系。这种类型人际关系的最大特点是交往双方至少有一方的人际关系倾向表现为亲热友好，这是一种协调的人际关系。在客户服务过程中，双方只要有一方对他人表示出亲热友好的愿望，都有助于在交往过程中建立协调的关系和避免冲突的发生。这是因为具有积极热情倾向的人，其行为特点是待人接物热情友好，能够体谅和关心别人。所以，具有这种性格倾向的客户服务人员，即使遇到具有支配倾向的客户，也可以通过调整自己的人际关系倾向，避免与这类客户发生矛盾冲突。

4. 期待型人际关系

期待型人际关系也称被动型人际关系。这种类型人际关系的最大特点是交往双方至少有一方的人际关系倾向表现出较大的惰性，这是一种被动的人际关系。在客户服务过程中，无论哪一方只要有一方表现出过分期待别人的帮助，都会使交往过程处于一种不稳定的状态。特别是作为从事客户服务工作的人员，在人际关系中表现为期待倾向，虽然未必一定造成交往关系上的紧张和感情上的冲突，但往往使人在心理上有一种不舒服的感觉。因为有这种倾向的工作人员，在工作中往往表现出被动、消极的态度，客户一问一答，不问不答，很少对客户主动介绍、推荐本单位的商品和服务，给客户一种态度冷漠的感觉。如果这是第一次接触，那么这样的不良服务肯定会给客户造成该单位冷漠、管理不善的第一印象，进而使后来的业务机会丧失殆尽。

四、销售服务心理策略

客户服务管理师是指在向客户提供产品和服务的交易过程中对客户服务活动实施管理的人。为客户提供产品和服务的交易过程是客户服务管理师的工作载体。这种交易也就是通常意义上的销售。因此，客户服务管理师如果能清楚地知道或者洞察客户的消费心理需求，对他的销售工作可以起到事半功倍的效果。"成功的客户服务管理师一定是一个伟大的心理学家。"实际上，每个客户服务人员从一开始遇到客户直到完成交易，他所需要的不仅仅是细致的安排和周密的计划，更需要和客户进行心理上的交战，所以从这个角度来看，客户服务人员必须要了解客户的心理，才能更好地完成自己的服务工作。想要了解客户的心理和行为特征，必须换位思考，站在客户的角度思考问题，观察和研究客户的购买偏好、购买动机和性格特征，进而采取能引起顾客好感，降低排斥和防范心理的销售策略，那么销售和服务工作就事半功倍了。

1. 销售服务心理功能

（1）销售服务的特点

销售服务中，营销人员与客户的关系本应该是对等的，但由于营销人员的特定角色以及客户所处的特定地位，在双方的交往过程中二者的关系却又是迥然不同的，由此决定了销售服务活动具有一系列的特点，具体表现为以下几个方面。

1）服务性。服务性是营销和客户服务工作的主要特征。营销人员所从事的是不仅与物打交道而且与人打交道的服务性工作。因此，销售服务是一种劳务交换，是一种信息传递，是一种感情交流和心理沟通，是在服务过程中实现的商品向消费领域的转移。

2）短暂性。销售服务中的人际交往是一种短暂性和公务性的交往，工作人员的接触只限于满足客户交易的服务需要。交易结束后，交往即结束。

3）不对等性。销售服务中的人际交往通常是一种不对等的交往过程。"客户是上帝"的特定地位决定了营销人员必须服从和满足客户的意愿。只有客户对工作人员提出要求，而不存在相反的情况。因此，销售人员要正确理解双方之间的这种关系，不与客户争输赢，提供周到的服务，尽量避免与客户发生争执。

(2) 销售服务的原则

1) 一视同仁的原则。所谓服务一视同仁，就是不管客户是谁都同样热情对待。但在现实生活中，有些营销人员重视的是买贵重商品、西装革履、行头翻新的客户，往往冷淡购买便宜商品和衣着寒酸的客户。但是，谁也不能断定，今天只买小件物品的客户明天就不买大件物品；衣着寒酸的客户口袋里就肯定没有钱。

通常情况下，受款待的人心情舒畅，以后愿来；受歧视者心情悲凉，不会再来。因此，无论客户是谁，都应平等相待，这条原则非常重要。

2) 符合意见的原则。服务的核心就是提供符合客户愿望的帮助。服务得再好，如果不符合客户的愿望，也就没有价值了。例如，现在有些商店在出售一些走俏的商品时，一定要搭售滞销的商品，美其名曰方便客户。实际上客户根本不希望搭配，想买一种商品还得承受不想要那种商品的痛苦，这是什么服务呢？这只能败坏企业的口碑。

服务的真正含义，是在客户需要时，用其希望的方式提供其需要的方便。

3) 周到细致的原则。客户的愿望在某种程度上根据年龄、性别、职业和收入等不同而异。为了提供符合客户不同愿望的服务，当然要求周到、细致。无微不至的服务关键在于对客户体贴入微，它体现在营销人员的诚意上，体现在推销员或营业员的动作和态度上。具体地说，急客户之所急，想客户之所需。其实质就是针对客户的需求管理，只有满足了客户的，商家才是真正的赢家。

(3) 销售服务的心理策略

1) 合理确定服务项目，使用户满意最大化。销售服务的内容极其繁多，各种服务项目对客户来说其重要程度各不相同。以免费送货上门和维护服务来说，这两个服务项目对家电和电子计算机的购买者来说，其重要性就有显著差别。又如，以商品房分期付款和商住楼租赁这两个服务项目来说，对大型企业或公司和小型企业或客户个人来说，其要求也很不一样。因此，对企业来说，需要通过细致的调查分析，对客户要求的服务项目按其重要性的大小加以排序，然后分别确定出本企业服务项目的重点。企业至少要在用户认为很重要的五个项目以上赶上或超过主要竞争对手；否则，就不能使用户满意，最终将导致企业的失败。

确定服务项目往往涉及企业的经营特色和信誉，应十分小心谨慎，仔细研究并分析有关因素。这些因素主要有：市场和客户的现实需要与潜在需要；根据企业的内部条件扬长避短；服务项目的内容尽可能广而多；研究主要竞争对手服务项目的特色。

2）合理确定服务水平，扩大销售量。一般来说，在正常情况下，较高的服务水平能使客户得到较大限度的满足，因而就有较大可能实现重复的购买，从而促使企业产品的销售量增加。但是，服务水平与销售量之间并不是完全无条件地呈线性关系，还要根据各类商品的特点和服务项目的性质来定。

有的产品服务水平与销售量无关或影响很小。例如，丧葬用的花圈等殡仪商品和某些专用性很强的军工商品及一些生产资料便是如此。而另外一些商品则其服务水平与销售量呈线性关系。如文明礼貌、周到方便的服务，就会相应地吸引更多的客户。这对于日常生活所必需的小商品，表现得特别明显。

3）合理确定服务形式，服务真正到位。一方面，根据服务项目的特点，采取多种定价方式。另一方面，应根据服务项目的特点来选择合适的服务方式。

对于以上两个方面的问题，有不同的选择方式，每种方式都各有其优、缺点和适用范围。企业要根据用户要求、该服务项目的特点及市场竞争情况，做出合理的选择。

2．销售服务三阶段的心理策略

（1）售前服务的心理策略

售前服务主要是指潜在客户、潜在经销（代理）商或潜在合作伙伴通过各种通信手段，主动找到服务提供者，进行需求沟通过程中，服务提供者为促进对方了解产品、服务及促成合作而提供的标准咨询服务过程。

售前服务的目的通常是从技术角度帮助用户在咨询或购买过程中对适用的产品做出适合说明并提供选择的依据，重在突出产品的价值、功能和特点，为客户提供超越期望的价值。

从服务的角度来说，售前服务是一种以交流信息、沟通感情、改善态度为中心的工作，必须全面、仔细、准确和实际。售前服务是所有企业赢得客户良好印象的最初活动，所以企业的工作人员对待客户都应该热情主动，诚实可信，富有人情味。售前服务就是设身处地地为客户着想，发掘客户求美的心理，有效地调动客户的购买欲望。

1）售前客户心理分析。客户由于需求产生购买动机，这种购买动机受时空、情境等因素的制约，有着各种各样的心理取向。

①客户认知商品的欲望。售前，客户最关注的是有关商品的信息，他们需要了解商品的品质、规格、性能、价格、使用方法及售后服务等内容。这是决定是否购买的基础。

②客户的价值取向和审美情趣。随着社会经济的发展，人们的价值取向和审美

情趣往往表现出社区消费趋同的现象。所以，通过市场调研了解社区客户的价值取向和审美情趣，并以此作为标准来细分市场，对销售大有帮助。

③客户的期望值。客户在购买商品以前，往往对自己想要购买的商品有所估量。这种估量可能是品牌、可能是价格、可能是性能，也可能是其他因素。这种估量就是所谓的期望值。随着时代的发展，人们对产品的要求越来越高，企业生产与销售产品，一方面要满足客户的物质需要，另一方面要满足客户的心理需要。客户的购买从生理需求占主导地位正逐渐转变为心理需求占主导地位，心理需求往往比物质需求更为重要。因此，服务除了要考虑产品的质量等各项功能外，还要考虑人们引申的需求。营销人员在售前服务中应根据客户的心理特征，有效地把握客户的期望值。

④客户的自我意识。自我意识并非与生俱来，它是个体在社会生活过程中与他人相互作用、相互交往、逐渐发展而形成的。所以，要了解客户的自我意识，为进一步开展营销活动奠定基础。

2) 售前服务心理策略。了解掌握了客户的心理需要及特征之后，就可以有针对性地采取相应的心理策略。

首先，应建立目标市场服务档案，把握客户心理需要。市场经过细分之后形成多个子市场，相同的细分市场具有相同的性质，不同的细分市场具有异质性。企业可以通过建立数据库，存储目标市场客户的心理特征、购物习惯等方面的信息，为做好更有针对性的服务提供依据。

其次，最大限度地满足客户的相关需求。客户的需求往往不是单一的，有时除了主要需求以外，还有许多相关需求。最大限度地满足客户的相关需求，会让客户产生一种意外惊喜的感觉，从而促使其购买商品。

最后，应着力于促使客户认知、接受商品。这也是售前服务中最为重要的策略。客户认知、接受商品需要一个过程，消除客户的戒备心理，使其认知企业所销售的商品，需要通过帮助客户树立新的消费观，利用广告宣传与咨询服务等手段，增强客户的注意力等途径来解决。

(2) 售中服务的心理策略

1) 售中服务的重要性。售中服务是指在商品买卖过程中，直接或间接地为销售活动提供的各种服务。现代商品销售观念认为，销售过程既是满足客户购买商品欲望的服务行为，又是不断满足其心理需要的服务行为。服务的好坏不但直接决定买卖成交与否，更重要的是为客户提供了享受感，从而增强了其购买欲望，在买者与卖者之间形成相互信任，融洽而自然的气氛。

售中服务在更广泛的范围内被企业家们视为商业竞争的有效手段。售中服务主要包括介绍商品、充当参谋、交货与结账。这些内容都将极大地影响客户的购买情感。方便而周到的售中服务，不仅可以吸引更多的客户，而且能促进成交、密切产需关系、增加客户的信赖感、提高企业的竞争能力。

就售中服务的诸多内容来看，其核心是为客户提供方便条件和实实在在的物质服务，让客户体会到拥有商品的愉悦。售中服务是工商企业销售活动中不容忽略的首要任务和策略之一。由于客户对商品的需求是千差万别的，因此，他们对商品的售中服务的心理要求也是多方面的。

2）售中客户心理分析。客户在接受售中服务的过程中，有以下期望和希望得到满足。

首先，希望获得详尽的商品信息。客户希望营销人员能对客户所选购的商品提供尽可能详细的信息，如商品的质量、形象、价格、包装、服务等方面，使自己准确地了解商品，解决选购的疑惑与困难。期望主要表现在：营销人员提供的信息是真实可靠的，不能为了推销而搞虚假信息；提供的信息够用、具体、易于掌握。

其次，期望寻求决策帮助。当客户选购商品时，营销人员是他们进行决策的重要咨询和参与者。特别是在客户拿不定主意时，非常希望营销人员能提供参谋建议，帮助客户做出正确的购买决策。期望主要表现在：营销人员能站在客户的角度，从维护客户利益的立场出发帮助其做出决策；能提供令客户信服的决策分析；能有针对性地解决客户的疑虑与难题。

再次，渴望受到热情的接待与尊敬。客户对售中服务的社会心理需要，主要是能在选购过程中受到营销人员的热情接待，能使受人尊敬的需要得到满足。这种期望主要表现在：受到营销人员的以礼相待；营销人员满怀热忱，拿递商品不厌其烦，回答问题耐心温和；在言谈话语之间，使客户的优势与长处得到自我表现。

最后，消费中追求方便快捷。客户对售中服务期望的一个重要方面是追求方便、快捷。这种期望主要表现在：减少等待时间，尽快受到接待，尽快完成购物过程，尽快携带商品离店；方便挑选，方便交款，方便取货；已购商品迅速包装递交，大件商品能送货上门。

了解客户心理对于售中服务至关重要，只有客户对他们在销售过程中受到的接待完全满意，销售活动才算成功。如何使接待工作符合客户的心理需要，将在下面具体阐述。

（3）售后服务的心理策略

1）售后服务与客户心理。售后服务是指生产企业或零售企业为已购商品的客户提供的服务。传统观点把成交或推荐购买其他商品的阶段作为销售活动的终结。在市场经济条件下，商品到达客户手中，进入消费领域以后，企业还必须继续提供一定的服务。因为这样可以有效地增进与客户的感情，获得客户宝贵的意见和建议，以客户亲身感受的事实来扩大企业的影响。它不是一种简单的形式，而是把客户的利益看成是自己的利益，竭力为客户提供完美的服务，是促进销售的手段。

售后服务既是促销的手段，又充当着"无声"的广告宣传手段。而这种无声宣传所达到的艺术境界，比那些夸夸其谈的有声宣传要高明得多。一个企业只要善于挖掘，就能领略"此时无声胜有声"艺术境界的妙趣。因此，可以这样说，在当今激烈的竞争中，服务是一项不可忽视的重要内容。一般而言，在质量、价格基本相当的商品中，谁为客户服务得好，谁就卖得快、卖得多，谁就能占领市场。

售后服务作为一种服务方式，内容极为广泛，目前越来越受到企业的重视，服务的范围也在不断扩大。售后服务主要有两个方面：一方面是提供知识性指导及咨询服务，通过实行"三包"服务使客户树立安全感和信任感；另一方面是帮助客户解决安装与运输大件商品服务等常常使客户感到为难的问题，为客户提供方便。

企业需要了解熟悉客户对商品使用后的感受和意见。据业内专家分析，面临激烈的市场竞争，维持一个老客户所需的成本是寻求一个新客户成本的0.5倍，而要使一个失去的老客户重新成为新客户所花费的成本，则是寻求一个新客户成本的10倍。维持当前客户的成本远小于得到新的客户的成本。一个五年来一直忠诚不变的客户对于商家来说，产出了7.5倍的利润（相对于第一年的消费）。因此，在营销的环节中，保持或培养客户的忠诚度至关重要，良好的售后服务有助于维持和增加当前消费的忠诚度。

2）售后客户心理分析。客户在进行购买以后，无论是要求退换商品，还是咨询商品的使用方法，或是要求对商品进行维修，他们的心理活动是各不相同的。其心理活动表现为以下几个方面。

①评价心理。客户在购买商品后，会自觉不自觉地进行关于购买商品的评价，即对所购商品是否满意进行评估，进而获得满意或后悔等心理体验。

②试探心理。由于主观和客观的多种因素，客户对所购商品的评价在购买的初期可能会出现不知是否合适的阶段，尤其以大件和新产品居多，甚至有些客户希望退换商品。但他们来到商店提出要求退换商品的问题时，往往具有试探的心理状态。先来试探商店的态度，以便进一步做出决断。

③求助心理。客户在要求送货安装、维修商品、询问使用方法和要求退换商品

的时候，多会表现出请求商场给予帮助的心理状态。

④退换心理。当购买的商品被客户确定为购买失误或因产品质量出现问题时，客户就会产生要求退换商品或进行商品维修的心理状态。

3) 售后服务心理策略。随着市场由卖方市场向买方市场的转变，售后服务必将成为企业竞争的关键因素之一，从而对客户的心理产生深远的影响。完美的售后服务能与客户建立起亲密的关系，其心理策略就是要针对售后客户的心理状况，调节客户的心理平衡，努力使其建立起信任感与满足感。

4) 提供优良的售后服务。许多客户挑选商品，在其他条件相同的情况下，售后服务的优劣往往成为是否成交的关键。对于高档耐用品而言，尤其如此。现在，有许多企业促销时越来越多地扛出了售后服务这面大旗。事实上，一些经营者只是把售后服务当成一种宣传口号，并不准备兑现。非要等客户"跑细了腿，磨破了嘴"，忍无可忍诉诸舆论或向有关部门投诉时，才被迫给予解决，使售后服务成了诉后服务。良好的质量、合理的价格，是商品占领市场并取胜的保障；而良好的售后服务则是提高企业信誉，取得"第二次竞争"胜利的法宝。聪明、有远见的经营者应该像抓推销产品那样着力抓好售后服务，不仅要做好找上门来的售后服务，而且要主动出击，做好跟踪服务。商家们为减少客户的后顾之忧，提供周到的售后服务，不仅可以维持老客户的忠诚度，还可以争取到更多的潜在客户。现在不少企业推出了网络服务、特殊服务、赔偿承诺等形式的提高售后服务的新举措，如在送货服务、"三包"服务、安装服务、包装服务、提供知识性指导及产品咨询服务等方面，均已取得了一些成效。

5) 提升 CS 经营理念，进一步完善企业服务工作。CS 是英文 customer satisfaction 的缩写，意为客户满意。作为现代企业的一种经营手段，常被称为 CS 战略，或客户满意战略。其基本指导思想是：企业的整个经营活动要以客户的满意度为指针，从客户的观点而不是从企业的观点来分析考虑客户的需求，针对客户需求个性化、情感化的发展趋势，尽可能地全面尊重和维护客户的利益。

美国市场营销大师菲利普·科特勒在《营销管理》一书中指出："企业的整个经营活动要以消费者满意度为指针，要从消费者角度，用消费者的观点而非企业自身利益的观点来分析考虑消费者的需求。"科特勒的观点，形成了现代市场营销观念的经典名言。客户的满意对企业来讲至关重要。良好的产品或服务，可以最大限度地使客户满意，成为企业在激烈竞争中独占市场、赢得优势的制胜法宝。只有让客户满意，他们才可能持续购买，成为企业忠诚的客户，企业才能永久生存，财源滚滚。所以，客户满意是企业战胜竞争对手的最好手段，是企业取得长期成功的必要条件。可以说,没有什么其他的方法能像让客户满意那样在激烈的竞争中提供长期的、起决定性作用的优势。

热情、真诚地为客户着想的服务能带来客户的满意,所以企业要以不断完善服务系统,以便利客户为原则,用产品所具有的魅力和一切为客户着想的体贴去感动客户。谁能提供给客户满意的服务,谁就会加快销售步伐。

总而言之,工商企业搞好售后服务工作,如同给客户吃了一颗定心丸,使客户买时放心、看着称心、用时舒心,从而可以增强企业信誉,扩大销售,提高经济效益。

3. 销售服务中的冲突处理与抱怨处理技巧

(1) 客户不满意情绪的表达

有研究表明,客户每四次购买行为中就有一次是不满意的。客户之所以会感到不满意,主要的原因在于产品或服务的实际功效没有达到客户的期望功效,同时还受公平性和归因的影响。

一般来说,当客户产生不满意的情绪之后,有多种可能的表达方式,如图6—3所示。

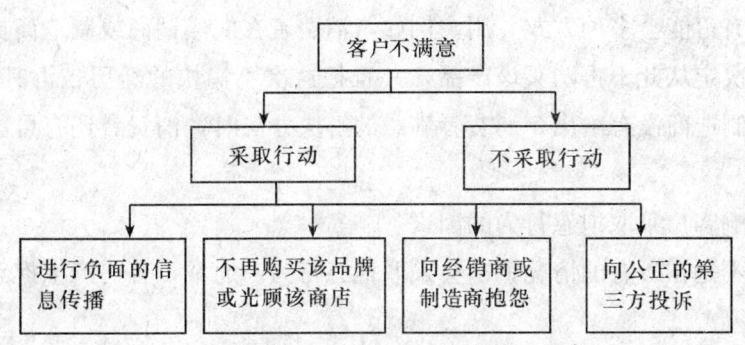

图6—3 客户不满意情绪的表达方式

这些方式或是会造成客户流失,直接减少企业的销售额;或是会形成对企业不利的态度,影响企业的形象。因此,企业营销人员必须设法将客户的不满降至最低水平,同时,一旦发现客户有不满情绪,应马上采取有效的补救措施。

客户表达不满情绪的方式有以下几种。

1) 不采取行动。客户产生不满情绪后,可能会有自认倒霉、破财免灾的想法,因此不采取什么行动。经过对2 400个家庭的调查发现,当遇到不满意的情形时,客户采取行动的比例总体来看还不到50%。之所以不采取行动,或是因为不满意的程度很低,或者是因为感到不满意的产品或服务对于客户来说不是那么重要,客户认为没有必要花费时间和精力去采取行动。例如，对于低成本、经常购买的产品，只有不到15%的客户会在不满意的时候采取行动，但是对于汽车这样的耐用品，在不满意的时候采取行动的比例则超过50%。需要指出的是，客户即使不采取行动，也会对该企业的产品或服务留下负面印象，形成不利的态度。

2）采取相应行动

①进行负面的信息传播。客户有可能会与家人或朋友谈及在购买某产品或接受某项服务时不满意的经历，并劝说他们不要再购买该产品或接受该项服务。

②不再购买该品牌或光顾该商店。当客户感到不满意时，很有可能会从此不再购买该品牌或光顾该商店，对于企业来说，这就造成了客户的流失。

③向经销商或制造商提出抱怨。直接向购买的经销商或产品的制造厂商表达不满和抱怨，要求解决问题或者给予补偿，甚至是采取退货行为。

④向公正的第三方投诉。包括向新闻媒体陈述自己在购买和使用产品过程中的不愉快经历，向客户权益保护组织进行投诉，或是直接向法院提起诉讼。

在我国，消费者协会是受理消费者投诉的主要机构，它在保护消费者合法权益方面起着越来越重要的作用。在消费者感到不满意时，并不一定只采取一种表达方式，而是很有可能会多种方式并用。例如，消费者在向经销商或制造商提出抱怨的同时，也会决定从此不再购买该产品，并且把这次不愉快的经历告诉其亲朋好友。当经销商或制造商没有给出令消费者满意的解决办法时，消费者还有可能转而向第三方投诉。

（2）影响客户采取抱怨行为的因素

客户并不是在所有的情况下都会采取抱怨行为。通常，客户产生抱怨的因素有以下三点。

1）客户自身的因素。客户自身有哪些因素会影响其采取抱怨行为？研究发现，年龄、收入和受教育程度与抱怨行为之间存在中等程度的相关性。采取抱怨行为的客户往往较为年轻，具有较高的收入，受教育水平也较高。另外，以前进行抱怨的经验与是否采取抱怨行为之间也有着密切的关系，有过抱怨经历的客户更清楚如何表达他们的不满，也更有可能采取抱怨行为。在性格方面，越固执、越自信的人在某种程度上越容易产生抱怨，而比较注重个性和独立的客户往往也比其他人更容易采取抱怨行为。此外，若客户本身的攻击性很强，在面临不满意的时候，其会更倾向于进行抱怨而不是自认倒霉。

2）不满意事件本身的因素。并不是所有的不满意事件都会引发抱怨，如果不满意事件所涉及的产品或服务相对来说不是很重要，那么客户就很有可能不采取抱怨行为。例如，如果客户按照事先约定的时间到彩扩店取相片，却被告知相片还没冲洗出来，要再等一会儿。这时，很多人虽然会感到不满意，却不会采取抱怨行为。另外，如果导致客户不满意的事件只是偶尔发生，而不是反复不断地出现，客户采取抱怨行为的可能性也会比较低。例如，冲洗店如果只是偶尔一次没有按时冲洗出相片来，客户可能会采取原谅的态度，但是如果每次去取相片都遇到这种情况，客户往往就会感到极大的不满，进而采取抱怨行为。

3）归因的因素。客户通常会对不满意的事件进行归因，也就是判定谁应该为不满意事件负责。如果客户将导致不满意的原因归结为企业而不是他们自己时，抱怨的可能性就会增加。另外，如果客户认为导致不满意的问题在企业可控制范围之内，就很有可能会采取抱怨行为。

(3) 客户投诉心理

1）期待问题尽快解决的心理。对企业来说，如果客户期待问题尽快解决，就意味着客户心理没有达到信任危机的状态，只要企业的相关部门能密切予以配合，在客户可以容忍的时限内解决了问题，那么客户的满意度和忠诚度不会受到影响。所以，把握住客户期待问题尽快解决的心理后，应立即采取措施。如果是常见的可控问题，那么应该给予客户承诺，提出一个解决问题的期限，以安抚客户。如果是不可控的问题，或者需要进一步确认的问题，那么应更灵活地对客户表示企业会尽力、尽快地解决问题，并会及时与客户联系，也欢迎和感谢客户主动来进一步沟通。

2）渴望得到尊重的心理。人们通过各种途径表达自己丰富的情感，在接受企业的服务时，情感的力量往往超过理性的力量。如果他们在接受企业营销人员直接提供的服务过程中发现有令人不满意的地方，是不愿意隐瞒的。事实上，客户投诉服务质量问题，对于企业来说并不是坏事，通过自我审视才能提高服务质量，但只有客户满意才是最终标准，所以客户对营销人员服务的监督和投诉能有效地改进客户服务的质量。

3）希望得到适当补偿的心理。一般情况下，关于费用的投诉，客户的目的主要是希望得到补偿。客户希望得到适当补偿的心情越急切，而又无法得到补偿，投诉升级的可能性就越高。投诉升级后，客户的满意度和忠诚度都会严重下降，因而，从一开始把为什么没有补偿、在何种情况下可以得到补偿、怎样补偿等问题一一解释清楚，远比处理投诉升级来得快捷、有效。

4）发泄不满情绪的心理。客户在带着怒气和抱怨进行投诉时，有可能只是为了发泄不满情绪，使郁闷或不快的心情得到释放和缓解，来维持心理上的平衡。直接发泄不满情绪的情况多见于重复投诉。在处理这类心理的客户时,接待人员的耐心尤为重要,要以恰当的词语和善意的态度安抚客户,并需要及时与相关部门联系确认问题所在,分清责任,给予合理解释。客户有过投诉行为且投诉较多的情况下,极易流失客户,对此应加强客户回访,进行充分沟通。

5) 和他人交流投诉经历的心理。任何客户都有和他人交流投诉经历的心理,所谓好事不出门,坏事传千里。调查表明,当客户无法从企业那里得到满意的投诉处理结果时,他会同10个以上的人说起此事,对企业的品牌形象绝对不利。据统计,在不满意的客户中,只有4%的人会正式提出投诉,其余的人没有表示出他们的不满,但大约有90%感到不满意的客户不再光顾这家企业。从数字上看,每有1名口头或书面直接向企业提出投诉的客户,就会约有26名保持沉默但感到不满意的客户。更重要的是,这26名客户每人都会对另外十名亲朋好友宣传这家企业的恶名,造成消极影响,而这10名亲朋好友中,约有33%的人会把这一坏消息再传递给其他20个人。这样:26+26×10+26×10×33%×20=2002,即每一名投诉的客户背后,有2002个潜在客户对企业不满,他们有可能转向竞争对手,从而削弱企业的存在基础。

(4) 客户投诉的沟通和处理

客户的抱怨是每个营销人员都有可能遇到的情况,即使你的产品再好也会受到挑剔客户的抱怨。营销人员不应该粗鲁地对待客户的抱怨,其实这种客户有可能就是你产品的永久买主。正确地处理客户的抱怨,能够提高客户的满意度,增加客户认准品牌购买的倾向,并可以获得丰厚的利润。

倾听客户的不满,这是销售过程的一个部分,而且这一工作能够增加销售人员的利益。对客户的抱怨不加理睬或进行错误地处理,将会失去客户。一般来说,客户有了抱怨心理而在营销人员那里得不到倾诉,回去后会向其亲友倾诉,造成今后营销工作更大的损失。让客户说出来,既可以使客户心理平衡,又可以知道问题所在,从而对目前存在的问题做及时修正,避免以后出现类似问题,招致客户的不满。要想维护客户利益,企业必须正确处理客户的意见。有时即使你的产品和服务非常好,也会受到爱挑剔客户的抱怨。粗暴地对待客户的意见,将会使客户远离企业而去。根据美国学者的调查,一个企业失去的客户中,有68%是由于售货员态度冷漠,使客户没有得到礼貌的接待所致。有人可能认为,企业失去一两名客户是正常现象,不值得大惊小怪,然而,这种情况所造成的影响却是难以估量的。所以,日本的松下幸之助说:"客户的批评意见应视为神圣的语言,任何批评意见都应乐于接受。"倾听并恰当地处理客户的意见,可以产生积极的效果。

1) 分析客户抱怨产生的原因。客户产生抱怨的原因有多方面，一般来说，多是因为营销人员不尊重客户、态度不好、疏于说明、工作不负责任而导致客户的不满，也可能是由于客户错觉或误解所导致的购买，或是卖方在手续上的错误，或是产品质量上存在缺陷，也可能是客户的不习惯、不注意或期望值太高。准确分析抱怨产生的原因，将有助于与客户沟通和解决问题。

2) 处理客户投诉的方法。绝对避免辩解，立即向客户道歉。要首先向客户道歉，如果营销人员急忙打断客户的话为自己辩解，无疑是火上浇油。可以对客户说："感谢您提出意见。我们一向很重视自己的信誉。发生您所说的事情，我们深感遗憾，我们一定要了解清楚，加以改正。"

用心地聆听客户的意见直到最后一句，不要打断对方的话。即便客户的言语用词不当，也不要说出来，要等他说完以后再以诚恳的态度加以说明，以求得其谅解。

询问客户提出抱怨的原因，并记录重点。对一些情绪激动的客户，把他们的讲话记录下来，可以使其冷静下来。

迅速采取措施，解决问题，消除抱怨。如果同意客户的意见，就要迅速、爽快地做出处理，不要有不情愿的表现，更不能拖延。拖延处理抱怨的时间，是导致客户产生新的抱怨的根源。要有勇气面对客户的投诉与抱怨，积极加以处理，这也是赢得客户信任的最好方式。

3) 处理客户投诉的技巧。感谢客户的投诉；仔细聆听，找出投诉的问题所在；表示同情，绝不争辩。

对客户投诉问题的回应一定要迅速，正视客户的问题，而不回避问题。销售部门在接到客户以电信或书面方式投诉的通知时，登记事由并以最快的时间由经办人到现场取证核实，如有必要可以让客户直接向主管陈述。

搜集资料，找到事实，汲取教训，立即改正。尊重客观事实，对客户投诉进行多方面的调查和区分，确因销售方原因给客户造成的直接或间接损失，要根据具体情况按约定进行果断赔偿。对事实的调查，不能浮在表面，要深入到所有和索赔有关联的方面。了解造成事故的真正原因，不要回避真相，实事求是。全面搜集造成问题的各种因素，包括时间、数量、金额和特性等，并到现场确认，不能是非不清、模棱两可、唯唯诺诺，要给客户一个明确的答复。

既成事实的赔偿一般是在双方友好协商的基础上达成共识。征求客户的意见，提供补偿的措施与方法，并立即采取补偿行动。在表述理由时，要不卑不亢，不要因拒绝了对方的过分要求而怕业务受到影响。让客户明白，损失的超限赔偿是基于双方的合作关系，吃亏也吃在明处，不能让客户感到企业处理问题不严肃，可有效地防止客户的再次过分苛求。要注意给客户一个台阶下，永远别让客户难堪。

建立完整的客户投诉处理的流程与记录。设立专门、独立、权威的处理客户投诉的售后服务机构，有利于加强问题的处理力度。一般企业在这方面的机构设置和人员配置都比较完善，在权限上采取层层审批核实的程序，一个报告有业务、销售、生产、技术、营销和质量等五六个部门签字批示意见，最后经总经理审批生效。但要注意各部门之间的协调，不能只走形式，没有真正做到——核实，一旦责任牵扯到许多部门，就都不敢对客户表态，最终导致不负责的现象出现。

第7章 计算机应用与电子商务

基于因特网平台和电子商务的客户关系管理被认为是电子化客户关系管理。电子化客户关系管理可以帮助客户服务管理师建立企业内部的信息自动化系统工作平台，创建"客户信息数据库"，实现资源共享，使得客户服务人员能在第一时间了解客户信息，提供及时服务，有利于服务追加，扩大市场份额。电子化客户关系管理已经成为现代客户服务的重要管理手段，要自如地运用这一手段，需要客户服务管理师熟练掌握计算机和电子商务的相关知识。本章重点介绍计算机应用和电子商务两个方面的内容。

第1节 计算机应用

一、计算机基础知识

1. 计算机的发展与应用

1946年2月14日，在美国宾夕法尼亚大学诞生了世界上第一台电子数字计算机"ENIAC"（Electronic Numerical Integrator and Calculator，电子数字积分计算机），它采用穿孔卡片输入、输出数据，每分钟可以输入125张卡片，输出100张卡片。在计算机ENIAC被研制的同时，另外两位科学家冯·诺依曼与莫尔合作研制了计算机"EDVAC"（Electronic Discrete Variable Automatic Computer），采用了存储程序方案（即程序和数据一样都存储在内存中）。此种方案被沿用至今，所以现在的计算机都被称为以存储程序原理为基础的冯·诺依曼型计算机。

早期的计算机仅仅用于军事和科研工作，解决数学计算问题。在短短的六十余年里，计算机技术迅猛发展，计算机不仅可以进行科学计算，还可以处理文字、图像和声音等多种信息。

计算机的应用主要有以下六个方面。

(1) 科学计算

科学计算也称为数值计算，是指利用计算机来解决科学研究和工程技术中复杂的数学及数值计算问题，主要应用于计算卫星飞行轨迹、天气预报、基因排序等方面。

(2) 数据处理

数据处理也称为信息处理，指人们利用计算机对所获取的信息进行采集、记录、整理、加工、存储和传输，并进行综合分析等。

(3) 过程控制

过程控制是指用传感器在现场采集受控对象的数据，通过比较器求出与设定数据的偏差，由计算机按控制模型进行计算，产生相应的控制信号，驱动伺服装置对受控对象进行调整和控制。

(4) 计算机辅助系统

计算机辅助系统是采用计算机进行各种辅助功能的系统，如 CAD、CAM、CAT、CAE 和 CAI 等。

(5) 人工智能

人工智能是用计算机执行某些与人的智能活动有关的复杂功能，模拟人类的某些智力活动，如图形和声音的识别、推理和学习的过程。

(6) 网络服务

计算机技术与现代通信技术的结合构成了计算机网络。计算机网络的建立，不仅实现了一个单位、一个地区、一个国家中计算机与计算机之间的通信，各种软、硬件资源的共享，也大大促进了国与国之间的文字、图像、视频和声音等各类数据的传输与处理。

到目前为止，计算机发展按计算机应用划分经历了表 7—1 所示的三个阶段。

表 7—1　　　　　　　　　　　计算机的历史发展过程

时间	阶段	时代特征
1946—1980 年	超、大、中、小型计算机阶段	用计算机来代替人的脑力劳动，提高了工作效率，能够进行较复杂的数学计算和数据处理
1981—1990 年	微型计算机阶段	微型计算机大量普及，几乎应用于所有领域
1991 至今	计算机网络阶段	实现了资源共享，促进了信息化社会的到来，实现了遍及全球的信息资源共享

2. 计算机硬件与软件

计算机系统分为硬件和软件两大部分。硬件是计算机系统的机器部分，它是计算机工作的物质基础。计算机的硬件分成五大组成部件：运算器、控制器、存储器、输入设备和输出设备。其中，运算器和控制器是计算机的核心，合称中央处理单元（Central Processing Unit，CPU）或中央处理器。软件则是为了运行、管理和维护计算机而编制的各种程序的总和，它可以使计算机更好地发挥作用，广义的软件还应该包括与程序有关的文档。软件可以分为系统软件和应用软件。

系统软件是指为了方便使用、维护和管理计算机系统而编制的软件及其文档，包括操作系统、语言翻译程序等。

应用软件是解决某一问题的程序及其文档，它覆盖了计算机应用的所有方面，每个应用程序都有相应的应用软件。

3. 计算机病毒及其防治

"计算机病毒"这个概念最早是由美国计算机病毒研究专家 F. Cohen 博士提出的。计算机病毒是人为写成的一种"计算机程序"，它不仅能破坏计算机系统，而且还能够通过传播感染到其他系统。它通常隐藏在其他看起来无害的程序中，能生成自身的复制品并将其插入其他的程序中，执行恶意的操作。

计算机病毒的有效防治措施如下：

（1）新购置的计算机硬、软件都要经过病毒测试。

（2）尽量使用硬盘引导系统启动计算机。

（3）使用 U 盘前应进行安全检查。

（4）重要数据文件要有备份。

（5）不要随便直接运行或直接打开电子邮件中夹带的附件，不要随意下载软件，尤其是一些可执行文件和 Office 文档。即使下载了，也要先用最新的计算机病毒软件查毒。

（6）安装防火墙和有效的防杀计算机病毒软件，并经常进行升级。

4. 多媒体技术及其应用

多媒体技术不是各种信息媒体的简单复合，它是一种把文本、图形、图像、动画和声音等多种信息类型综合在一起，并通过计算机进行综合处理和控制，能支持完成一系列交互式操作的信息技术。

多媒体技术被广泛应用于科研设计、企业管理、办公自动化、远程教育、远程医疗、检索咨询、文化娱乐及自动测控等领域。

多媒体技术在办公自动化中的应用非常广泛。多媒体技术的出现，极大地改善了人机交互界面，提供了各种灵活方便的输入手段，使计算机使用起来更加简单。其中，电视会议系统可以实现通过计算机网络人们进行面对面的交谈，满足人们在办公室召开实时会议的需求；各种多媒体数据的存储和查询突破了单一的文本信息存储的局限，提供了丰富、生动的信息表达方式，人们能够方便地进行各种图、文、声并茂的信息处理；各种光笔、扫描和录音等多媒体输入方式简化了信息输入计算机的难度，使办公自动化系统中包含多样化的信息，信息处理更为丰富、生动，也提高了办公自动化信息处理的应用范围和价值。

二、微型计算机系统

人们通常按照计算机的功能、体积和价格将它们分为微型机、小型机、中型机和大型机。微型机的产生与发展是与大规模集成电路的发展分不开的。由于采用了集成度相当高的大规模集成电路和超大规模集成电路，使得微型机的体积小，重量轻，价格也相对低廉，因此，应用更加广泛。但从基本工作原理和系统结构上说，微型机、小型机、中型机和大型机等几类计算机没有本质上的区别。

（1）微型计算机系统和各类计算机系统一样，也是由两大基本部分组成：硬件（hardware）和软件（software）。其中，硬件主要是指电路及设备等，而软件是程序的集合。

（2）主机系统包括CPU、内存储器、I/O接口、总线和电源。

（3）外部存储器有磁盘、磁带和光盘，其中磁盘是最常用的存储器，可分为硬盘和软盘。

（4）微型机常用的外部设备包括输入设备和输出设备。输入设备有键盘、鼠标、光笔、扫描仪等，输出设备包括显示器、打印机、绘图仪等。此外，硬盘驱动器、软盘驱动器、光盘驱动器等也属于外部设备。

三、操作系统基础知识

1. 基本概念

为了充分发挥计算机的软、硬件资源作用，让其更好地工作，必须要有一个管理和控制这些资源的系统软件，则把这个系统软件称为操作系统。

操作系统是计算机系统软件中最基本的部分，是计算机硬件和软件之间的桥梁。其他各种软件，如编译程序、汇编程序、数据库系统、图文编辑排版系统、图形图像处理软件等，只有在操作系统的帮助下，才能在计算机硬件上运转，实现这些软件的功能。

2. 基本功能

操作系统是计算机系统资源的管理者，主要负责管理系统，并调度系统中各类资源。其主要功能分为以下四个方面。

(1) 中央处理器 (CPU) 管理

操作系统中管理 CPU 的那部分功能称为中央处理器管理，负责对系统中各中央处理器（一套计算机系统中可能有多个 CPU）及其状态进行登记，管理各程序对中央处理器的要求，将中央处理器分给有要求的用户作业或进程使用。

(2) 存储器管理

操作系统存储器管理主要指主存储器的管理。其主要功能是分配执行作业所需的存储空间，使多个作业能共存于内存中，且彼此互不干扰，以保证用户信息的安全。

(3) 设备管理

设备管理指对计算机外部设备的管理。设备管理的主要任务就是对外部设备进行分配、回收、调度，并控制设备进行输入、输出操作等。

(4) 文件管理

文件管理是指操作系统对（文件）信息资源的管理。文件管理的任务就是要管理好外存空间（磁盘）和内存空间，决定文件信息的存放位置，建立起文件名到文件信息之间的对应关系，实现文件的读、写操作。

3. 常见的操作系统

现在流行的操作系统繁多，下面主要介绍 Windows 和 Linux 两种操作系统。

Windows 操作系统是美国微软公司（Microsoft）为个人计算机设计的系统平台，其设计宗旨是为所有个人计算机用户提供一个使用最为方便的 PC 操作平台。为了实现这一目标，它采用了面向对象的程序设计技术（OOP），提供了符合 SAA

规范的通用图形用户界面，实现了自动内存管理、模块动态链接（DLL）和多任务处理，支持动态数据交换（DDE）、TrueType 字型、设备无关性和多媒体等技术，充分发挥了个人计算机的能力。

  Windows 1.0 产生于 20 世纪 80 年代，至今已有近二十个版本。从 1995 年 8 月 24 日推出的 Windows 95 开始，Windows 就是一个独立的 32 位操作系统。它具有图形化的用户界面，用户只需通过选择图标、菜单、按钮，而不必输入命令字符就能实现操作功能；Windows 及应用程序的菜单、按钮、对话框、窗口、滚动条完全按照标准化的概念设计，外观和操作方式基本一致；大部分的操作命令一般都提供有操作菜单、工具按钮、快捷菜单、快捷键等多种实现方式。操作界面友好一致、操作方式多样选择是 Windows 操作系统的共同特点。

  Linux 是一个源代码公开的免费操作系统，1991 年 8 月由名叫李纳斯·托沃兹（Linus Benedict Torvalds）的芬兰人首次正式对外发布。其核心是从 UNIX 衍生而来，基本的界面是像 DOS 一样的黑白文字界面。为了普及 Linux 的应用，类似于 Windows 或 MacOS 的图形界面 Linux 问世，它具有多任务、多用户功能，支持包括 TCP/IP 在内的大多数网络协议。1999 年 8 月中国科学院软件研究院发布了"红旗 Linux 1.0"，这是第一个具有中文环境的 Linux 产品，Linux 操作系统界面做得非常美观，安装也比较容易，新版本逐渐屏蔽了一些底层的操作，适合于初学者使用。

四、常用办公软件

1. Microsoft Office Word

  Word 是微软公司的 Office 系列办公组件之一，是目前世界上最流行的文字编辑软件。

  Word 基本操作包括文档的录入与编辑、文本的查找和替换、制作表格、字体和段落格式的设置、文档的分栏与首字下沉、分页与页面设置、页码与页眉页脚的添加、图片和艺术字的使用、图文混排、给文档加脚注尾注、自动建立目录和索引、文档的保存和管理及制作 Web 页等。如图 7—1 所示为 Microsoft Office Word 2003 的主界面。

2. Microsoft Office Excel

  Excel 是一种电子表格软件，是美国微软公司研制的办公自动化软件 Office 中的一个重要成员。它能方便地制作各种数据表格，利用公式和函数对数据进行各种复杂的运算，对表格中数据进行管理、分析和汇总，还可用图表来直观表示数据。

图 7—1　Microsoft Office Word 2003 主界面

其基本操作包括下面几项。

（1）表格处理

Excel 工作簿中可以有许多工作表，每张工作表是一张非常大的空白表格，可直接输入数据，建立日常工作需要的数据表格。表格中可输入公式和函数，对数据进行运算。对表格进行编辑和编排也非常方便，可任意插入和删除表格的行、列或单元格，调整表格的行高与列宽，也可对表格中的数据进行字体、大小、颜色和底纹等修饰设置。

（2）数据库管理

工作表的数据可以建立成为数据清单，Excel 会将数据清单作为数据库进行管理，可以对这些数据使用记录单来维护，可进行排序、筛选、分类汇总、建立数据透视表和其他分析统计等。

（3）图表处理

Excel 提供了柱形图、条形图、饼图、折线图、XY 散点图等十多种图表类型，功能强大的图表向导可以让用户方便、快捷地制作出各种二维和三维图表，可用图表直观地表示表格中的数据。图 7—2 所示为 Microsoft Office Excel 2003 的主界面。

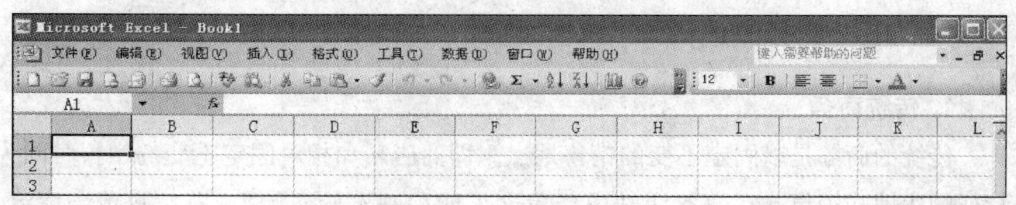

图 7—2　Microsoft Office Excel 2003 主界面

3. Microsoft Office PowerPoint

1987 年，微软公司收购了 PowerPoint 软件的开发者 Forethought of Menlo Park 公司。1990 年，微软将其集成到办公套件 Office 系列中。PowerPoint 专门用于制作演示文稿（俗称幻灯片），广泛运用于各种会议、产品演示、学校教学及电视节目制作等。

利用 Microsoft Office PowerPoint 能够制作出集文字、图形、图像、声音及视频剪辑等多媒体对象于一体的演示文稿，所要表达的信息被组织在一组图文并茂的画面中。图 7—3 所示 Microsoft Office PowerPoint 2003 的主界面。

图 7—3　Microsoft Office PowerPoint 2003 主界面

第 2 节　电子商务

一、电子商务概述

1. 传统商务

传统的商务是以固定不变的销售地点（即商店）和相对固定不变的销售时间为特征的店铺式销售。在商务活动中，包含了四种基本的"流"，即信息流、商流、资金流和物流。

（1）信息流主要指企业与客户之间、企业内部以及企业与其供应商、销售商之间的信息传输与交流过程,它既包括商品信息的提供、促销、技术支持、售后服务等内容,也包括诸如询价单、报价单、付款通知单、转账通知单等商业贸易单证,还包括交易方的支付能力、支付信誉等。

(2) 商流主要指商品在购销之间进行交易和商品所有权转移的运动过程,包括商品交易的一系列活动。

(3) 资金流主要指资金的转移过程,包括付账、转账等。

(4) 物流主要指物质实体的流动过程,包括运输、存储、配送、装卸、保管、物流信息管理等。

2. 电子商务

电子商务是一个全新的、正在发展中的概念,目前还没有一个统一的定义,不同的学者和机构对电子商务做出了不同的定义。国内学者普遍认为,电子商务是在技术、经济高度发达的现代化社会里,掌握信息技术和商务规则的人,系统化运用电子工具,高效率、低成本地从事以商品交换为中心的各种活动的总称。

从宏观角度讲,电子商务是计算机网络的又一次革命,是通过电子手段建立一种新的经济秩序,它不仅涉及电子技术和商业交易本身,而且涉及诸如金融、税务、教育等社会其他层面;从微观角度说,电子商务是指各种具有商业活动能力的实体(生产企业、商贸企业、金融机构、政府机构及个人客户等)利用网络和先进的数字化传媒技术进行的各项商业贸易活动。

3. 电子商务的特点

(1) 电子化和虚拟化

在营销过程中,商家凭借 Web 服务器,在因特网上发布各类商业信息,利用站点的网页和电子邮件等方式在全球范围内进行广告宣传,借助网上的实时图文信息来了解市场和商品信息,客户们利用网上的检索工具迅速地找到所需商品的信息。围绕商务活动中的磋商、洽谈、签订合同及电子货币支付等环节,都无须经营者和客户面对面地进行,物流调配也可以在网络中利用电子邮件实现。所有这一切业务流程都是在双方计算机上通过因特网进行的,交易过程的数据和资料处理全部是通过网络采用电子数据交换方式来实现的,这种全新的电子化运作方式,使得交易的整个运作过程实现了无纸化和直接化。

(2) 安全敏感性

因特网具有开放性、自由性、全球性等特点,使得因特网飞速发展,且电子商务的影响范围越来越大,但正是这些特点威胁到了电子商务信息的安全性和完整性。对于客户和企业而言,无论网上的物品如何具有吸引力,如果他们对交易安全性缺乏信任，则根本就不敢在网上进行买卖。

(3) 协作性

电子商务将传统商业活动中物流、资金流、信息流的传递方式利用网络科技加以整合，企业将重要的信息通过全球信息网、企业内部网或外联网直接与分布在各地的客户、员工、经销商及供应商连接。商务活动是一种协调过程，它需要企业内部员工之间、企业与客户之间、企业与企业之间及各参与实体与公共商务支持部门之间的协调。在电子商务环境中，它更要求银行、配送中心、通信部门、技术服务等多个部门通力协作，才能实现全过程的电子商务，才能真正体现电子商务的优势与价值。

4. 电子商务的优势

(1) 具有全新的时空优势，办事效率高

因特网上的销售通过以信息库为特征的网上商店进行，所以它的销售空间随着网络体系的延伸而延伸，没有任何地理障碍，它的零售时间是由客户即网上用户自己决定的。因此，因特网上的销售相对于传统销售模式来说，具有全新的时空优势，这种优势可在更大范围内满足网上用户的消费需求。事实上，因特网上的购物已没有国界，也没有昼夜之分。即使在生产企业的生产过程之中，或者在政府机构的管理与服务过程之中，电子商务也同样存在类似的时空优势。

(2) 减少流通环节，降低交易费用

与传统的销售相比，利用因特网渠道可以避开传统销售渠道的许多中间环节，降低流通费用和交易费用，并加快了信息流动的速度。事实上，任何制造商都可以充当网上零售业中商品的提供者，可以以基本价格向客户提供商品。当其他零售商需要投资仓库的砖、沙子、水泥越来越贵时，电子商务商店所需投资的计算机、数据库和电信设备却日益便宜。

(3) 客户购物更加省时、省力、省钱

一个简单的网上购物过程，从发出订单到收到电子收据，仅用 $5\sim20$ s。同时电子商务是基于网络的，因而具有开放性，使得价格差异公开透明。而且有些网站提供比较购物服务，使你在某一网店购物时可以随时查询其他网络同种或类似产品的价格，免去了传统购物时为了寻找最低价格东奔西跑比差价的麻烦，真正做到轻轻松松"货比三家"。这一优点，对希望提高运作效率的企业来讲是非常具有诱惑力的。

5. 电子商务的功能

电子商务可提供网上交易和管理等全过程的服务。因此，它具有广告宣传、咨询洽谈、网上订购、网上支付、电子账户、服务传递、意见征询、交易管理等各项功能。

(1) 广告宣传

电子商务可凭借企业的 Web 服务器和客户的浏览，在因特网上发布各类商业信息。客户可借助网上的检索工具（search）迅速地找到所需商品的信息，而商家可利用网上主页（home page）和电子邮件（e-mail）在全球范围内做广告宣传。与以往的各类广告相比，网上的广告成本最为低廉，而带给客户的信息量却最为丰富。

(2) 咨询洽谈

电子商务可借助非实时的电子邮件、新闻组（news group）和实时的讨论组（chat）来了解市场和商品信息，洽谈交易事务。如有进一步的需求，还可用网上的白板会议（whiteboard conference）来交流即时的图形信息。网上的咨询和洽谈能超越人们面对面洽谈的限制，提供多种方便的异地交谈形式。

(3) 网上订购

电子商务可借助 Web 中的邮件交互传送实现网上订购。网上订购通常都是在产品介绍的页面上提供十分友好的订购提示信息和订购交互格式框。当客户填完订购单后，通常系统会回复确认信息单来保证订购信息的收悉。订购信息也可采用加密的方式，使客户和商家的商业信息不会泄露。

(4) 网上支付

电子商务要成为一个完整的过程，网上支付是一个重要的环节。客户和商家之间可采用信用卡实施支付。在网上直接采用电子支付手段可省略交易中很多人员方面的开销。网上支付将需要更为可靠的信息传输安全性控制，以防止欺骗、窃听、冒用等非法行为。

(5) 电子账户

网上的支付必须要有电子金融来支持，即银行或信用卡公司及保险公司等金融单位提供网上操作的服务。而电子账户管理是其基本的组成部分。信用卡号或银行账号都是电子账户的一种标志，而其可信度需配以必要技术措施来保证，如数字凭证、数字签名、加密等手段的应用提供了电子账户操作的安全性。

(6) 服务传递

对于已付了款的客户，应将其订购的货物尽快地传递到客户的手中。而有些货物在本地，有些货物在异地，企业可以通过电子邮件在网络中进行物流的调配。而最适合在网上直接传递的货物是信息产品，如软件、电子读物、信息服务等，它们能被直接从电子仓库发到用户端。

(7) 意见征询

电子商务能十分方便地采用网页上的"选择""填空"等格式文件来收集用户对销售服务的反馈意见,这样使企业的市场运营能形成一个封闭的回路。客户的反馈意见不仅能提高售后服务的水平,更使企业获得改进产品、发现市场的商业机会。

(8) 交易管理

整个交易的管理将涉及人、财、物多个方面,包括企业和企业、企业和客户及企业内部等各方面的协调和管理。因此,交易管理是涉及商务活动全过程的管理。电子商务的发展,将会提供一个良好的交易管理的网络环境及多种多样的应用服务系统。这样,能保障电子商务获得更广泛的应用。

二、电子商务分类

1. 按参与对象分类

(1) 商家对客户的电子商务

商家对客户的电子商务简称 B2C(Business to Consumer)电子商务。它是以因特网为主要服务手段实现公众消费的模式。B2C 电子商务是人们最熟悉的一种电子商务类型,也是最吸引媒体关注的一种电子商务形式。目前网上商店和网上商城提供的商品几乎涵盖了人们日常生活中所需的各类商品,如食品、鲜花、服装、书籍、计算机软硬件、音像制品、家具、汽车等各种消费品。B2C 模式节省了客户和企业双方的时间,大大提高了交易效率,节省了各类不必要的开支,因而这类模式得到了人们的认同,获得了迅速的发展。

(2) 商家对商家的电子商务

商家对商家的电子商务简称 B2B(Business to Business)电子商务。它是指企业与其上、下游企业之间从事的网络商务活动。尽管 B2B 电子商务受媒体的关注程度一度不如 B2C,但它一直是电子商务的主流,也是企业面临激烈的市场竞争、改善竞争条件、建立竞争优势的重要方式。无论是从目前电子商务发展的状况看,还是从未来电子商务发展趋势看,B2B 电子商务市场都会远远大于 B2C 电子商务市场。

(3) 客户对客户的电子商务

客户对客户的电子商务简称 C2C(Customer to Customer)电子商务。它是为个体买卖双方提供的一个在线交易平台,它使卖方可以主动提供商品上网拍卖,而买方可以自行选择商品进行竞价。从理论上来说，C2C 模式是最能够体现因特网的精神和优势的，数量巨大、地域不同、时间不一的买方和同样规模的卖方通过一个平台找到合适的对象进行交易，在传统领域要实现这样大的工程是不可想象的。尤其同传统的二手商品交易市场相比，它不再受到时间和空间的限制，节约了大量的市场沟通成本，其价值是显而易见的。

（4）企业对客户服务人员的电子商务

企业对客户服务人员的电子商务简称 B2M（Business to Manager）电子商务。它是指一种企业通过网络平台发布该企业的产品或者服务信息，客户服务人员通过网络获取该企业的产品或者服务的信息，并且为该企业提供产品销售或者提供企业服务，企业通过客户服务人员的服务达到销售产品或者获得服务的目的，并给予客户服务人员佣金回报的电子商务模式。

B2M 是相对于 B2B、B2C、C2C 的电子商务模式而言的，是一种全新的电子商务模式。而这种电子商务相对于以上三种有着本质的不同，其根本的区别在于目标客户群的性质不同，前三者的目标客户群都是作为一种客户的身份出现，而 B2M 所针对的客户群是该企业或者该产品的销售者或其他服务者，而不是最终客户，可以认为 B2M 本质上是一种代理模式。

（5）客户服务人员对客户的电子商务

客户服务人员对客户的电子商务简称 M2C（Manager to Consumer）电子商务。M2C 是针对 B2M 的电子商务模式而出现的延伸概念，也是 B2M 这个新型电子商务模式中不可缺少的一个后续发展环节。在 B2M 环节中，企业通过客户服务人员的服务达到销售产品或者获得服务的目的。而客户服务人员最终还是要将产品销售给最终客户，在 M2C 环节中，客户服务人员将面对 Consumer，即最终客户。

（6）商业机构对行政机构的电子商务

商业机构对行政机构的电子商务简称 B2A（Business to Administration，也即 B2G＝Business to Government）电子商务。它是指企业与政府机构在网上完成原有各种业务。政府要实现对企业行为的管理和监督，如税收、商检及仲裁等，就必须介入到电子商务中。

（7）客户对政府的电子商务

客户对政府的电子商务简称 C2A（Consumer to Administration，也即 C2G＝Consumer to Government）电子商务。它是指客户与政府机构在网上完成二者之间原有各种事务，比如申报纳税、福利发放、社区服务、网络公益活动、政策发布、违章处罚等。

2. 按照使用的网络类型分类

(1) 基于 EDI 的电子商务

EDI 是早期电子商务的一种主要形式。EDI 是按照一个公认的标准和协议，将商务活动中涉及的文件标准化和格式化，通过计算机网络，在贸易伙伴的计算机网络系统之间进行数据交换和自动处理。EDI 主要应用于企业与企业、企业与批发商、批发商与零售商之间的批发业务。EDI 电子商务在 20 世纪 90 年代已得到较大的发展，技术上也较为成熟，基于专用的增值网络（VAN）较好地解决了安全问题，但是因为开展 EDI 对企业有较高的管理、资金和技术的要求，还需要有专业的 EDI 操作人员，并且贸易伙伴也要建设专用网络，因而阻碍了中、小企业的使用。

(2) 基于 Intranet 的电子商务

Intranet（企业内部网）是在因特网（国际互联网）基础上发展起来的，它利用因特网技术建立与因特网隔离的局域网络，从而形成企业内部的虚拟网络。利用 Intranet，企业实现内部的信息交流、信息发布、内部协作等商务活动，增强企业商务活动的敏捷性，更好地应对市场变化，为客户提供更全面、更高效的服务。

(3) 基于因特网的电子商务

正是基于因特网的电子商务的发展才催生了电子商务这一概念，使电子商务进入了一个全新的发展时期。基于因特网的电子商务指利用连通全球的因特网网络开展的电子商务活动。在因特网上可以进行各种形式的电子商务业务，所涉及的领域广泛，全世界各个企业和个人都可以参与，它正以飞快的速度发展，其前景十分诱人，是目前电子商务的主要形式。

3. 按照商业活动运作方式分类

(1) 完全电子商务

完全电子商务是指可以完全通过电子商务方式实现和完成整个交易过程的交易。

(2) 不完全电子商务

不完全电子商务是指无法完全依靠电子商务方式实现和完成完整交易过程的交易，它需要依靠一些外部要素，如运输系统等来完成交易。

4. 按照开展电子交易的信息网络范围分类

(1) 本地电子商务

本地电子商务通常是指利用本城市内或本地区内的信息网络实现的电子商务活动，电子交易的地域范围较小。本地电子商务系统是利用因特网、Intranet 或专用网将下列系统连接在一起的网络系统：参加交易各方的电子商务信息系统，包括买方、卖方及其他各方的电子商务信息系统；银行金融机构电子信息系统；保险公司信息系统；商品检验信息系统；税务管理信息系统；货物运输信息系统；本地区EDI中心系统。本地电子商务系统是开展远程国内电子商务和全球电子商务的基础系统。

(2) 远程国内电子商务

远程国内电子商务是指在本国范围内进行的网上电子交易活动，其交易的地域范围较大，对软硬件和技术要求较高，要求在全国范围内实现商业电子化、自动化和金融电子化，交易各方具备一定的电子商务知识、经济能力和技术能力，并具有一定的管理水平和能力等。

(3) 全球电子商务

全球电子商务是指在全世界范围内进行的电子交易活动，参加电子交易的各方通过国际互联网进行贸易。涉及有关交易各方的相关系统有买方国家进出口公司系统、海关系统、银行金融系统、税务系统、运输系统及保险系统等。全球电子商务业务内容繁杂，数据来往频繁，要求电子商务系统严格、准确、安全、可靠，应制订出世界统一的电子商务标准和电子商务协议，使全球电子商务得到顺利发展。

三、电子商务商业模式

所谓商业模式是指一个企业从事某一领域经营的市场定位和营利目标，以及为了满足目标客户主体需要所采取的一系列的、整体的战略组合。电子商务商业模式的研究已经成为当前国内外研究的热点问题。目前获得业内一致认同的分类方法是把企业和客户作为划分标准，从而划分出企业对客户（B2C）、企业对企业（B2B）和客户对客户（C2C）等模式。

1. B2C 模式的电子商务

(1) B2C 电子商务主要业务流程

客户网上购买商品、企业与供应商交易、物流方在供应商和企业及客户三者之间进行商品配送、企业追踪物流方的送货情况、银行处理企业与客户之间的货币结算、银行处理企业与供货商之间的货币结算、银行处理企业与物流方之间的货币结算。

(2) B2C 电子商务企业的成功要素

艾瑞咨询《2008年第三季度中国网络购物市场监测报告》数据显示，2008年第三季度中国 B2C 网络购物环比增长 20.6%，交易额达 24.2 亿元。尽管 B2C 成交额与C2C相比仍有一定差距，但在很多方面仍存在较大发展空间，市场潜力也吸引了众多厂商的加入，市场竞争日趋激烈。对于电子商务厂商尤其是新成立的B2C电子商务厂商，要在市场站稳脚跟需要做更多的工作，其中最为关键和核心的是要解决以下七大要素。

1) 产品定位。电子商务网站特别是垂直型B2C需要更加专注于前期产品定位，从而增强网站凝聚力和专业性，以提升电子商务网站整体运营能力。其核心关注以下三点：一是产品的现实购买市场及潜力要大；二是产品线上销售毛利润要高；三是网络销售能提供不可替代的优势（如价格、服务等）。

2) 品牌信用。品牌影响力包含两方面的含义：一是电子商务网站本身的品牌影响力；二是销售产品的品牌影响力。前者是在投入营销费用加上后续服务逐步建立的，而后者是产品自身品牌影响力带来的。作为新设立的网站，必须要通过营销和主营产品的选择，解决品牌影响力也就是信用的问题。

3) 营销推广。营销需要分阶段和根据厂商自身情况进行选择。仅仅依赖一种营销渠道（不论是线上还是线下）难以实现理想的效果。厂商应该根据产品定位和品牌，结合营销预算选择营销渠道。如果资金实力允许，前期应选择线下直销广告、线下与线上促销活动结合、线下＋实体店相结合、植入式营销等进行整合营销。但最终为提高利润率和营销的投资回报率，应该将订单尽量转移到线上完成，线下仅提供体验和推广。

4) 网站建设。仅仅做好前期的工作还不够，网站还需要对用户有着非常深入的了解，合理的设置购买流程、产品分类等。提供给购买用户好的用户体验能有效提高转化率，将营销效果最大化，并节约后续营销成本。如企业可以通过Web用户分析方法获得用户浏览行为信息给产品部、市场部及决策部门一些可预见性的支持，在此基础上根据图形设计、心理学、人机工程学、社会学等学科知识增强可用性、易用性，从而增强客户对网站的依赖性等。

5) 物流配送。在完成网上电子商务交易后，电子商务网站需要向客户配送相关物品，物流系统的完善性将为电子商务带来更好的口碑宣传和良好的用户感受。但对于刚成立的电子商务网站而言，建立物流配送体系成本较高，因此，需要选择较好的物流合作伙伴，并在未来资金实力允许的情况下，建立库存运行维护中心，以提升货物到达率；完善物流信息化平台，以提升电子商务网站整体运营能力。

6) 售后服务。在完成网上电子商务交易后，还需要提供良好的售后服务保障。尤其是对单价比较高、功能比较复杂的产品，只有这样才能进一步加强用户对网站的信赖程度和信心，吸引用户后续购买。

7) 客户关系维护。在一个购买周期结束后，网站还需要根据积累起来的用户数据库定期做客户关系维护。了解用户需求及满意度，并改进网站后续服务，以形成用户循环购买和企业良好的口碑，进而进一步提升网站销售量，降低营销成本，最终实现营利。

2. B2B 模式的电子商务

B2B 是指企业与企业之间通过互联网进行产品、服务及信息的交换。

通过 B2B 的交易方式，买卖双方能够在网上完成整个从建立最初印象，到货比三家，再到讨价还价、签单和交货，最后到客户服务的业务流程。B2B 使企业之间的交易减少了许多事务性的工作流程和管理费用，降低了企业经营成本。网络的便利及延伸性使企业扩大了活动范围，使企业发展跨地区、跨国界业务更加方便，成本也更低廉。

B2B 电子商务通过虚拟的、功能完备的电子中介将不同的企业联系在一起，从而消除了传统交易过程中众多的中介活动，使各个企业的协作和联系更为紧密。

（1）B2B 电子商务的实现形式

1）面向制造业或面向商业的垂直型 B2B。垂直型 B2B 可以分为两个方向，即上游和下游。生产商或商业零售商可以与上游的供应商形成供货关系，比如 Dell 电脑公司与上游的芯片和主板制造商就是通过这种方式进行合作的。生产商与下游的经销商可以形成销货关系，比如 Cisco 与其分销商之间进行的交易。

2）面向中间交易市场的 B2B。这种交易模式是水平型 B2B，它是将各个行业中相近的交易过程集中到一个场所，为企业的采购方和供应方提供一个交易的机会，像阿里巴巴、环球资源网站等。B2B 只是企业实现电子商务的一个开始，它的应用将会得到不断发展和完善，并适应所有行业的企业的需要。

（2）B2B 电子商务的交易过程

1）商业客户向销售商订货，首先要发出"用户订单"，该订单应包括产品名称、数量等一系列有关产品的问题。

2）销售商收到"用户订单"后，根据"用户订单"的要求向供货商查询产品情况，发出"订单查询"。

3）供货商在收到并审核完"订单查询"后，给销售商返回"订单查询"的回答（基本上是有无货物等情况）。

4）销售商在确认供货商能够满足商业客户"用户订单"要求的情况下，向运输商发出有关货物运输情况的"运输查询"。

5）运输商在收到"运输查询"后，给销售商返回"运输查询"的回答。例如，有无能力完成运输,及有关运输的日期、线路、方式等要求。

6) 在确认运输无问题后,销售商即刻给商业客户的"用户订单"一个满意的回答,同时要给供货商发出"发货通知",并通知运输商运输。

7) 运输商接到"运输通知"后开始发货。接着商业客户向支付网关发出"付款通知",同时支付网关和银行结算票据等。

8) 支付网关向销售商发出交易成功的"转账通知"。

(3) B2B 电子商务的竞争优势

1) 使买卖双方信息交流廉价、快捷。信息交流是买卖双方实现交易的基础。传统商务活动的信息交流是通过电话、电报或传真等工具,这与因特网信息是以 Web 超文本(包含文本信息、声音、图像)传输不可同日而语。

2) 降低企业间的交易成本。首先对于卖方而言,电子商务可以降低企业的促销成本。即通过因特网发布企业相关信息(如企业产品价目表、新产品介绍、经营信息等)和宣传企业形象,与传统的电视、报纸广告相比,可以更省钱、更有效。据互联网数据中心的调查,在因特网上做广告促销,可以提高销售数量 10 倍,而费用只是传统广告的 1/10。其次对于买方而言,电子商务可以降低采购成本。传统的原材料采购是一个程序烦琐的过程。而利用因特网,企业可以加强与主要供应商之间的协作,将原材料采购和产品制造过程两者有机地结合起来,形成一体化的信息传递和处理系统。另外,借助因特网,企业还可以在全球市场上寻求最优价格的供应商,而不是只局限于原有的几个商家。

3) 减少企业的库存。企业为应付变化莫测的市场需求,通常需保持一定的库存量。但企业高库存政策将增加资金占用成本,且不一定能保证产品或材料是适销货品,而企业低库存政策可能使生产计划受阻、交货延期。因此,寻求最优库存控制是企业管理的目标之一。以信息技术为基础的电子商务则可以改变企业决策中信息不确切和不及时问题。通过因特网可以将市场需求信息传递给企业生产决策部门,同时也把需求信息及时传递给供应商而适时得到补充供给,从而实现"零库存管理"。

4) 缩短企业生产周期。一个产品的生产是许多企业相互协作的结果,因此,产品的设计开发和生产销售可能涉及许多关联企业,通过电子商务可以改变过去由于信息封闭而无谓等待的现象。

5) 全天候无间断运作,增加了商机。传统的交易受到时间和空间的限制,而基于因特网的电子商务则是一周 7 天、一天 24 小时无间断运作,网上的业务可以扩展到传统营销人员和广告促销所达不到的市场范围。

3. C2C 模式的电子商务

C2C 电子商务是指网络服务提供商利用计算机和网络技术，提供有偿或无偿使用的电子商务平台和交易程序，供个人用户在其平台上独立开展以竞价、议价为主的在线交易的模式。

(1) C2C 的营业模式

C2C 电子商务个人的经营模式主要有以下两种。

1) 经营无形产品和劳务的电子商务模式。这种经营模式又可分为以下四种。

①网上订阅模式。网上订阅模式指的是个人通过网站向客户提供在网上直接浏览信息和订阅的电子商务模式。在线出版、在线服务、在线娱乐是这种模式的三种主要形式。网上订阅模式主要被商业在线机构用来销售报纸杂志、有线电视节目等。

②付费浏览模式。付费浏览模式指的是个人通过网站向客户提供计次收费的信息浏览和信息下载的电子商务模式。

③广告支持模式。在线服务商免费向客户提供在线信息服务，其营业收入完全靠网站上的广告来获得。这种模式是目前最成功的电子商务模式之一。

④网上赠与模式。网上赠与模式是指一些软件公司将测试版软件通过因特网向用户免费发送，用户自行下载试用，如果满意则有可能购买正式版本的软件。采用这种模式，软件公司不仅可以降低成本，还可以扩大测试群体，改善测试效果，提高市场占有率。

2) 经营实物商品的电子商务模式。实物商品指的是传统的有形商品，这种商品和劳务的交付不是通过计算机作为信息载体，而是通过传统的方式来实现的。实际上，大多数企业的经营模式并不是单一的，而是将各种模式综合起来实施电子商务的。

(2) C2C 的发展趋势

1) 营利模式逐步清晰。与国外 C2C 电子商务发展不同，中国 C2C 网站目前仍没有在发展和营利中找到好的平衡方式，而随着 C2C 电子商务交易规模和用户规模的扩大，C2C 购物网站除了承载交易功能外，还直面消费终端、掌握海量用户购买路径和购买习惯的数据，加上覆盖群体广泛等特征，其蕴含的巨大媒体价值被逐步释放和认可，网络营销等相关营利模式探索也初步获得成功。

2) 不同模式相互融合。C2C 融合 B2C——在已有的业务模式基础上，C2C 运营商开始纷纷向 B2C 等其他模式寻求发展的可能和空间，模式融合不仅能实现互补，而且能为 C2C 提供新的营利模式；搜索、社区融合 C2C——搜索是购物的入口、社区是购物黏性来源，这两大服务都能与C2C模式互动和互补，不论是现有运营商还是新加入者都将推动新模式的发展和进步。

3）市场竞争愈发集中。C2C卖家竞争的最终结果就是一些个人卖家逐步成长，依靠更优质的货源和规模采购，在价格上和服务上形成垄断的地位，而以此为基础的C2C平台也将依靠优势卖家资源逐步建立起竞争壁垒，随着领先者进入市场的时间越长，壁垒就越高，后来者突围的可能性就越小，除非有某种模式上的创新打破或者很好地解决现有的信誉隔绝问题，否则强者更强是C2C平台竞争结果的必然。

4）纯粹C2C增长趋缓。尽管C2C模式更加灵活、选择更加便利、服务更加全面，但不可避免的是C2C平台上存在较多仿冒和非正规途径商品，目前的监管困境将随着我国相关法律法规的逐步完善和知识产权保护体系的建立而逐步解决，此外随着正规"C"的逐步成长演变成"B"和B2C本身的发展，纯粹C2C交易规模的增长速度也必将放缓。

（3）C2C模式存在的问题

C2C模式虽然具有很大的发展潜力，但是它仍然面临许多问题，并且这些问题如果不能得到妥善的解决，将会影响和制约C2C电子商务的发展。

特别是国内电子商务处在起步阶段，在制度、技术、信用体系等方面都存在很多不完善的地方，必须更加重视并积极解决这些问题。

1）法律制度不完善。网上交易、电子商务都是近几年才出现的新鲜事物，各国都在积极探讨制订合适的法律来规范电子商务的行为。而目前，由于法律的不完善，不仅使参与网上交易的个人、企业的权益得不到保障，更会使网上拍卖成为一种新的销赃手段。

2）交易信用与风险控制。互联网跨越了地域的局限，把全球变成一个巨大的"地摊"，而互联网的虚拟性决定了C2C的交易风险更加难以控制。以eBay网站为例，据统计，在其每2.5万件交易中就会发生一起诈骗案件。网络诈骗在C2C平台上已经到了比较严重的地步。这时，电子交易平台提供商必须扮演主导地位，建立起一套合理的交易机制，一套有利于交易在线达成的机制。

3）在线支付方式。目前，从网站上的交易来看，B2C只有不到20%是通过网上支付实现的，货到付款几乎占据80%以上。而C2C的网上支付比例就更低了，就目前而言，买卖双方通过网下直接面对面交易是主流，电子交易平台供应商根本无法对交易进行控制。如果说通过网上支付进行交易，网站收取交易佣金不存在太多障碍的话，从网下交易中收取佣金的可能性就不大了。这主要是因为目前国内信用卡用户规模还不大,而且国内的金融结算体系还不能完全适应电子商务的要求,其安全性不够,没有完备的认证体系,无法消除用户对交易安全性的顾虑。

为了解决这个问题,eBay 收购了 PayPal 公司,利用其完全基于互联网的 P2P 支付模式,迅速得到互联网社群的认可,这种支付方式也正好适合在线竞价交易业务的需求。而在国内,国人出于对风险的考虑,很少有人愿意同陌生人进行在线交易,大多宁可采用货到付款的方式,从而将交易的地点大多局限在同一个城市内,制约了 C2C 模式优势的发挥和推广。

4)网上购物在服务上存在两个方面的缺陷。一是商品目录庞杂,查找商品信息困难,并且最终完成认证、在线支付手续相当不方便,而且现在国内大多数支付还是通过邮局汇款的方式。二是 C2C 电子商务缺乏完善的后台传统服务的支撑,比如物流、配送等,商品不能及时配送到客户手中,这往往是阻碍人们网上购物的重要原因。如果 C2C 电子商务不能在服务上比传统商务做得更好,不能为客户节约交易时间,就根本没有任何和传统商务相比的优势。

5)技术实力有待提高。由于互联网的特点,基于互联网开展业务的公司必须具备很强的技术实力,对于 C2C 电子交易平台提供商来说,技术更是至关重要。只有拥有先进的技术,才能保证网络服务的不间断,保证用户资料的完整和准确,才能为用户提供更为安全和理想的交易环境。

易趣网站曾经由于频繁进行服务器维护,导致用户无法登录,使得外界对易趣网的技术能力产生了怀疑,严重影响了用户对易趣网的信任感和交易的安全感。

6)国人的消费习惯有待改变和培养。电子商务在中国出现毕竟只有短短数年时间,除了受过专业教育的白领、乐于尝试新鲜事物的年轻人,愿意接受在线购物消费方式的人很少。并且,国人的计算机使用能力和水平也制约了 C2C 电子商务的发展。这些都需要时间来对客户进行培训,对市场进行培养。

7)国人的经济实力。不可否认,我国平均经济水平仍然不高,国人手中真正有较高利用价值的二手商品并不多。纵观易趣网站,很大一部分是商家借助这个平台在推销其产品,包括全新的、翻新的、水货甚至假货等。而由于经济发展水平不高,即便是二手货物,在网上的报价依然很高,完全没有体现出二手物品的价格优势。不高的性价比,让很多人对二手货物失去兴趣。这些均直接影响了国内 C2C 市场的进一步健康发展。

(4)淘宝网站

淘宝网站是亚洲最大的网络零售商圈,由阿里巴巴集团于 2003 年 5 月 10 日投资创办。淘宝网站目前业务跨越 C2C、B2C 两大部分。在中国 C2C 市场,淘宝网站的市场份额超过60%，其在C2C领域的领先地位暂时还无人能够撼动。

淘宝网站的商品数目在近几年内有了明显的增加，从汽车、计算机到服饰、家居用品，分类齐全，更是设置了网络游戏装备交易区。

四、电子支付与网上银行

1. 电子支付的概念及特征

所谓电子支付，是指从事电子商务交易的当事人，包括客户、厂商和金融机构，通过信息网络，使用安全的信息传输手段，采用数字化方式进行的货币支付或资金流转。与传统的支付方式相比，电子支付具有以下特征。

（1）电子支付是采用先进的技术通过数字流转来完成信息传输的，其各种支付方式都是采用数字化的方式进行款项支付的；而传统的支付方式则是通过现金流转、票据转让及银行汇兑等物理实体的流转来完成款项支付的。

（2）电子支付的工作环境是基于一个开放的系统平台（即因特网）之中；而传统支付则是在较为封闭的系统中运作。

（3）电子支付使用的是最先进的通信手段，如因特网、Intranet；而传统支付使用的则是传统的通信媒介。电子支付对软、硬件设施的要求很高，一般要求有联网的微机、相关的软件及其他一些配套设施；而传统支付则没有这些要求。

（4）电子支付具有方便、快捷、高效、经济的优势。用户只要拥有一台能上网的计算机，便可足不出户，在很短的时间内完成整个支付过程。支付费用仅相当于传统支付的几十分之一，甚至几百分之一。

2. 电子支付工具

（1）信用卡

信用卡是主要的网上支付工具，是全世界最早使用的电子货币。信用卡起源于美国，已经有80多年的历史。由银行或信用卡公司依照用户的信用额度与财力发给持卡人，持卡人持信用卡消费时无须支付现金，待结账日时再行还款，银行只收取少量的费用。除部分与金融卡结合的信用卡外，一般的信用卡与借记卡、提款卡不同，信用卡不会由用户的账户直接扣除资金。

（2）电子支票/借记卡

在我国，借记卡的使用规模十分庞大。目前我国许多银行支持借记卡网上支付，借记卡成为现阶段人们进行电子支付的主要工具之一。持卡人只要在银行办理相关业务，即可使用借记卡进行网上支付。相对于信用卡来讲，借记卡的风险程度较低。

(3) 电子现金

电子现金是一种以数据形式流通的货币。它把现金数值转换成为一系列的加密序列数，通过这些序列数来表示现实中各种金额的币值，用户在开展电子现金业务的银行开设账户并在账户内存钱后，就可以在接受电子现金的商家购物了。

(4) 其他各种电子货币

除上述电子信用卡、电子支票和电子现金外，还有电子零钱、安全零钱、在线货币、数字货币、电子钱包和在线支票等电子支付工具。这些支付工具的共同特点都是将现金或货币无纸化、电子化和数字化，利于在网络中传输、支付和结算。

3. 网上银行

网上银行利用因特网和 Intranet 技术，为客户提供综合、统一、安全、实时的银行服务，包括提供对私、对公的各种零售和批发的全方位银行业务，还可以为客户提供跨国的支付与清算等其他的贸易、非贸易的银行业务服务。

网上银行（Internet bank 或 E-bank）包含两个层次的含义，一个是机构概念，指通过信息网络开办业务的银行；另一个是业务概念，指银行通过信息网络提供的金融服务，包括传统银行业务和因信息技术应用带来的新兴业务。在日常生活和工作中，一提及网上银行，更多是第二层次的概念，即网上银行服务的概念。网上银行业务不仅是传统银行产品简单地从网上的转移，其他服务方式和内涵也发生了一定的变化，而且由于信息技术的应用，又产生了一系列全新的业务品种。

网上银行又称网络银行、在线银行，是指银行利用因特网技术，通过因特网向客户提供开户、销户、查询、对账、行内转账、跨行转账、信贷、网上证券和投资理财等传统服务项目，使客户足不出户就能够安全便捷地管理活期和定期存款、支票、信用卡及个人投资等。可以说，网上银行是在因特网上的虚拟银行柜台。

网上银行又被称为"3A 银行"，因为它不受时间、空间限制，能够在任何时间（anytime）、任何地点（anywhere）、以任何方式（anyhow）为客户提供金融服务。

第 8 章
客户服务管理相关法律知识

第 1 节　中华人民共和国合同法

《中华人民共和国合同法》（以下简称《合同法》）由第九届全国人民代表大会第二次会议于 1999 年 3 月 15 日通过，自 1999 年 10 月 1 日起施行，《中华人民共和国经济合同法》《中华人民共和国涉外经济合同法》《中华人民共和国技术合同法》同时废止。

《合同法》是我国第一部统一的、较为完备的合同法典，是民法的重要组成部分，是市场经济的基本法律，与企事业单位的生产经营和人民群众的日常生活密切相关。

《合同法》分为总则、分则、附则三部分，其中最主要的是总则和分则。总则部分对合同的概念、调整范围、基本原则，以及合同的订立、合同的效力、合同的履行、合同的变更和转让、合同的权利和义务终止、违约责任等都作了明确规定。分则部分则为当事人订立、履行合同提供了具体规范，包括多种企事业单位和公民在生产经营和生活中普遍发生的合同，如买卖合同、赠与合同、借款合同、租赁合同、委托合同和居间合同等。限于篇幅，下面仅对《合同法》总则部分的内容进行简要介绍，分则部分的内容请读者自行参考法规原文及相应的释义。

一、合同的基本概念

《合同法》规定，合同是平等主体的自然人、法人、其他组织之间设立、变更、终止民事权利和义务关系的协议。

从上述合同的定义可以看出，《合同法》调整的是平等主体之间的民事关系，因此，下列情况不属于《合同法》的调整范围。

（1）婚姻、收养、监护等有关身份关系的协议，不适用于《合同法》。

（2）政府依法维护经济秩序的管理活动，这属于行政管理关系，而不属于民事关系，仅适用有关行政管理的法律，而不适用于《合同法》。

（3）法人、其他组织内部的管理关系，仅适用于有关公司、企业的法律，也不适用于《合同法》。

二、合同的订立

合同的订立是指双方当事人就合同的主要条款达成协议的法律行为，是合同履行的前提条件。当事人的权利和义务要通过合同的订立予以确定，订立合同时要考虑周到，以有利于维护当事人的合法权益、有利于减少和解决纠纷为目的。

1. 合同的主体

《合同法》规定，当事人订立合同，应当具有相应的民事权利能力和民事义务能力；当事人依法可以委托代理人订立合同。可见，只有具备法定资格条件，才可以成为合格的合同订约主体。

2. 合同的形式

合同的形式是合同内容的载体。《合同法》规定，当事人订立合同，可采用书面形式、口头形式和其他形式。

书面形式是通过文字等可以有形再现所载内容的方式来表达当事人所订合同内容的合同形式，包括合同书、信件、数据电文（包括电报、电传、传真、电子数据交换和电子邮件）等。口头形式是指当事人面对面地谈话或通过通信设备（如电话）交谈达成协议。《合同法》规定，法律、行政法规规定采用书面形式的，或当事人约定采用书面形式的，应当采用书面形式。

3. 合同的内容

合同的内容也叫合同条款，是确定合同双方当事人权利和义务关系的根本依据，也是判断合同是否合法有效的客观依据。《合同法》规定，合同内容由当事人约定，当事人可以参照各类合同的示范文本订立合同。合同条款一般包括：当事人的名称或者姓名和住所，标的，数量，质量，价款或者报酬，履行期限、地点和方式，违约责任和解决争议的方法。

4. 合同的订立方式

《合同法》规定，当事人订立合同，应采取要约、承诺方式。

（1）要约

要约是希望和他人订立合同的意思表示。要约的意思表示须符合下列条件：

1）内容具体确定。

2）表明经受要约人承诺，要约人即受该意思表示约束。

要约不同于要约邀请。要约邀请是希望他人向自己发出要约的意思表示。寄送的价目表、拍卖公告、招标公告、招股说明书和商业广告等为要约邀请。凡商业广告的内容符合要约规定的，均视为要约。要约到达受要约人时生效。

（2）承诺

承诺是受要约人同意要约的意思表示。承诺的内容须与要约保持一致，并以通知的方式作出，应在要约确定的期限内到达要约人。承诺通知到达要约人时生效，承诺生效时合同成立。

三、合同的效力

合同的效力即合同的法律约束力。《合同法》规定，依法订立的合同自成立之日起生效；法律、行政法规规定应当办理批准、登记手续生效的，依照其规定。

1. 合同无效的法定情形

《合同法》规定，有下列情形之一的，合同无效。

（1）一方以欺诈、胁迫的手段订立合同，损害国家利益。

（2）恶意串通，损害国家、集体或者第三人利益。

（3）以合法形式掩盖非法目的。

（4）损害社会公共利益。

（5）违反法律、行政法规的强制性规定。

2. 合同免责条款的无效

《合同法》规定，合同中的下列免责条款无效：

（1）造成对方人身伤害的。

（2）因故意或者重大过失造成对方财产损失的。

【案例8—1】

小陈自2004年进入某超市工作，双方在劳动合同中约定，员工在工作中因自身原因造成事故伤害的,超市方不承担任何责任。2005年9月,小陈在搬运货品过程中不慎摔倒,造成手臂骨折。事后,小陈要求超市支付相应医疗费用,超市以双方在合同中明确约定因员工自身原因造成的事故伤害由自身承担责任为由,拒绝支付任何费用。于是小陈将超市方诉至法院。

【案例解析】法院经审理认为,双方签订的劳动合同虽然是双方真实的意思表示,但是根据《合同法》中合同免责条款无效的规定,该合同关于"员工在工作中因自身原因造成事故伤害的,超市方不承担任何责任"的免责条款是无效条款,判决超市方支付小陈的相应医疗费用。

四、合同的履行

合同的履行就是合同双方当事人为了实现订立合同的目的而做出合同约定的行为,也就是说,按照合同约定的主要内容全面完成各自应承担的义务。

此外,为保护当事人的合法权益,维护社会经济秩序,防范合同欺诈,防止部分企业利用合并、分立来逃避债务,《合同法》还对当事人变更后债权、债务的承担、同时履行抗辩权、不安抗辩权、代位权、撤销权等制度作了相应规定。此处不再详述,请读者参考法规原文及相应的释义。

五、合同的变更和转让

1. 合同的变更

合同的变更是指在合同成立以后,尚未履行或者尚未完全履行之前,当事人在原合同的基础上达成协议,修改或者补充原合同的内容。合同的变更对于已按原合同所作的履行无溯及力。当事人对合同变更的内容约定不明确的,推定为未变更。

2. 合同的转让

合同的转让是指合同当事人一方依法将其合同全部或部分权利和义务转让给第三人的行为。合同的转让可分为合同权利的转让、合同义务的转让和合同权利及义务的一并转让三种情况。

合同转让和合同变更最主要的区别在于:合同转让是合同主体发生变更,但不致改变合同的内容;合同变更则是只对合同的内容进行非实质变更,而合同的主体不变。

六、合同的权利和义务终止

1. 合同的终止

合同的终止即合同的权利和义务终止,是指合同当事人双方终止合同关系,合同确立的权利和义务关系消灭。《合同法》规定，有下列情形之一的，合同的权利和义务终止。

(1) 债务已经按照约定履行。

(2) 合同解除。

(3) 债务相互抵消。

(4) 债务人依法将标的物提存。

(5) 债权人免除债务。

(6) 债权和债务同归于一人。

(7) 法律规定或者当事人约定终止的其他情形。

合同的权利和义务终止后，当事人应当遵循诚实守信的原则，根据交易习惯履行通知、协助、保密等义务。合同权利和义务的终止不影响合同中结算和清算条款的效力。

2. 合同的解除

合同的解除是指合同有效成立后，因当事人一方的意思表示或者双方的协议，使基于合同发生的民事权利和义务关系归于消灭的行为。合同解除的方式有协商解除、约定解除和法定解除三种。

(1) 合同的协商解除

《合同法》规定，当事人协商一致，可以解除合同。

(2) 合同的约定解除

《合同法》规定，当事人可以约定一方解除合同的条件。解除合同的条件成立时，当事人可以解除合同。

(3) 合同的法定解除

《合同法》规定，有下列情形之一的，当事人可以解除合同。

1) 因不可抗力致使不能实现合同目的。

2) 在履行期限届满之前，当事人一方明确表示或者以自己的行为表明不履行主要债务。

3) 当事人一方迟延履行主要债务，经催告后在合理期限内仍未履行债务。

4) 当事人一方迟延履行债务或者有其他违约行为致使不能实现合同目的。

5) 法律规定的其他情形。

七、合同的违约责任

违约责任是指合同当事人没有履行或者没有按照合同约定履行义务及所应承担

的民事责任。《合同法》规定，当事人一方不履行合同义务或者履行合同义务不符合约定的，应当承担违约责任。承担违约责任的方式包括继续履行、采取补救措施、停止违约行为、赔偿损失、支付违约金和定金责任等。

【案例8—2】

甲公司与某服装厂订立一份服装供销合同，双方约定由该服装厂在一个月内向甲公司供应某种型号的服装五十套，每套单价五百元。在合同履行期间，乙公司找到该服装厂表示愿意以每套八百元的单价购买二十套，服装厂见其出价高，就将二十套本来准备运给甲公司的服装卖给了乙公司，致使只能供应给甲公司三十套服装。甲公司要求服装厂按照合同的约定供应剩余的二十套服装，服装厂表示无法按照原合同的条件供货，并要求解除合同。甲公司不同意，坚持要求服装厂履行合同。

试分析：

(1) 甲公司的要求是否有法律依据？

(2) 在合同没有明确约定的情况下，甲公司如果要求服装厂继续履行合同，有无法律依据？

(3) 服装厂能否只赔偿损失或者只支付违约金而不继续履行合同？

【案例解析】 违约责任是指当事人不履行或不完全履行生效合同所应当承担的法律责任。我国的合同法律制度规定了当事人承担违约责任主要包括承担继续履行合同、采取补救措施和赔偿损失等内容，这三种违约责任形式可根据不同的情况具体适用，既可以单独适用，也可以适用两个或全部责任形式。

(1) 甲公司要求服装厂继续供货是有法律依据的。因为双方合同约定由服装厂供应给甲公司服装五十套，现只供应了三十套，所以甲公司有权要求继续供货。

(2) 若合同没有明确约定是否继续供应服装，依我国《合同法》的规定甲公司有权要求服装厂继续供货。《合同法》第一百零七条规定："当事人一方不履行合同义务或者履行合同义务不符合约定的，应当承担继续履行、采取补救措施或者赔偿损失等违约责任。"

(3) 订立合同的目的就在于通过履行合同获取预定的利益，合同生效后当事人不履行合同义务，对方就无法实现权利。如果违约方有履行合同义务的能力，对方（受损害方）认为实现合同权利对自己是必要的，则有权要求违约方继续履行合同。违约方不得以承担了对方的损失为由拒绝继续履行合同，受损害方在此种情况下，可以请求法院或者仲裁机构强制违约方继续履行合同。所以服装厂不能只赔偿损失或者只支付违约金而不继续履行合同。

第 2 节　消费者权益保护法

消费者权益保护法是调整在保护公民消费权益过程中所产生的社会关系的法律规范的总称。以下所说的消费者权益保护法是指自 1993 年 10 月 31 日颁布、于 1994 年 1 月 1 日起施行的《中华人民共和国消费者权益保护法》(以下简称《消费者权益保护法》)。该法的颁布和实施，是我国第一次以立法的形式全面确认消费者的权利。该法律的实施对保护消费者的权益，规范经营者的行为，维护社会经济秩序，促进社会主义市场经济健康发展具有十分重要的意义。

《消费者权益保护法》包括总则、消费者的权利、经营者的义务、国家对消费者合法权益的保护、消费者组织、争议的解决、法律责任和附则共八个部分。限于篇幅，下面仅对《消费者权益保护法》的相关知识进行简要介绍，详细内容请读者参见法规原文的相关条款及释义。

一、《消费者权益保护法》的作用与特点

1.《消费者权益保护法》的作用

(1) 有利于保护消费者的合法权益。该法明确了消费者的权利，确立和加强了保护消费者权益的法律基础，首次明确了对于因提供和接受服务而发生的消费者权益受损害的问题的法律规定。

(2) 有利于维护社会主义经济秩序。该法通过规范经营者应对维护消费者权益承担的义务，特别是着重规范经营者与消费者的交易行为，即必须遵循自愿、平等、公平、诚实信用的原则，从而有力地维护了社会主义经济秩序。

(3) 有利于社会主义市场经济健康发展。没有消费也就没有市场。保护消费者权益有助于引导结构合理、健康发展的消费，这无疑会促进生产的均衡发展，从而促进社会主义市场经济的健康发展。

2.《消费者权益保护法》的特点

(1) 消费者的权利与经营者的义务并举。该法规定经营者与消费者进行交易时应当遵循自愿、平等、公平、诚实信用的原则。在规定保护消费者权利的同时也规定了经营者对特定消费者及社会公众的义务。

(2) 鼓励、动员全社会为保护消费者合法权益共同承担责任，对损害消费者权

益的不法行为进行全方位监督。

（3）重视对消费者的群体性保护，以专章规定了消费者组织的法律地位。

二、《消费者权益保护法》的适用对象

根据《消费者权益保护法》第二、三、五十四条的规定，该法的适用对象可以从以下三个方面来理解。

（1）消费者为生活消费需要购买、使用商品或者接受服务的，适用于消费者保护法。所谓消费者，是指为个人生活消费需要购买、使用商品和接受服务的自然人，即为了个人目的购买或者使用商品和接受服务的个体社会成员。因此，分散的、单个的自然人，在市场中处于弱势地位，需要有法律的特殊保护。而从事消费活动的社会组织、企事业单位不属于消费者权益保护法意义上的"消费者"。

（2）农民购买、使用直接用于农业生产的生产资料时，参照《消费者权益保护法》执行。《消费者权益保护法》的宗旨在于保护作为经营者对立面的特殊群体——消费者的合法权益。农民购买直接用于农业生产的生产资料，虽然不是为个人生活消费，但是作为经营者的相对方，其弱势地位是不言而喻的。所以，《消费者权益保护法》第五十四条规定，将农民购买、使用直接用于农业生产的生产资料行为纳入该法的保护范围。

（3）经营者为消费者提供其生产、销售的商品或者提供服务，适用于《消费者权益保护法》。《消费者权益保护法》以保护消费者利益为核心，在处理经营者与消费者的关系时，经营者首先应当遵守该法的有关规定；该法未作规定的，应当遵守其他有关法律、行政法规的规定。

三、消费者的权利与经营者的义务

1. 消费者的权利

消费者的权利，是指在消费活动中，消费者依法享有的各项权利的总和。《消费者权益保护法》为消费者设立了相互独立又相互关联的九项权利。

（1）安全保障权。

（2）知悉真情权。

（3）自主选择权。

（4）公平交易权。

（5）获取赔偿权。

（6）结社权。

(7) 获得相关知识权。

(8) 受尊重权。

(9) 监督批评权。

【案例8—3】

某女士持有某美容院的会员卡以先打针后按摩的方式，在该美容院接受了瘦脸和瘦腿的美容项目。随后，该女士感觉咽喉疼痛、吞咽困难，去医院检查，起初作为"上呼吸道感染"给予抗生素输液治疗，但仍未见好转，反而病情愈发加重。随后，该女士出现呼吸消失、意识丧失、小便失禁等症状，被救护车送往医院。住院后，经化验检查，诊断为肉毒中毒，随即进行了气管切开术，经治疗修养才得以好转。该女士认为中毒原因是由于其进行瘦脸和瘦腿项目时注射肉毒过量引起，因此，该女士将该美容院诉至法院，要求该美容院公开赔礼道歉，支付医疗费、误工费、赔偿精神损害抚慰金等费用，并退还其在美容所花费用。

【案例解析】 作为医疗损害赔偿纠纷，原告（该女士）对其与被告（某美容院）是否存在医疗行为及损害后果承担举证责任，原告（该女士）提供证据（会员卡及消费发票）足以证明其在该美容院接受了针剂注射美容，随后发生中毒行为而住院治疗。

被告（某美容院）对其诊疗行为与原告（该女士）的损害后果有无因果关系及诊疗行为有无过错承担举证责任。被告（某美容院）不能提供任何证据，证明其诊疗行为没有过错或者其行为与原告（该女士）的损害后果没有因果关系，因此，被告（某美容院）应承担诉讼中的不利后果。

《消费者权益保护法》第十八条规定，经营者应当保证其提供的商品或者服务符合保障人身、财产安全的要求。对可能危及人身、财产安全的商品和服务，应当向消费者做出真实的说明和明确的警示，并说明和标明正确使用商品或者接受服务的方法以及防止危害发生的方法。案件当庭进行了宣判，同意被告（某美容院）被判支付医疗费、误工费、精神损害抚慰金等相关费用，并返还美容所支付费用，并承担诉讼费用。

2. 经营者的义务

在消费法律关系中，消费者的权利就是经营者的义务。为了有效地保护消费者的权益，约束经营者的经营行为，《消费者权益保护法》还专章规定了如下经营者的义务。

(1) 履行法定义务及约定义务。

(2) 接受监督的义务。

(3) 保证商品和服务安全的义务。
(4) 提供真实信息的义务。
(5) 标明真实名称和标记的义务。
(6) 出具凭证或单据的义务。
(7) 保证质量的义务。
(8) 履行"三包"或其他责任的义务。
(9) 不得单方作出对消费者不利规定的义务。
(10) 不得侵犯消费者人格权的义务。

【案例8—4】

王某在某商店购买了一件纯羊绒披肩，价格为1 000元。商店标明"换季商品，概不退换"。王某披了几天后发现披肩上起满毛球，于是王某到市质量监督局进行质量鉴定。鉴定结果证明其所用原料为90%腈纶和10%羊毛。王某到该商店要求退货并赔偿因此而造成的损失，商店营业员回答说当时标明"换季商品，概不退换"，再说店内该柜是出租给个体户的，现在他已破产，租借柜台的费用尚未付清，人也找不到，你只好自认倒霉。

【案例解析】 商店标明"换季商品、概不退换"，违反了《消费者权益保护法》第二十三条的规定，经营者提供商品或服务，应当按照国家规定或与消费者的约定，承担包修、包换、包退或其他责任的，应当履行责任，不得故意拖延或无理拒绝。

"三包"是《消费者权益保护法》对商品经营者的强制性规定，商品经营者无权单方面声明免责，本案例中商店规定"概不退换"显然是违法的。

《消费者权益保护法》明确规定，消费者在展销会、租赁柜台购买商品或接受服务，其合法权益受到损害的，可以向销售者或服务者要求赔偿。展销会结束或柜台租赁期满后，可以向展销会的举办者、柜台的出租者要求赔偿。展销会的举办者、柜台的出租者赔偿后，仍有权向销售者或服务者追偿。可见，柜台出租者应当对其出租的柜台商品质量承担责任，这是法律的强制拟制，是对处于弱势地位的消费者的特殊保护。本案例中，商店抗辩认为"店内该柜是出租给个体户的，现在他已破产，租赁柜台的费用尚未付清，人也找不到，你只好自认倒霉"之说显然不能成立，商店应当赔偿消费者王某购买假羊绒披肩的损失。

三、消费者权益争议的解决

消费者和经营者发生消费者权益争议的，可以通过下列途径给予解决。

(1) 当消费者和经营者因商品或服务发生争议时,首选方式是协商和解。

(2) 协商不成的可请求消费者协会调解。消费者协会是依法成立的对商品和服务进行社会监督的保护消费者合法权益的社会团体。消费者协会应依照法律、行政法规及公认的商业道德从事,并由双方自愿接受和执行。

(3) 向有关行政主管部门申诉。政府有关行政主管部门依法具有规范经营者的经营行为,维护消费者合法权益和市场经济秩序的职能。当权益受到侵害时,消费者可根据具体情况,向不同的行政职能部门,如物价部门、工商行政管理部门、技术质量监督部门等提出申诉,求得行政救济。

(4) 提请仲裁。消费者权益争议也可通过仲裁途径予以解决。不过,仲裁必须具备的前提条件是双方订有书面仲裁协议(或书面仲裁条款)。在一般的消费活动中,大多数情况下没有必要也没有条件签订仲裁协议。因此,在消费领域,很少有以仲裁方式解决争议的。

(5) 向人民法院提起诉讼。消费者为求公正解决争议,可依法行使诉讼权。消费者权益受到损害时,可直接向人民法院起诉,也可因不服行政处罚决定而向人民法院起诉。

四、违反《消费者权益保护法》的法律责任

《消费者权益保护法》以其独特的价值尺度,规定消费者享有九项权利,经营者负有十项义务,使原本强弱悬殊的利益群体之间趋于平衡。当消费者的权益因经营者的原因而无法行使或受到损害时,《消费者权益保护法》规定,可采取相应的措施对违法者予以制裁。《消费者权益保护法》第七章对侵害消费者合法权益的行为区分为不同情况,规定经营者应分别或者同时承担民事责任、行政责任和刑事责任。

参 考 文 献

1. 森吉兹·哈克塞弗，巴里·伦德尔等著，顾宝炎，时启亮等译. 服务经营管理学（第2版）. 北京：中国人民大学出版社，2005
2. 腾宝红. 客户主管日常管理工作技能与范本. 北京：人民邮电出版社，2008
3. 黄观辉. 客户服务管理师. 广州：广东科技出版社，2006
4. 杨眉. 现代商务礼仪. 大连：东北财经大学出版社，2000
5. 全国旅游星级饭店评定委员会办公室. 星级饭店经典服务案例及点评. 广州：中国旅游出版社，2008
6. 金才兵. 服务人员的五项修炼. 北京：机械工业出版社，2008
7. 王关义. 现代生产管理. 北京：经济管理出版社，2005
8. 刘丽文. 生产与运作管理. 北京：清华大学出版社，2006
9. 孙科柳，李连利. 生产企业管理手册. 北京：中国纺织出版社，2007
10. 宋克勤. 企业管理. 上海：上海财经大学出版社，2004
11. 严成根，洪江如. 现代企业管理. 北京：清华大学出版社，2005
12. 徐国良，王进. 企业管理案例精选精析. 北京：中国社会科学出版社，2006
13. 萨拉库克著，杨沐译. 客户服务管理. 北京：经济管理出版社，2005
14. 营销师（基础知识）. 北京：中央广播电视大学出版社，2006
15. 郭国庆. 市场营销学通论（第三版）. 北京：中国人民大学出版社，2007
16. 迈克尔·波特著，陈小悦译. 竞争战略[M]. 北京：华夏出版社，2005
17. 侯书森，俞剑平. 工商管理学. 北京：民主与建设出版社，2002
18. 张卫峰，人力资源管理教程. 北京：社会科学出版社，2003
19. 宋云，陈超. 企业战略管理. 北京：首都经济贸易大学出版社，2001
20. 李少民. 中国工商经营. 北京：北京大学出版社，2000
21. 赵景华. 人力资源管理. 济南：山东人民出版社，2001
22. 傅贤治. 现代企业管理. 北京：中国轻工业出版社，2003
23. 郭国庆. 市场营销学通论. 北京：中国人民大学出版社，1999
24. 菲利普·科特勒. 《营销管理》（亚洲版，第五版）. 北京：中国人民大学出版社，2010
25. 李锡元. 管理沟通. 武汉：武汉大学出版社，2006
26. 魏江. 管理沟通——理念与技能. 北京：科学出版社，2001

27. 查尔斯·E·贝克著. 管理沟通——理论与实践的交融. 北京：中国人民大学出版社，2003
28. 罗锐韧，曾繁正. 管理沟通. 北京：红旗出版社，1997
29. 徐向艺. 管理学. 济南：山东人民出版社，2005
30. 魏乃昌，魏虹. 服务心理学（第二版）. 北京：中国物资出版社，2006
31. 徐萍. 消费心理学教程（第三版）. 上海：上海财经大学出版社，2008
32. 陈毅华. 新编计算机文化基础. 广州：华南理工大学出版社，2006
33. 张军. 新编计算机文化基础. 兰州：兰州大学出版社，2006
34. 柳青. 计算机文化基础教程（第3版）. 广州：华南理工大学出版社，2006
35. 韩晓红. 计算机应用基础. 北京：人民邮电出版社，2005
36. 刘光然. 多媒体技术与应用. 北京：人民邮电出版社，2005
37. 赵亮. 电子商务概论（第2版）. 郑州：河南人民出版社，2007
38. 李哲. 电子商务基础. 北京：冶金工业出版社，2007
39. 吴敏良. 电子商务. 北京：对外经济贸易大学出版社，2005
40. 林波. 电子商务基础. 沈阳：东北大学出版社，2006